Histórias de fé que foram desconstruídas são o novo normal. Todos nós conhecemos pessoas que antes pareciam ser cristãos firmes, mas se afastaram. A história de Alisa e a reconstrução de sua fé é como uma brisa de ar fresco. Ela compartilha suas dúvidas, lutas e a jornada pela qual Deus a conduziu para redescobrir a rocha firme sobre a qual ela está. Este excelente livro está cheio de esperança e de boas razões para a fé em Jesus e na Palavra de Deus.

RANDY ALCORN, autor de *Heaven*, *If God Is Good*, e *Giving Is the Good Life*.

É possível reconstruir a fé após sua desconstrução? Alisa Childers lança mão de seu tempo de dúvida espiritual como base para falar da eficácia do cristianismo, e assim também da ineficácia do cristianismo progressista. Ela o faz com precisão, percepção e integridade intelectual. *Outro Evangelho?* é um livro necessário e muito bem-vindo, que revela as formas com que o cristianismo histórico se situa frente às nossas dúvidas, preocupações e questionamentos.

MELISSA KRUGER, diretora de iniciativas estratégicas para mulheres no *The Gospel Coalition* (EUA) e autora de *Growing Together*.

Outro Evangelho? é um livro oportuno e de leitura obrigatória. Através da perspectiva de sua própria jornada, Alisa Childers compara e contrasta o evangelho histórico cristão com o "evangelho" progressista. Nada é mais importante do que compreender com precisão as boas novas de Cristo e responder aos desafios que as combatem. Por isso, sou grato pela coragem e clareza de Alisa.

SEAN McDOWELL, PhD, professor associado na Universidade Biola (EUA), autor e coautor de mais de 18 livros (incluindo *So the Next Generation Will Know*).

Outro Evangelho? é um dos livros mais importantes do nosso tempo. Mostra como o cristianismo progressista redefine a natureza de Deus, a missão de Jesus e a mensagem do evangelho e, ao mesmo tempo, mina a autoridade da Escritura. Nestas páginas, Alisa Childers expõe esse perigoso movimento e nos direciona de volta à fé bíblica.

MARK MITTELBERG, autor de *best-sellers* como *The Questions Christians Hope No One Will Ask* e *Confident Faith*.

Se alguém compartilhar sua história de "desconversão" do cristianismo ou uma abordagem revisionista dos ensinos do cristianismo histórico, tal pessoa será considerada autêntica e vai bombar nas redes sociais. Mas o que dizer de pessoas que olham para as mesmas evidências e decidem se aprofundar em sua fé cristã? O que eu amo neste livro, que é centrado na verdade, é o fato de Alisa compartilhar as suas grandes dúvidas no trajeto para uma fé mais fortalecida. Os leitores se identificarão com a sua luta sincera com questões difíceis e, também, com o crescimento em confiança, porque as respostas compartilhadas por Alisa estão arraigadas na realidade e na Escritura. Ao contrário do que se ouve, não é necessário rever ou rejeitar o evangelho, a expiação de Jesus ou a Bíblia para encontrar verdadeira alegria, paz e amor. Espero que todos os cristãos leiam *Outro Evangelho?* para não serem enganados por falsas promessas do cristianismo progressista.

JONATHAN MORROW, diretor de discipulado estudantil do Instituto Impact 360 (EUA) e autor *de Questioning the Bible: 11 Major Challenges to the Bible's Authority*.

Alisa Childers esteve no ponto onde você pode estar agora. Ela foi aquela cristã que se encontrava à beira da "desconversão", até que encontrou a verdade explicada de forma clara e completamente revestida com os fatos. Em *Outro Evangelho?* você encontrará alguém que não apenas experimentou as mesmas dúvidas e enfrentou os mesmos desafios mas que, também, encontrou respostas sólidas como a rocha para suas próprias questões e preocupações legítimas. De forma espirituosa, cativante, mas completamente transparente e autêntica, a autora oferece a sabedoria e o discernimento de alguém que passou pela batalha e não apenas sobreviveu, mas também venceu. Se alguma vez você já questionou em seu íntimo "o cristianismo é realmente a verdade?", se alguma vez já agonizou com a dúvida "Deus, tu estás aí?", então *Outro Evangelho?* será indispensável e a resposta de Deus à sua oração.

GREGORY KOUKL, presidente da *Stand to Reason* (EUA) e autor de *Tactics* e *The Story of Reality*.

Eu amo este livro! Alisa Childers nos conduz por uma cativante jornada, partindo de sua frívola fé cristã conservadora para o abismo de um outro evangelho, e depois para o regresso ao verdadeiro Jesus. Ao longo do caminho, ela desconstrói o cristianismo progressista com inteligência, perspicácia e evidências sugestivas. *Outro Evangelho?* irá fortalecê-lo contra uma tentação muito mais sedutora do que o ateísmo. É um livro agradável de se ler!

FRANK TUREK, fundador e presidente da CrossExamined.org e coautor de *Não Tenho Fé Suficiente Para Ser Ateu*.

OUTRO EVANGELHO?

Uma resposta ao cristianismo progressista

ALISA CHILDERS

Dados Internacionais de Catalogação na Publicação (CIP)
Angélica Ilacqua CRB-8/7057

```
Childers, Alisa
   Outro evangelho? / Alisa Childers. - São José dos Campos, SP
: Editora Fiel, 2022.
   272 p. ; 16 x 23 cm

ISBN 978-65-5723-165-4
Título original: Another Gospel?: A Lifelong Christian Seeks
Truth in Response to Progressive Christianity

1. Biografia cristã  2. Liberalismo (Religião)  3. Fé  I. Título

22-1967                                          CDD 277.3083092
```

Índices para catálogo sistemático:

1. Biografia cristã

OUTRO EVANGELHO?
Uma resposta ao cristianismo progressista

Traduzido do original em inglês
Another Gospel?: A Lifelong Christian Seeks Truth in Response to Progressive Christianity

Copyright © 2020 por Alisa Childers

•

Originalmente publicado em inglês por
Tyndale Momentum
351 Executive Drive, Carol Stream, IL 60188

•

Copyright © 2021 Editora Fiel
Primeira edição em português: 2022
Os textos das referências bíblicas foram extraídos da versão Almeida Revista e Atualizada, 2ª ed. (Sociedade Bíblica do Brasil), salvo indicação específica.

Todos os direitos em língua portuguesa reservados por Editora Fiel da Missão Evangélica Literária

Proibida a reprodução deste livro por quaisquer meios, sem a permissão escrita dos editores, salvo em breves citações, com indicação da fonte.

•

Diretor: Tiago J. Santos Filho
Editor-chefe: Tiago J. Santos Filho
Supervisão Editorial: Vinicius Musselman Pimentel
Coordenação Editorial: Gisele Lemes
Tradução: Valdir Pereira dos Santos
Revisão: Thatiane Julie A. Rodrigues
Diagramação: Rubner Durais
Capa: Rubner Durais
E-book: Rubner Durais

ISBN impresso: 978-65-5723-165-4

Caixa Postal, 1601
CEP 12230-971
São José dos Campos-SP
PABX.: (12) 3919-9999
www.editorafiel.com.br

Aos meus pais,
Chuck e Karen Girard.
Obrigada por me darem
o verdadeiro evangelho.

SUMÁRIO

Nota da autora 11

Apresentação, por Franklin Ferreira 13

Prefácio, por Lee Strobel 19

1 Crise de fé 23

2 Pedras no meu sapato 35

3 Credos, tortas e Walter Bauer 49

4 Consertando o que não está quebrado 65

5 Um tipo diferente de cristianismo 91

6 Nada novo debaixo do Sol 115

7 Pois a Bíblia assim me diz? 133

8 Era verdade apenas para eles? 153

9 Problemas de autoridade 171

10 O inferno na terra? 193

11 Abuso infantil cósmico? 217

12 Reconstrução 239

Agradecimentos 255

Fontes adicionais 259

Guia de discussão 265

NOTA DA AUTORA

Este livro contém as minhas memórias sobre uma série de aulas em que participei há mais de dez anos. Aquelas sessões desafiaram minhas crenças, abalaram a minha fé e sacudiram-me inteiramente. Reconheço que outros colegas da classe podem lembrar-se de alguns detalhes de forma diferente; mas, visto que as nossas discussões serviram de guia para a pesquisa que iniciei após esses quatro meses de estudo, acho importante reconstruir parte dos diálogos o melhor que eu puder lembrar. Eles dão contexto à minha pesquisa e às conclusões a que cheguei sobre o cristianismo histórico e o progressista. Para dar apoio ao fluxo narrativo, eu também estreitei a linha do tempo em alguns momentos.

APRESENTAÇÃO

O "OUTRO EVANGELHO" DOS CRISTÃOS PROGRESSISTAS

O autonomeado cristianismo progressista é uma abordagem teológica recente, surgida nos Estados Unidos, e que se desenvolveu a partir do cristianismo liberal europeu dos séculos 19 e 20. Seus adeptos assumem uma postura crítica e revisionista da tradição cristã. Seguindo a Nova Esquerda e suas políticas identitárias, originadas após a queda do Muro de Berlim e da derrota do comunismo na Europa (entre 1989 e 1991), se notabilizam, na atualidade, por entenderem que a classe que salvará o mundo será a dos "excluídos" e das minorias. Mas os cristãos progressistas reinterpretam radicalmente a fé cristã, tornando-a em algo amorfo, totalmente distinto daquilo que se pode receber como revelação de Deus nas Escrituras Sagradas.

OUTRO EVANGELHO?

Em linhas gerais, os cristãos progressistas repudiam a Bíblia como Palavra de Deus inspirada e infalível; falam da irrelevância da Trindade ou defendem o teísmo aberto; desconsideram os ensinos sobre o pecado original e pessoal e a salvação pela graça; repudiam o nascimento virginal de Cristo Jesus, seu sacrifício expiatório e substitutivo na cruz e sua ressurreição corporal; abdicam todo e qualquer milagre ou sinal divino; são críticos das igrejas ou são "desigrejados"; e são indiferentes ou abandonam qualquer crença na segunda vinda de Cristo.

Essa ruptura com a crença consensual cristã pode ser encontrada em uma consulta aos livros, artigos, ensaios e apostilas sugeridos ou publicados por estes, além de entrevistas concedidas a jornais e televisão, e que ilustram a ruptura com a fé entre muitos dos "cristãos progressistas" brasileiros – se tornou lugar comum entre estes, por exemplo, afirmar que Jesus "ressuscitou na memória dos [seus] seguidores". Tristemente, há no Brasil várias faculdades teológicas e instituições que também disseminam tal incredulidade.

Deve-se deixar claro que os cristãos progressistas não estão questionando questões secundárias ou não essenciais à fé. Eles romperam, como escreveu Vicente de Lérins, com "aquilo que foi crido em todo lugar, em todo tempo e por todos [os fiéis]",[1] a fé comum a cristãos católicos, protestantes e pentecostais. Os cristãos progressistas, para lembrar do brado de Karl Barth em 1934, "têm uma fé diferente, um espírito diferente, um Deus diferente"[2] do que os cristãos têm confessado tradicionalmente – no fim, são apenas a reaparição do gnosticismo, do marcionismo, do arianismo e do pelagianismo em roupagem esquerdista. Se há tal ruptura com a tradição cristã mais ampla, como reconhecer esses autoproclamados "progressistas" como cristãos?

---
[1] Vicente de Lérins, *Commonitorium*, II, 3.
[2] cf. Eberhard Busch, *Karl Barth: His life from letters and autobiographical texts* (Eugene, OR: Wipf & Stock, 2005), p. 242.

Apresentação

Ao mesmo tempo, esses cristãos progressistas tornam absoluta toda a agenda atrelada aos anseios hegemônicos da esquerda e extrema esquerda, defendendo ferrenhamente: a imanência de Deus e o panenteísmo; o foco na moralidade, não na salvação; a união homoafetiva e a redefinição do conceito de família; a defesa do aborto; a liberalização das drogas; o antissemitismo e o antissionismo, com a caracterização de Israel como um "Estado terrorista"; a divisão marxista da sociedade em categorias de opressor e oprimido/vítima; uma política identitária que divide a sociedade, sem nenhum interesse em reconciliação; a crença de que "todos os homens brancos são responsáveis pela opressão branca" e que o homem branco cristão é o opressor, "o diabo", e que "a igreja 'branca' é o Anticristo"; a satanização dos opressores e imposição aos indivíduos de pagar por opressões históricas das categorias a que pertencem; e a fé de que o Estado controlador, sob o domínio do Partido, pode moldar e controlar a sociedade civil, levando-a a um milênio secularizado. Cada um desses tópicos assume *status* de dogma inquestionável para os cristãos progressistas – que são, na verdade, devotos da igreja vermelha do politicamente correto, e se veem como parte de um tipo de nova ordem religiosa, totalmente leais ao Partido e ao santo graal da Ideia. E alguns de seus autores prediletos são Jürgen Moltmann, Hans Küng, Paul Tillich, Rob Bell, Brian McLaren, John Howard Yoder, Rosemary Radford Ruether, Leonardo Boff, Frei Betto, Gustavo Gutiérrez, Severino Croatto, James Cone, William Paul Young, Kristin Kobes Du Mez, entre outros.

Esse é todo o "evangelho" que os cristãos progressistas têm para oferecer. Assim, estes têm por alvo subverter os alicerces mais básicos da fé e da ética cristã para que a Igreja seja controlada (*Gleichschaltung*), subordinada à agenda do Partido/Estado esquerdista, com sua agenda inflexível e colossal. E aqueles que não concordam com essa agenda são chamados de fascistas, homofóbicos, racistas e misóginos. Assim, aqueles que não concordam com eles são tratados, simplesmente, como "não pessoas". Em suma, o inimigo é desumanizado, assim justificando qualquer ato para silenciá-lo, inclusive pelo uso da violência.

Mas todas as denominações cristãs que abraçaram o cristianismo progressista nos Estados Unidos estão em franco declínio. Então, quando pregadores, escolas cristãs, autores e blogueiros começam a se inclinar para o cristianismo progressista não é preciso adivinhar onde eles terminarão. O cristianismo progressista conduz seus adeptos à incredulidade. Pois, no fim, os cristãos progressistas se submetem a uma Ideia, não à Revelação. Por isso, não podem ser considerados evangélicos ou cristãos. Pois, reaplicando a avaliação do então cardeal Joseph Ratzinger sobre a Teologia da Libertação, pode-se afirmar que os cristãos progressistas procuraram "criar, já desde as suas premissas, uma nova universalidade em virtude da qual as separações clássicas da Igreja devem perder a sua importância. [...] [São uma] nova interpretação global do cristianismo [...] [que] revira radicalmente as verdades da fé [...] e as opções morais".[3] Em suma, estes são mais próximos do gnosticismo, do marcionismo, do arianismo e do pelagianismo que do cristianismo. Portanto, devem ser caracterizados como "cavalos de Troia" dentro da igreja cristã.

Cada geração de cristãos tem sido confrontada com falsas doutrinas, movimentos heréticos e lobos em pele de cordeiro. E, em cada geração, Deus tem levantado seus servos, para proteger e orientar a igreja – servos como a autora dessa obra, a cantora e compositora cristã Alisa Childers. A autora dessa obra presta um grande serviço aos cristãos. Por meio de um texto envolvente, tanto teológico como pessoal, a autora narra como foi criada como cristã mas teve sua fé questionada em um lugar inesperado. Assim, ela compartilha sua jornada da desconstrução da fé para a

---

[3] Joseph Ratzinger, "Eu vos explico a Teologia da Libertação". Disponível em: https://cleofas.com.br/eu-vos-explico-o-que-e-a-teologia-da-libertacao/. Acesso em: abr.2022.

Apresentação

descoberta de uma fé cristã vibrante. E, no processo, oferece uma crítica ampla do cristianismo progressista, apresentando e refutando as ênfases que definem esse movimento – a rejeição dos ensinos bíblicos da Trindade; da autoridade e inspiração da Escritura; da natureza pecaminosa do homem; da realidade do pecado que nos separa de Deus; do nascimento virginal de Jesus, sua divindade, impecabilidade, morte expiatória e ressurreição física. Em suma, ela demonstra como o ceticismo e a ideologia esquerdista se infiltraram dentro da igreja, para subvertê-la a partir de dentro – como um "cavalo de Troia". Mas, como a autora argumenta, essas são doutrinas que os cristãos progressistas rejeitam foram cridas e confessadas pela igreja desde seu início. E ela demonstra que negar esses ensinos significa rejeitar o cristianismo original e histórico, que está fundamentado na revelação bíblica: "Os cristãos progressistas assumem que estão pintando Deus com tom mais tolerante [...]. Mas na realidade, eles estão simplesmente construindo um deus codependente e impotente, que não tem poder para parar o mal. Esse deus não é verdadeiramente bom. Esse deus não é o Deus da Bíblia. Esse deus não pode salvá-lo". Alisa, assim, deixa claro o estrago que o movimento progressista tem feito, promovendo a mensagem do anticristo ao mesmo tempo em que ela vindica o verdadeiro evangelho de Jesus Cristo, confessado desde os primórdios, pela igreja cristã.

Esta obra é leitura obrigatória nos tempos que vivemos. Alisa deixa claro o que está em jogo e nos desafia a levar a fé cristã a sério. Assim, leia e releia essa preciosa obra, escrita com humildade e amor, e que oferece aos cristãos razões intelectuais para perseverarem na fé, ao mesmo tempo que os ajuda a identificar as falsificações do evangelho, que intentam seduzir e confundir os cristãos.

A igreja cristã no Brasil precisa entender que o mesmo adversário que parasitou e predou a igreja cristã na América do Norte e na Europa está presente no Brasil. Portanto, que lembremos do alerta do apóstolo

Paulo: "Há alguns que vos perturbam e querem perverter o evangelho de Cristo. Mas, ainda que nós mesmos ou um anjo do céu vos pregue um evangelho diferente do que já vos pregamos, seja maldito. Conforme disse antes, digo outra vez agora: Se alguém vos pregar um evangelho diferente daquele que já recebestes, seja maldito" (Gl 1.7-9).

Franklin Ferreira é pastor da Igreja da Trindade e diretor-geral e professor de teologia sistemática e história da igreja no Seminário Martin Bucer, em São José dos Campos (SP).

PREFÁCIO

Um amigo levou a mim e a vários outros em uma viagem à vela pelas formosas Ilhas Virgens Britânicas. Como marinheiro novato, fiquei fascinado com o importante processo de ancoragem do barco à noite.

Navegaríamos para uma enseada tranquila e baixaríamos a âncora. Para nos certificarmos duplamente de que a âncora tinha se agarrado com firmeza, alguém mergulharia na água para inspecioná-la. Se a âncora não estivesse presa, poderia se soltar durante a noite enquanto dormíamos sob o convés. No início, isso não seria um problema - o barco ficaria basicamente onde tinha sido deixado. Mas durante a longa noite, a corrente suave e imperceptível das ondas faria o barco flutuar gradualmente para longe, ameaçando-o de bater contra as rochas próximas ou encalhar na praia arenosa.

Essa imagem me faz pensar no propósito urgente deste livro. No cristianismo, a âncora é a sã doutrina bíblica. O que acontece se não for segura ou se a sua linha doutrinária for intencionalmente cortada? Bem, diz o filósofo Mark Mittelberg, não acontecerá muito a princípio. Durante algum tempo, a fé não se afastaria muito. A tradição e o hábito manteriam o barco pairando sobre a mesma região espiritual, pelo menos durante um tempo. Mas o perigo real é o que inevitavelmente aconteceria ao longo do tempo: a corrente da cultura iria fazer com que o cristianismo batesse contra as rochas da heresia e se afundasse na irrelevância.

Esse é o alarme que Alisa Childers está fazendo soar neste livro novo, forte e persuasivo. Em um estilo que é ao mesmo tempo cativante e admoestador, ela expõe o falso evangelho que tantos líderes cristãos "progressistas" estão abraçando. Suas crenças anormais estão deixando à deriva a fé de muitas pessoas - embora ainda não se apercebam disso. Como resultado, o cristianismo está flutuando em direção ao desastre - uma tendência que só pode ser revertida se houver um retorno à sã doutrina bíblica, que tem historicamente ancorado a nossa fé.

Alisa conseguiu algo profundo nestas páginas. Ela consegue escrever de maneira hábil e pessoal, mas demonstra meticulosamente os seus pontos com fatos e evidências. Ela faz concessões quando é apropriado, mas confronta com firmeza as distorções e falsidades que alimentam a teologia progressista. Com clareza, paixão e elegância, Alisa deixa evidente os enganos sutis e frequentes que têm sido aceitos por muitos cristãos como verdade evangélica, sem fazerem qualquer crítica. O seu discernimento é afiado, sua bússola é apontada firmemente para o verdadeiro Jesus, e suas conclusões são solidamente apoiadas.

É um eufemismo dizer que este livro é importante. Na verdade, ele é vital. É o livro certo, no momento certo. Pode ser, de fato, o livro mais influente que você lerá este ano. Por favor: estude, sublinhe, marque e fale sobre este livro com os outros; dê de presente aos amigos e líderes da igreja, use nos seus grupos de discussão, cite-o nas redes sociais. Leve as suas admoestações a sério. Que ele ajude a solidificar a sua fé, para que você possa direcionar outros ao evangelho imutável de redenção e esperança.

Em suma, faça mais uma vez a sua parte em fixar a âncora da ortodoxia bíblica para o bem da igreja, para que ela não seja perigosamente levada pelas ondas das derivas teológicas.

Lee Strobel
Autor de *The Case for Christ* e *In Defense of Jesus*
(*Em Defesa de Cristo*).

1
CRISE DE FÉ

*Você nunca sabe o quanto realmente acredita em algo,
até que sua veracidade ou falsidade se tornem uma questão de
vida ou morte para você.*
— **C.S. Lewis**, Anatomia de Uma Dor

A curvatura do braço da cadeira de balanço bateu fortemente em meu quadril, enquanto eu segurava a minha filha inquieta e cantava um hino no escuro; uma escuridão tão intensa que parecia ser feita de matéria física, sufocando os gritos da minha garganta, enquanto orava a um Deus que eu nem sequer tinha certeza de que estivesse ali. "Deus, eu sei que tu és real", eu sussurrei. "Por favor, deixe-me sentir a tua presença. Por favor."

E nada! Não senti o mínimo arrepio ou o calor costumeiro de sua presença. Com o peito e a barriga ainda inchados pela gravidez, meu corpo doía enquanto minha pequenina procurava se ajeitar em meu colo.

Embora as palavras parecessem presas em meus lábios, consegui expressar as palavras em um cântico:

*Diante do trono de Deus Altíssimo;
Tenho um forte e perfeito clamor (...)*

Tudo doía. Mas eu não protestei. Lembrei-me da promessa que havia feito enquanto sentia as fortes dores de parto antes de minha filha nascer. "Nunca mais irei me queixar quando me sentir em extremo desconforto", eu tinha dito a mim mesma. Quando você suporta uma dor muito profunda, compreende que daria tudo para estar apenas se sentindo extremamente desconfortável.

Após dezoito horas de trabalho de parto e cinco horas de esforço, Dyllan nasceu com dificuldades. Ela foi acolhida em meus braços e logo retirada, deitada sobre uma mesa fria de metal e segurada enquanto tubos eram enfiados na sua traqueia. Esses tubos lhe salvaram a vida. Mas foi um processo incômodo de cura. O seu nascimento trouxe trauma a nós duas.

Mesmo assim, a paz de Deus me deixou maravilhada, e quando finalmente a colocaram de volta em meus braços, olhei para ela e, imediatamente, *eu sabia*. Eu sabia, com aquele tipo de saber que emerge do nosso mais profundo interior, mas que nem se percebe que está lá até que se precise dele. Eu sabia que não havia nada que eu não fizesse por ela agora. Por ela, não haveria montanha tão alta que eu não escalasse; nenhum oceano tão profundo que eu não atravessasse; nenhuma batalha tão intensa que eu não lutasse.

Mas, eu não fazia ideia de que isso seria testado tão cedo. Enquanto balançava minha filha naquela noite, eu estava de novo com dores; mas, desta vez, não era a dor física do parto. A luta era espiritual. E não era uma batalha que eu tinha de lutar só por mim. Duas almas dependeriam do resultado desse conflito de fé em particular.

Um grande Sumo Sacerdote cujo nome é amor;
Que vive sempre a interceder por mim.

Mas será mesmo verdade?

Estará Deus realmente em um trono místico, em algum lugar nas expansões do espaço?

Terá ele sequer conhecimento de mim?

Será mentira tudo o que já acreditei sobre ele?

O que acontece quando morremos?

> *O meu nome está gravado em suas mãos;*
> *O meu nome está escrito em seu coração (...)*[4]

Mas será mesmo?

A Bíblia é realmente a Palavra de Deus?

Seria uma completa farsa o único ser que já conheci?

O que devo dizer aos meus filhos?

Será a religião realmente apenas o ópio do povo?

Deus existe mesmo?

"Lembras, ó Deus, quando Dyllan nasceu? Lembras como não consegui controlar a paz que veio sobre mim como ondas? Era a tua paz."

"Lembras de Nova Iorque, ó Deus? Lembras daquele dia? Eu precisei de ti. Eu me lembro. Lembro-me da tua presença a me embalar, enquanto estava deitada na cama, parecendo que iria morrer."

Ou seria outra coisa? Seria aquilo apenas sinapses em meu cérebro, disparando em reação ao estresse ou incitamento e enviando um coquetel de endorfina e adrenalina por todo o meu corpo? Terá sido tudo aquilo apenas isso? E os cultos, acampamentos e estudos bíblicos?

Eu creio. Ajude-me em minha incredulidade.

---

[4] Charitie Lees Bancroft, "Before the Throne of God Above", 1863.

Foi como se eu tivesse mergulhado em um oceano tempestuoso, com ondas caindo sobre minha cabeça. Nenhum bote salva-vidas, nenhum resgate à vista. No filme *Mar Em Fúria*, do ano 2000, uma das últimas imagens (alerta de *spoiler*) é a de um navio gigantesco que é virado e empurrado para baixo d'água por uma onda do tamanho de um arranha-céu. Um formato minúsculo de uma cabeça humana aparece na superfície por uma fração de segundo, antes de desaparecer nas profundezas.

Foi assim que me senti.

O QUE REALMENTE IMPORTA

O que, neste mundo, faria com que uma cristã forte e dedicada duvidasse da sua fé? Por que, repentinamente, teria dúvidas um membro do conhecido grupo de música cristã ZOEgirl, que fez um *tour* pelo mundo, convidando pessoas a se entregarem a Cristo e inspirando muitos jovens a proclamar sua fé e a "anunciar do alto da montanha"? Falarei sobre isso em instantes; mas, primeiro, deixo um pequeno pano de fundo.

Eu era aquela criança; você sabe como é: aquela criança que convidou Jesus para entrar no coração quando tinha cinco anos. Aquela que começou a estudar a Bíblia assim que aprendeu a ler. Aquela que, anos depois, levantava cedo para rodear por sua escola e orar por avivamento entre os seus colegas. Aquela que dirigiu o louvor na capela do Ensino Médio, e se mudou para Nova Iorque com vinte e um anos para fazer trabalho urbano com crianças carentes. Aquela que ia em todas as viagens missionárias possíveis, para evangelizar nas ruas de Los Angeles e de Nova Iorque durante o verão.

Eu era aquela com quem você nunca se preocuparia; aquela que você sabia que simplesmente estaria bem. Aquela que jamais duvidaria da fé.

Quando eu tinha cerca de dez anos de idade, a minha mãe era voluntária na Missão Fred Jordan, em Los Angeles. Ela nos levava para servir na fila da sopa nos fins de semana; e foi ali que a vi abraçar prostitutas e pôr cobertores no ombro de pessoas de rua malcheirosas. Foi lá que vi meu pai, um cantor e artista cristão, dirigir o louvor para multidões de almas famintas ou indiferentes, enquanto cantavam "Preciosa Graça" com todo o pulmão.

Alimentar os famintos, vestir os despidos, amar os desprezados, isso foi pra mim o modelo de cristianismo genuíno. É isso que os cristãos faziam. Eles oravam, liam a Bíblia e serviam. Não era perfeito, mas era o que importava.

Por isso, não posso dizer que cresci com uma fé cega. A minha fé foi instruída através do testemunho do evangelho em ação. Mas era uma fé intelectualmente fraca e não testada. Eu não tinha um padrão de referência ou um lugar aonde lançar mão quando as minhas convicções fossem questionadas. E não foi um ateu, nem alguém mundano, humanista, hindu ou budista que serviu de causa para minha eventual crise de fé – foi um cristão. Mais especificamente, foi um pastor progressista.

Esse pastor pediu para que eu participasse de um pequeno e exclusivo grupo de discussão com convidados selecionados. Ele me disse que era um curso de formação ministerial, que resultaria em uma educação teológica comparável a quatro anos de seminário. Referir-se ao curso como "educação" teológica foi um eufemismo. Foi mais como uma reviravolta. A classe durou quatro anos. Eu, durei quatro meses.

Todos nós já ouvimos histórias de jovens cristãos que se afastaram da fé depois de serem desafiados por professores céticos em uma sala de aula de faculdade. A minha fé foi confrontada dessa maneira, mas não em uma universidade. Foi desafiada nos bancos de uma igreja. Foi abalada por um pastor que tinha conquistado minha confiança, respeito e lealdade. Não se tratava de um sujeito esquisito qualquer que eu tivesse conhecido durante um evangelismo de rua na Avenida Hollywood, que proferiu impropérios contra Deus ao receber um folheto evangélico. Ele era um líder estudioso da igreja, intelectual, calmo e eloquente; alguém que expressava amor por Jesus. Ele era um comunicador brilhante, e tinha discordâncias sobre o cristianismo.

Encontro após encontro, todas as crenças preciosas que eu tinha sobre Deus, Jesus e a Bíblia foram colocadas em uma mesa de corte intelectual e cortadas em pedaços. Referindo a si mesmo como um "agnóstico esperançoso", esse pastor começou a examinar os princípios da fé. Nascimento virginal? Isso não importa. A Ressurreição? Provavelmente aconteceu, mas não é preciso acreditar nela. Expiação? Aqui cabe um "não". E a Bíblia? Deus o livre de acreditar que a Escritura é inerrante. Ele assinalou que mesmo os eruditos já superaram essa noção primitiva. Durante nossas discussões, muitos da turma rejeitavam os que eles chamavam de "fundecas" (fundamentalistas), dizendo serem estes estúpidos e perigosos, que simplesmente seguiam o que lhes fora dito para acreditarem.

Certamente, eu já tinha visto algumas dessas alegações na capa da revista *Newsweek* ou em um documentário no *Discovery Channel* que tentava ridicularizar Jesus. Mas isso não era surpresa, pois espera-se que os não cristãos não acreditem. Naquela situação, era só fechar a revista ou desligar a televisão e continuar o meu dia. No entanto, nesse pequeno grupo de discussão não havia escape. Parecia que eu era a única na sala que se sentia perturbada ao responder o que me era perguntado. Mas eu não tinha respostas. *Nunca tinha sequer pensado em algumas daquelas perguntas.*

Mais tarde, vim a saber que esse desmantelamento dos princípios doutrinários - onde todas as crenças com as quais alguém foi criado, sem nunca questionar, são sistematicamente desmanchadas - é o que os cristãos progressistas chamam de desconstrução.

Depois de quatro meses eu me separei deles. O pastor e a igreja passaram a ser uma "comunidade cristã progressista". Ao mesmo tempo, os cristãos de todo o país estavam tendo o mesmo tipo de conversa nas redes sociais, nas cafeterias e nas salas de aula das igrejas. Eles estavam questionando os seus pressupostos, há muito defendidos, sobre a natureza de Deus e da Bíblia, a exclusividade do cristianismo e as normas bíblicas relativas a gênero e orientação sexual. Essas pessoas desiludidas encontraram-se umas com as outras. Fizeram blogues, escreveram livros. As igrejas começaram a identificar-se como progressistas e removeram ou editaram as declarações de fé em suas páginas da *web*.

Hoje em dia, muitos dos autores, blogueiros e palestrantes cristãos mais populares são progressistas. Denominações inteiras estão cheias de pessoas que se identificam como tal. No entanto, muitos cristãos sentam-se nos bancos todos os domingos sem saberem que sua igreja adotou uma teologia progressista.

Os cristãos progressistas tendem a evitar absolutos e estão tipicamente em desacordo com os credos ou declarações de fé. De fato, o blogueiro progressista John Pavlovitz escreveu que no cristianismo progressista não há "vacas sagradas".[5] Por isso, pode ser mais prático procurar por certos sinais, tendências e atitudes, para com Deus e a Bíblia, ao tentar detectá-lo. Por exemplo, os cristãos progressistas veem a Bíblia como um livro essencialmente humano, e enfatizam a consciência e práticas pessoais em vez da convicção e da fé. São, também, muito abertos à redefinição, reinterpretação ou mesmo à rejeição das doutrinas essenciais da fé, como o nascimento virginal de Cristo, sua divindade e ressurreição corporal.

Quando o cristianismo progressista entrou em cena pela primeira vez, seus proponentes suscitaram críticas válidas sobre a cultura evangélica, quanto a necessidade da igreja examinar e reavaliar o assunto. Mas esses progressistas que rejeitam os ensinamentos essenciais, como a ressurreição física de Jesus, podem confundir cristãos desavisados e retirar os alicerces debaixo de seus pés.

---

5   John Pavlovitz, "Progressive Christianity—Is Christianity. Disponível em: https://johnpavlovitz.com/2016/10/05/explaining-progressive-christianity-otherwise-known-as-christianity/. Acesso em: out.2016.

Depois de sair daquela igreja progressista, caí em um vazio espiritual, um surto na escuridão que eu nunca antes havia conhecido. Eu sabia *no que* eu cria; mas agora fui obrigada a considerar a razão *porque* eu cria. Nadei como cachorrinho para manter minha cabeça acima da água, naquele oceano agitado pela tempestade, e implorei a Deus que me salvasse: "Deus, eu sei que estás aqui; por favor, envie-me um barco salva-vidas."

Ao longo dos anos seguintes, Deus enviou, de fato, um barco salva-vidas. E depois outro, e mais outro. O primeiro socorro veio enquanto estava dirigindo pela rodovia e girava o botão do rádio. Parei de girar o botão quando sintonizei uma voz calma e paternal, abordando uma das argumentações que tinham sido lançadas sobre mim pelo pastor progressista. O que eu ouvi tirou o meu fôlego, e depois me fez respirar fundo outra vez. Aquele homem no rádio (cuja entrevista descobri depois ter sido gravada em uma universidade) respondendo a perguntas de céticos, sistematicamente derrubou objeção após objeção, sem apreensão e sem ira. Ele foi gentil e resoluto. Ele era muito mais convincente e fundamentado em fatos do que o pastor progressista. Eu estava à procura da verdade e, nesse dia na rádio, eu a encontrei.

Em pouco tempo, estava lendo todos os livros de apologética e teologia que chegavam em minhas mãos, e até comecei a frequentar as aulas de um seminário. A onda progressista que me atirou contra aquele que é a Rocha Eterna havia quebrado em pedaços as minhas convicções profundas e essenciais sobre Jesus, Deus e a Bíblia. Mas essa mesma Rocha dos Séculos começou, aos poucos mas seguramente, a reordenar os pedaços, descartando alguns e recolocando outros em seus devidos lugares.

MAIS FORTE DO QUE ANTES

Esse é, portanto, o meu relato da reconstrução da minha fé. Hoje em dia, a minha vida cristã não se parece exatamente com o que era antes. Eu ajustei as minhas crenças em certos pontos teológicos e me tornei muito mais cuidadosa na forma como interpreto a Bíblia. Eu descartei algumas ideias não muito bíblicas, que faziam parte da minha identidade cristã mas que nunca antes pensei em questioná-las.

Porém, ao longo desta jornada, descobri que as declarações históricas centrais do cristianismo são verdadeiras. Aprendi que a Bíblia, embora atacada e duramente criticada, século após século, eleva-se acima do topo dos escombros de acusações que têm sido amontoadas contra ela. Compreendi que a visão cristã sobre o mundo é a única que pode explicar suficientemente a realidade. Redescobri Jesus, o pregador surpreendente de Nazaré, que dividiu a história em duas e que cumpre a sua promessa de nunca me abandonar. Conforme você me acompanha nesta jornada, oro para que sua fé também seja fortalecida.

Estou mais ciente que nunca de que o cristianismo não é baseado em uma revelação mística ou em uma filosofia autoinspirada. Ele está profundamente enraizado na história. Na verdade, até onde posso pensar, é o único sistema religioso que depende de um acontecimento histórico (a ressurreição de Jesus) a qual é um fato real, e não *fake news*.

Quando tenho dúvidas sobre a minha fé, ou questões difíceis e incômodas que me mantêm acordada durante a noite, não tenho o capricho de descobrir "a *minha* verdade", porque estou comprometida *com a* verdade. Eu quero saber o que é real. Quero que a minha visão de mundo (a lente através da qual vejo o mundo) esteja alinhada com a realidade. Ou Deus existe, ou não existe. Ou a Bíblia é a sua Palavra, ou não é. Ou Jesus foi ressuscitado dentre os mortos, ou não foi. Ou o cristianismo é verdadeiro, ou não é. Não há "a minha verdade", quando a verdade vem de Deus.

Infelizmente, para muitas pessoas hoje em dia, determinar o que é verdade em todas as áreas da vida tornou-se nada mais do que um jogo de "ele disse, ela disse". Por exemplo, acabei de pesquisar no Google sobre os "benefícios da carne de porco para a saúde" (por causa do bacon), e descobri todo tipo de "fatos" interessantes. Descobri que a carne de porco é rica em proteínas, pobre em carboidratos, sem glúten e contém um bom equilíbrio de todos os aminoácidos essenciais. Li também um artigo que afirma que a carne de porco lhe confere uma pele mais saudável, promove a desintoxicação de metais pesados e previne a "doença de adulto" (seja lá o que for isso).

Obviamente, o que eu recolhi em uma pesquisa de cinco minutos no Google é uma combinação de fatos e fantasia. Como devo trilhar entre as informações para saber em que fontes confiar e em quais "fatos" posso acreditar? Será que posso simplesmente juntar um monte de bacon em uma tigela e chamar isso de salada sem glúten? Por mais que eu queira escolher no que acreditar e permitir que outros façam o mesmo, não é a realidade.

Se "a minha verdade" diz que a carne de porco é a nova couve, as consequências dessa ideia produzirão seus efeitos na vida real – não importa o quanto eu esteja positiva a esse respeito. Os meus sentimentos sobre o bacon não vão mudar o que ele causará ao meu coração, à minha pressão sanguínea e à minha cintura. É por isso que "a minha verdade" é um mito. Não existe tal coisa. O bacon é bom para mim ou não é (ou queira Deus que ele esteja em um meio termo!). O que eu acredito sobre alguma coisa pode ter consequências de vida ou morte.

Da mesma forma, ao passar pela minha crise de fé, reconheci que não bastava simplesmente conhecer os fatos - é preciso ponderá-los, saber avaliar as informações e chegar a conclusões razoáveis ao nos envolvermos de forma lógica e intelectual com as ideias religiosas. Não podemos permitir que a verdade seja sacrificada no altar dos nossos sentimentos. Não devemos admitir que o medo de ofender os outros nos impeça de avisá-los que estão prestes a entrar na frente de um ônibus. A verdade é importante para os apaixonados por bacon, e a verdade é importante para os cristãos.

Talvez você seja um cristão que se sente só nas suas crenças. Talvez você seja um crente que se enveredou para o cristianismo progressista sem perceber, ou talvez esteja preocupado com um amigo ou parente que está nesse caminho. Talvez se sinta frustrado, quando as suas redes sociais são inundadas com artigos, blogues e vídeos que acendem sinais de alerta, mas as coisas não estão bem nítidas para você. Talvez haja uma pedra no seu sapato por ter testemunhado uma atitude de hipocrisia em sua igreja, ou por ser vítima de algum abuso espiritual. Talvez você esteja sendo tentado a deixar-se levar pela onda e desistir totalmente da sua fé.

Seja você quem for, a minha oração, caro leitor, é que este livro lhe sirva como um bote salva-vidas.

2
PEDRAS NO MEU SAPATO

*Eu percebi que haviam transformado o caminho
de Jesus em um clube de Fariseus; e eles não falavam ao meu
coração, apesar de seus palestrantes dominarem as conversas
na TV a cabo, noite após noite. Os termos "evangélico" e "cristão" haviam se tornado como marcas desacreditadas por esse
incansável, porém mal direcionado, trabalho.*
— **Brian McLaren**, *A New Kind of Christianity*

Como musicista itinerante, sempre lamentei que a época dos festivais geralmente acontecia bem no período mais quente do verão. Durante esse período, o conforto do ônibus (equipado com beliches individuais, televisão por satélite e mini refrigerador) era substituído por voos às 6h da manhã, seguidos de solavancos nas vans e quartos de hotel abafados. E que calor! Parecia que estávamos sempre agendados para atuar no momento exato em que o sol da tarde estivesse pronto para bater no palco central, com todo o peso do ardor de sua glória. Enquanto desviávamos nossos olhos dos raios do sol, cantávamos para a multidão de fãs de TobyMac, que nos tolerava educadamente enquanto esperava para vibrar a seguir com o show de Jesus Freak. (Nossos fãs principais, que eram os jovens adolescentes, não tinham a tendência de participar desse ciclo de festivais).

OUTRO EVANGELHO?

Em uma tarde bastante ensolarada e de clima seco, sentei-me em uma sala nos bastidores e olhei por uma janela para o festival, que acontecia no palco principal. Vi um pregador carismático terminar sua mensagem e apelar aos jovens para virem à frente e "convidar Jesus a entrar em seu coração". Não me refiro ao pregador como "carismático" por ser do tipo que manda levantar as mãos e falar em línguas; refiro-me à sua personalidade magnética, em um sentido amplo. Ele era um pregador dinâmico e persuasivo.

"Se você morrer esta noite, sabe para onde irá? Será que para o paraíso? Ou para o inferno?" A sua voz trovejava ao andar de um lado para outro no palco, encurvando-se ao microfone, com um misto perfeito de urgência e entusiasmo.

Dezenas de jovens começaram a inundar o altar, que na realidade tomava apenas alguns metros entre a distância do palco e da primeira fila. Aquele pequeno espaço, que pouco antes serviu para jovens irrequietos e fãs de *rock* cristão pularem freneticamente, estava agora lotado de jovens silenciosos, sóbrios e bastante assustados por não acharem uma boa ideia arder no inferno para sempre.

Enquanto a primeira turma de jovens se amontoava à frente, o pregador retomou o seu ritmo e apontou o dedo para a multidão. "Este é o seu momento! Esta pode ser sua última oportunidade! Pode ser que ao sair deste lugar você seja atingido por um ônibus, ou que tenha um ataque cardíaco. Ou, talvez, o arrebatamento aconteça e você seja deixado para trás. Venha. Venha agora! Eu sei que há outros que precisam vir à frente. Vamos esperar."

A música tocou mais alto, e mais um ou dois adolescentes deixaram seus lugares e caminharam até o altar, sob o aplauso de amigos e de outros cristãos adultos.

O pregador não desistiu. "Alguns de vocês ainda estão sentados em seus lugares, mas estão sentindo alguma coisa. Algo em você quer que caminhe até aqui, mas há uma voz na sua cabeça dizendo-lhe para ficar em seu lugar. Isso é o diabo. Não lhe dê ouvidos. Ele é um mentiroso. Venha agora."

Enquanto mais alguns se dirigiam para a frente, o pregador conduziu a multidão em uma oração. Convidou todos os que podiam ouvir a sua voz para repetir em voz alta a oração. Depois de orar, dirigiu os novos convertidos para o lado do palco e os instruiu a preencher uma ficha. Mais tarde, o número de fichas preenchidas foi anunciado a todos, sendo mencionado algo sobre os anjos estarem fazendo uma grande festa no céu. E depois disso? Não sei. Não faço ideia do que aconteceu a esse grupo de almas. Talvez tenham estabelecido comunhão com outros crentes e começado a crescer na fé. Talvez quem estava com as fichas tenha combinado com as igrejas locais para acolherem e discipular aquelas pessoas. Ou talvez tenham voltado para casa e não pensaram mais sobre essa decisão.

Naquele momento, parte de mim sentia-se feliz por aqueles jovens irem para o céu quando morrerem. Mas algo estava embargado em meu espírito, como uma pedra que se aloja no sapato. Você conhece a situação, mas permanece com a esperança de que as coisas vão se ajeitar por si mesmas. Pergunto-me se esses adolescentes realmente compreenderam o que fizeram. Será mesmo que entenderam que foram chamados a negarem a si mesmos, a tomar a sua cruz e seguir Jesus? Será que compreenderam que a salvação não é algum tipo de seguro de incêndio metafísico, que não é uma apólice única que você adquire para selar o seu destino eterno? Será que eles pensaram que o cristianismo é algo que eles acrescentam às suas vidas, para trazer-lhes paz interior e fazê-los felizes e bons? Essa experiência toda me fez lembrar do acampamento de juniores.

A PRIMEIRA PEDRA

Eu aguardava com ansiedade para acampar todos os anos. Eu me juntava a dezenas de outros juniores da minha igreja nos ônibus escolares amarelos, muito animados para ficar longe dos nossos pais durante uma semana inteira. Imbuídos do senso da nossa autonomia e isolados de distrações como TV, rádio e irritantes irmãos mais novos, ansiosamente daríamos início a nossa peregrinação às montanhas de San Bernadino, Califórnia. No acampamento, os não salvos são salvos e os salvos recebem a sua grande vocação.

Todas as noites, durante toda a semana, participávamos de uma reunião longa e carismática (desta vez, refiro-me a "carismática" no sentido de levantar as mãos e falar em línguas). A reunião começava com um jogo para aquecer os juniores e para amenizar nossa ansiedade. Eram lançadas camisetas aos juniores, pelos líderes superanimados, que desafiavam a turma que estava na puberdade a gritar mais alto, pular e jogar com mais vigor. Depois de alguns jogos, gritávamos e cantávamos as músicas do *Petra Praise*. Gradualmente, a música se tornava mais calma e o ritmo mais lento. Agora estávamos prontos. Agora o Espírito podia mover-se entre nós. Depois de cantarmos várias canções suaves e emocionantes, um dos líderes entregava uma pequena mensagem. Ele prosseguia com o convite ao altar. Esse era o momento mais longo do encontro, e cada noite se tornava mais intenso e apaixonado.

Fiquei muito entusiasmada quando um dos *bad boys* que tinha vindo assistir ao nosso grupo finalmente caminhou até a frente. Todos estavam orando por ele. No meu zelo juvenil e ingênuo, pensei que a vida dele tivesse mudado definitivamente, uma vez que ele foi à frente e repetiu a "oração do pecador" (e, assim, talvez algum dia poderíamos nos casar). Duas semanas depois, ele era o mesmo de antes de ir para o acampamento. Ele já não se importava com Deus. O "entusiasmo" havia passado.

Eu também não era insensível à intensidade emocional daqueles apelos. Eu atendi a um deles. Não foi uma chamada para a salvação, mas para uma relação mais profunda e mais íntima com Jesus, uma espécie de renovação de compromisso. Depois de ir à frente, fui levada para uma sala aos fundos, onde eu e vários outros nos assentamos e choramos durante o que pareceu durar duas horas. Depois fomos dispensados e nos juntamos ao resto dos acampantes para o lanche da noite e para o tempo social.

Naquele ano, ao regressar para casa, eu me abstive de assistir televisão por duas semanas inteiras. Não sei por que associei fazer um novo compromisso com Jesus a me ausentar da televisão; mas, veja bem, eram os anos oitenta, e o legalismo estava no ar. Mas isso também me fez pensar em como tal experiência poderia passar tão rapidamente como passou. E isso plantou mais uma pedra no meu sapato.

Para que conste, não sou contra as chamadas ao altar. Conheço muitos cristãos maduros que uma vez atenderam ao convite e caminharam pelo corredor de um evento com Billy Graham, em uma de suas Cruzadas. Sempre que o evangelho é pregado e as pessoas respondem ao convencimento do Espírito Santo, eu louvo a Deus por isso.

Mas, por vezes, parecia apenas um jogo, tipo um jogo de cartas com a premissa "livre-se do inferno". O fato de ter vivido boa parte dos meus vinte anos fazendo vários *tours* em um ônibus, já tive a minha "quota" de convites ao altar. Eu até facilitei alguns deles. Eram sempre bem intencionados, mas não pude deixar de me questionar sobre a duração desses efeitos. Quando comparei alguns desses apelos que presenciei com o que lia na Bíblia, eles pareceram uma imitação barata, como bolsas *Louis Vuitton* falsas que podem ser compradas por vinte dólares na Bleecker Street em Nova Iorque. Estávamos fazendo isso de forma errada? E outra pedrinha foi jogada no meu sapato.

ENCONTRANDO A COMUNIDADE

Suponho que eu já tivesse algumas pedras no sapato quando fui convidada a cantar algumas das minhas novas canções em uma igreja evangélica local que se reunia em um ginásio de uma escola de ensino fundamental. Eu estava grávida do meu primeiro bebê e gravando um disco solo, visto que o grupo ZOEgirl já começava a virar história.

OUTRO EVANGELHO?

Eu estava tão comprometida com o evangelho como sempre estive; mas quando subi ao palco dessa igreja, cantei com a certeza absoluta de que a igreja tinha entendido algumas coisas erradas:

Mas eu digo: não podemos todos nos dar bem?
Eu digo que nos conhecerão pelo nosso amor.

Eu posso falar as línguas dos anjos
Caminhar sobre a água, tocar o céu
Mas se não posso dar uma mão a um estranho
Tudo será mentira[1]

Em seguida, cantei sobre uma jovem que conheceu Jesus em um clube de *strip-tease*, porque ele não tinha receio de ir a qualquer lugar para buscá-la e salvá-la. Na minha terceira canção, perguntei o que aconteceria se abríssemos nossos quartos secretos e então nossos segredos, como esqueletos empoeirados e guardados há muito tempo, viessem para fora? E se esses esqueletos secretos resolvessem contar nossas histórias? Talvez não julgaríamos os outros tão prontamente.

Finalmente, cantei uma canção que contava a história complicada de uma jovem que depositou sua fé em Jesus quando era criança. Depois de seus pais se divorciarem ela abandonou tudo em que acreditava, porque apareceu um rapaz que fez todas as promessas que o seu coração queria ouvir por estar desprovida da presença de seu pai. Nove meses mais tarde, ele a abandonou; mas ela manteve a gravidez, porque no fundo sabia que a criança que carregava estava selada com a imagem de Deus. Mais tarde, sendo já velha e diagnosticada com câncer, ela cantou, expressando como conseguiu atravessar cada fase da sua vida:

---

[1] Alisa Childers, "I Say", Vintage Street Music, copyright © Alisa Childers 2007.

Batiza-me, lava-me na tua água
Derrame-a sobre mim, deixa-me
chamar-te de Pai
Revira-me, chama-me de tua filha
Abraça-me, até eu chegar em casa
Nunca me abandones[2]

A mulher mencionada na canção era um retrato de pessoas que eu conhecia na vida real. Mulheres com passados difíceis e vidas espirituais complicadas. Mulheres que tinham posto fé salvadora em Jesus, mas que não corresponderam a uma vida cristã ideal após a conversão. Eu me incluí em cada uma dessas histórias. Meu próprio pecado e a história da minha redenção conferiram peso a cada uma daquelas palavras.

Quando terminei de cantar, me sentei ao lado do meu marido, em uma daquelas cadeiras dobráveis de metal que estavam enfileiradas improvisadamente. Eu já estava farta de pregadores que falam alto e gritando; por isso, quando o pastor subiu ao palco, eu duvidei de que conseguiria obter algo da mensagem. Mas a sua conduta calma e humilde imediatamente prendeu minha atenção. Em um tom respeitoso e com fala suave, ele contou a história horrível de uma mulher estrangeira que, até onde recordo, tinha sido perseguida por causa da sua fé. Vou lhe poupar os detalhes chocantes, mas a forma comovente como ele contou me fez pensar profundamente sobre como eu reagiria em situação semelhante. Será que eu me ergueria das cinzas para louvar a Deus, apesar do que eu havia perdido? Confiaria nele, ao passar por semelhante dor? Quando o sermão terminou, o meu marido e eu olhamos um para o outro pensativos. Embora estivéssemos indo a outra igreja naquele tempo, acabamos nos reunindo com aqueles irmãos com certa regularidade.

---

2 Alisa Childers, "Baptize Me", Vintage Street Music, copyright © Alisa Childers 2007.

OUTRO EVANGELHO?

Domingo após domingo, os sermões eram dinâmicos, profundos e persuasivos. Amávamos a abordagem inteligente e a compreensão clara do pastor sobre as Escrituras. Também gostávamos do senso de comunidade que encontramos nos crentes autênticos daquela pequena, mas crescente, congregação. Pela primeira vez, ao longo de muitos anos, de fato não víamos a hora de ir para a igreja. Estávamos nos sentindo em casa.

POVO PECULIAR

Cerca de oito meses mais tarde, o pastor me convidou para participar de uma classe que iria mudar a minha vida para sempre – uma classe que me deixaria manquejando, assim como ficou Jacó ao lutar com Deus. Era uma classe que haveria de incutir permanentemente uma voz cética em minha mente – a qual ainda hoje afeta minha habilidade de ler a Bíblia sem algum conflito interior.

Quando me sentei pela primeira vez na sala de aula da igreja, com cerca de uma dúzia de pessoas, olhei à minha volta. A igreja tinha terminado um recente projeto de construção, de modo que tudo parecia fresco e novo. Para promover um ambiente de discussão, nos sentamos em quatro mesas dobráveis de piquenique, dispostas em forma de um quadrado, para que pudéssemos ver uns aos outros.

Ao olhar para os outros alunos, observei casais jovens e com boa aparência, sentados ao lado de pessoas mais velhas com olhos observadores que emanavam uma sabedoria tranquila. Como mãe recente e com um criança pequena em casa, eu passava a maior parte do meu tempo trocando fraldas e tentando evitar que minha filha ativa e curiosa se ferisse com qualquer coisa que pudesse inadvertidamente oferecer perigo, como uma lâmpada da luminária ou a ponta do vidro da mesa do café. O que eu considerava como "um tempo para mim mesma" era devanear por vinte segundos sobre o momento que finalmente eu pudesse pôr de lado meus afazeres maternais, ou ir ao banheiro sem preocupações. Qualquer energia intelectual que ainda me restasse era consumida em pesquisas na *internet*, sobre coisas do tipo "como treinar a criança a usar o vaso sanitário" e "como alimentar seu filho com amendoins e mariscos sem o sufocar". Basicamente, a minha vida girava em torno de manter vivo aquele pequeno ser. Agora, enquanto estava sentada naquela sala cheia de pessoas que pareciam espertas, educadas e bem-afeiçoadas, me senti desajeitada e fora do lugar.

"O que estou fazendo neste lugar? Todos parecem muito mais espertos do que eu. Eu nem sequer tenho um diploma universitário."

"Vocês foram convidados porque, de alguma forma, vocês são peculiares", falou o pastor no início da primeira reunião. Ele explicou, ainda, que todos éramos pessoas que pensavam "fora da caixa", e aquela classe seria uma zona segura para processarmos as nossas dúvidas e questionamentos. Ele teve o cuidado de nos explicar que não se considerava o professor da classe, mas que exercia o papel de facilitador; e assim, encorajou os participantes a expressarem seus pensamentos e trazerem suas ideias e questionamentos à mesa. Para ajudar no direcionamento das nossas discussões, leríamos e discutiríamos um novo livro a cada duas semanas.

Ao olhar à minha volta, para os outros poucos escolhidos, perguntei a mim mesma por que ele me achava peculiar. Talvez ele pudesse ver as pedras no meu sapato. Ou talvez, tenha sido por causa da canção sobre o clube de *strip-tease*. Qualquer fosse a razão, ele pensou que eu estava querendo comprar algo que ele estava pronto para vender. Por um momento, até senti que seria assim.

Foi então que o pastor revelou: "Considero-me um 'agnóstico esperançoso'". Isso foi um pouco assustador, porque eu não tinha muita experiência com agnósticos. Quando eu era uma garotinha, perguntei ao meu treinador de ginástica se ele conhecia Jesus, e ele me disse que era agnóstico. Eu não tinha certeza do que isso significava; mas, na ingenuidade de meu abençoado coração juvenil, pensei em dar a ele um folheto evangélico, que poderia curar *seja o que fosse* aquela doença espiritual. Mas eu não soube o que fazer com um *pastor* que se identificava da mesma maneira. Particularmente, repreendi meu subconsciente por meu julgamento e prometi manter a mente aberta.

O primeiro livro que a nossa turma leu e discutiu foi *Uma Ortodoxia Generosa,* de Brian McLaren. Nas suas páginas encontrei uma redefinição completa da palavra "ortodoxia". Aprendi que Jesus não seria levado à morte por identificar-se como cristão se hoje ele andasse na terra. O meu desconforto crescia a cada capítulo que lia. Alguns capítulos me fizeram vibrar. Eu me identifiquei com a crítica de McLaren quanto às pinturas historicamente incorretas de Jesus, um sentimento que eu já havia descrito na canção sobre o clube de *strip-tease.* Tenho idade suficiente para me lembrar dos flanelógrafos e de como os professores da escola dominical captavam a minha atenção ao contar histórias enquanto colocavam os personagens bíblicos recortados naquele fundo de tecido. McLaren escreveu: "Através dessas histórias, Jesus conquistou o meu coração."[3] O meu também. Porém, a maior parte do livro simplesmente não se adequou ao meu espírito. Desde o capítulo 0 (que vem entre a introdução e o capítulo 1), McLaren parece confuso sobre o que ele crê, e começa a redefinir as palavras antes mesmo de chegar ao capítulo 1. Perguntei a mim mesma se o pastor tinha recomendado essa leitura para ver se os alunos eram espertos o suficiente para detectarem o engano.

Lembro-me de ficar particularmente incomodada por um conceito de McLaren, chamado "Os Sete Jesuses". Ele descreveu sete versões de Jesus, cada uma baseada em diferentes entendimentos denominacionais sobre quem é Cristo. Ele exortou o leitor a celebrar todos eles. Em um instante de iluminação, o restante da turma experimentou um momento

---

[3] Brian D. McLaren, *A Generous Orthodoxy* (Grand Rapids, MI: Zondervan, 2004), p.44 [edição em português: *Uma Ortodoxia Generosa* (Curitiba: Editora Palavra, 2007)].

coletivo de "ah, agora entendi!" enquanto discutíamos o seu desafio. Isso me pôs a perguntar a mim mesma o que se passava *comigo*. Não me senti encorajada, nem iluminada, ou inspirada. Só me preocupava com o *verdadeiro* Jesus - aquele que é descrito na Bíblia. Esforcei-me o quanto pude, tentando fazer com que "os sete Jesuses" se encaixassem no meu paradigma; mas não consegui.

> *"Talvez eu esteja julgando demais."*
> *"Talvez eu tenha a mente muito fechada."*
> *"Por que os outros estão tão entusiasmados com isso?"*

Uma das mulheres mais jovens da turma era uma cantora, que me perguntou se eu estaria interessada em escrever algumas composições com ela. "Eu estava pensando que podíamos escrever uma canção sobre 'os sete Jesuses'", sugeriu ela. Sinceramente, não consigo lembrar o que eu respondi; mas o meu monólogo interior foi algo como: *"acho que você não iria gostar da canção que eu escreveria sobre isso."*

Semana após semana, vi meus colegas de turma ficarem cada vez mais animados com o que estavam aprendendo, enquanto eu ficava cada vez mais confusa e em conflito. O que eu estava lendo se parecia um pouco com um mingau de aveia. Estava gostoso quando você fez uma saborosa cobertura; mas, no final do dia, parecia simplesmente uma papa de farinha na tigela.

Eu só voltei a ouvir o termo *"cristianismo progressista"* anos mais tarde. Mas era evidente que aquele grupo de pessoas queria "progredir" muito além do cristianismo que tinham conhecido. Eles estavam transitando pelo que praticamente se tornaria um rito de passagem neste novo e próspero movimento: a desconstrução. No contexto da fé, a desconstrução é o processo de dissecar sistematicamente, e rejeitar com frequência, as crenças com as quais você cresceu. Às vezes, esse processo leva o cristão a se desconstruir até o ponto do ateísmo. Alguns assim permanecem, mas outros experimentam uma reconstrução. Entretanto, o tipo de fé que terminam abraçando quase nunca se assemelha ao cristianismo que anteriormente conheceram.[4] Os entendimentos tradicionais sobre a cruz, a Bíblia e o evangelho são lançados fora, junto com o lixo.

Olhando para trás, acredito que aquela classe não era realmente uma classe. Antes, tratava-se da desconstrução progressista daquele pastor, e ele estava tentando nos levar junto com ele. Ele conseguiu parcialmente. Depois de deixar a classe, fiquei isolada e só, e as dúvidas que ele plantou em mim começaram a criar raiz e crescer. Por algum tempo, eu não compreendi o que estava acontecendo comigo. Eu estava me segurando em Jesus com tudo o que eu tinha, enquanto a base da minha fé tremia como se tivesse sido atingida por um tsunami que estava derrubando tudo o que eu pensava sobre a igreja e a Bíblia. Tornou-se difícil ler o Livro Sagrado, que tinha sido pintado nas aulas como ... não tão sagrado. Tornou-se difícil orar. Eu não sabia que aquilo era chamado de desconstrução; mas, quando me sentava na última fileira de bancos de uma outra igreja no ano seguinte, não fazia outra coisa senão abaixar a cabeça e chorar.

Suponho que isso causou tal agitação em mim porque eu não estava desejosa por me desconstruir ou tornar-me progressista, visto que o cristianismo que eu conhecia era profundo, real e verdadeiro. Não era manchado pelo legalismo ou hipocrisia, nem devastado pelo abuso ou oprimido pela dúvida. O que eu queria era progredir na minha fé, em minha compreensão da Palavra de Deus, em minha capacidade de vivê-la e na minha relação com Jesus. Mas eu não queria progredir para algum ponto além da verdade. Uma vez que fui submetida à minha própria

---

[4] Alisa Childers, "3 Beliefs Some Progressive Christians and Atheists Share". Disponível em: https://www.thegospelcoalition.org/article/3-beliefs-progressive-christians-atheists-share/. Acesso em: fev.2022.

desconstrução, eu queria reconstruir a minha fé, ao plantar a minha bandeira sobre a rocha firme da verdade. Eu *precisava* saber o que era verdadeiro.

Depois de deixar aquelas aulas, e passar algum tempo em um nevoeiro de confusão, tive uma ideia. Em vez de redefinir ou rejeitar o cristianismo, por que não voltar ao início e descobrir o que é *verdadeiro nisto tudo*? Talvez a única versão que eu conheci fosse a verdadeira; talvez fosse falsa.

Nessa altura, eu não sabia aonde isso iria me levar. Seria o caso de ser uma farsa tudo em que eu cria? Estaríamos todos nós apenas cantando hinos na escuridão, alheios ao fato de vivermos em um universo sem um grande desígnio ou propósito? Ou, será que eu redescobriria o fundamento da verdade que eu conhecia tão fortemente nas Escrituras quando era mais jovem? De qualquer forma, eu precisava saber a verdade.

3
CREDOS, TORTAS E WALTER BAUER

> *Durante centenas de anos após a morte de Jesus, vários grupos de pessoas adotaram escritos radicalmente contraditórios sobre os detalhes da sua vida e do significado do seu ministério, e assassinaram aqueles que discordavam (...). Não havia manuscritos aceitos universalmente que expunham o que significava ser um cristão, por isso a maioria das seitas tinha o seu próprio evangelho (...). O cristianismo estava em caos nos seus primórdios, com algumas seitas declarando outras como heréticas.*
> — **Kurt Eichenwald**, Newsweek

Até começar a frequentar as aulas naquela igreja, assumi que a palavra "cristianismo" tinha o seu significado, que havia uma compreensão universal do que os cristãos acreditam. Presumi que suas crenças se baseavam no que Jesus ensinou e no que os apóstolos registraram no Novo Testamento. E, como a maioria das pessoas, assumi que a linha de cristianismo em que eu fui criada era a que estava certa em todos os detalhes. Não é que eu pensasse que todos os outros fossem hereges, mas eu sentia pena dos batistas que não falavam em línguas ou não levantavam as mãos quando cantavam. Eu olhava com o canto dos olhos para os presbiterianos que batizavam bebês. Apesar de nossas discordâncias sobre certas questões teológicas, eu sabia que esses cristãos eram meus irmãos e irmãs. E como eu sabia disso?

Todos acreditávamos nos mesmos princípios básicos, embora não concordássemos sobre o nível de entusiasmo que deve existir em nossos cultos ou como devemos batizar alguém.

Dessa vez, no entanto, fiquei chocada com a descoberta de que as pessoas com quem eu cultuava, todas as semanas, tinham pontos de vista muito diferentes sobre coisas que eu acreditava serem inegociáveis na fé cristã. Foi desorientador saber que isso parecia realmente não incomodá-los. Em certa ocasião, durante o ensaio do coro para uma noite de adoração, uma das amigas do grupo de estudos estava ao meu lado no palco e disse, em meio a risos: "É engraçado cantarmos essas canções sem que nenhum de nós tenha ideia do que acreditamos." Eu fiquei um pouco atordoada com a sua suposição. Eu sabia em que eu cria; mas a preciosa confiança que sempre tive no evangelho estava sendo confrontada e desmantelada pelo pastor progressista e por meus colegas de turma. O que ela achou estranhamente divertido, eu achei muito desconcertante.

UMA FÉ PELA QUAL VALE A PENA MORRER

Depois de decidir deixar a classe, e meu marido e eu sairmos da igreja progressista, dei por mim que eu estava tentando voltar às raízes da minha fé. Comecei a devorar tudo o que podia encontrar sobre o cristianismo, em seu formato mais primitivo. Queria compreender o que as pessoas que testemunharam a vida e a morte de Jesus realmente criam. Na verdade, eu nunca havia pensado, de fato, que os primeiros cristãos não traziam no colo uma Bíblia com capa de couro desenhada e com o Novo Testamento incluído quando se reuniam para o culto como fazemos hoje. Evidentemente, as cartas de Paulo só foram escritas cerca de vinte anos após a morte e ressurreição de Jesus. Por isso, fiquei a pensar: *Como é que as pessoas compreendiam a fé e se identificavam umas com as outras?* Aprendi, então, que os credos se tornaram uma forma importante de comunicação, para manter os crentes do primeiro século na mesma página. Mas tais declarações de fé não eram simplesmente uma lista de doutrinas que os cristãos tinham de afirmar para mostrar que estavam "do lado de dentro". Antes, eram convicções pelas quais eles viviam ou morriam.

Hoje em dia, quando os cristãos pensam em credos, há a tendência de pensar no Credo Niceno ou no Credo dos Apóstolos, usados por Protestantes e Católicos. Mas, muitos cristãos desconhecem que o Novo Testamento contém dezenas de credos, que são centenas de anos mais antigos do que esses outros mais conhecidos. Alguns dos cristãos primitivos eram alfabetizados, outros não. Os credos eram escritos de forma fácil, para resumir e serem memorizadas as crenças essenciais.

O credo mais antigo da história do cristianismo é, provavelmente, o encontrado em 1 Coríntios 15.3-5. A maioria dos estudiosos, até mesmo liberais e céticos, diz que esse credo começou a circular de dois a sete anos após a ressurreição de Jesus.[1] A princípio, não entendi como certas partes das primeiras cartas de Paulo pudessem ser identificadas com antigas declarações de fé, sendo que as suas cartas só começaram a ser escritas algumas décadas depois de Jesus. Então, aprendi como funcionavam os credos antigos, e isso me lembrou da torta de pêssego da minha avó.

A minha avó, a quem chamávamos carinhosamente de Nana, era uma confeiteira bem sucedida que vivia em Bakersfield, na Califórnia.

---

[1] Gerd Lüdemann, ateu e estudioso do Novo Testamento, faz uma datação entre dois ou três anos após a crucificação. Outro estudioso e não-cristão, Robert Funk, fundador do Jesus Seminar, e também N.T. Wright, o reconhecido erudito do Novo Testamento, concordam com ele. Veja: Gerd Lüdemann, *The Resurrection of Jesus* (Minneapolis: Fortress Press, 1992), p.171–72; Robert Walter Funk and the Jesus Seminar, *The Acts of Jesus* (New York: Polebridge Press, 1998), p.466; N. T. Wright, *The Resurrection of the Son of God* (Minneapolis: Fortress Press, 2003), p.319 [edição em português: *A Ressurreição do Filho de Deus* (São Paulo: Editora Paulus, 2020)].

OUTRO EVANGELHO?

Esse lugar ficava a cerca de uma hora e meia da minha casa de infância no Vale de San Fernando, um subúrbio de Los Angeles.

Sempre ficava ansiosa para ir à casa de minha avó Nana. Quando eu era adolescente, gostava de passar a noite sozinha com ela, o que é uma grande coisa quando se cresce em uma casa com três irmãos. Em uma dessas ocasiões, pedi à Nana para me ensinar a fazer a sua famosa torta de pêssego com massa *biscuit*. Ela disse: "Eu vou ensinar a você a versão fácil. É a receita da minha 'torta de pêssego com uma xícara de, uma xícara de, uma xícara de'". Eu esperava que ela fosse à gaveta da cozinha, onde ficavam os suportes de crochê para as panelas e as fichas de receitas manuscritas; mas, em vez disso, ela começou a recitar os ingredientes de memória. "Uma xícara de farinha com fermento e sal, uma xícara de açúcar e uma xícara de pêssegos com a calda". Foi só isso – claro que exceto pela barra de manteiga, a qual ela cortou um pedaço e colocou por cima. A torta foi, então, assada com perfeição e servida quente com sorvete. Até hoje, nunca me esqueci daquela receita. Por qual motivo? Porque era muito simples e fácil de memorizar.

Imagine que eu decida, agora, escrever um livro de receitas. Nele, incluo a receita que a Nana me ensinou em 1989. O meu livro de receitas terá sido escrito cerca de três décadas mais tarde, mas a receita *contida nele* será a mesma que me foi dada em 1989. Ou seja, a receita será escrita somente trinta anos depois de ter sido criada. É exatamente isso que temos, ao olhar para os credos registrados no Novo Testamento – menos o sorvete.

Voltando a 1 Coríntios 15.3-5, Paulo, um judeu erudito, escreve nessa passagem:

> "Antes de tudo, vos entreguei o que também recebi: que Cristo morreu pelos nossos pecados, segundo as Escrituras, e que foi sepultado e ressuscitou ao terceiro dia, segundo as Escrituras. E apareceu a Cefas e, depois, aos doze."

Enquanto os estudiosos podem detectar os credos no Novo Testamento através de análise da sintaxe, linguística e outras dicas no texto, a maneira mais fácil de detectar é quando o próprio escritor lhe diz o que está escrevendo. Na cultura judaica, frases como "entreguei a vocês" ou "tendo recebido" eram linguagem informal antiga para: "Ei ... estou prestes a lhes dizer algo que não pensei por mim mesmo. Recebi de outra pessoa, que também recebeu de outra."[2] Essa era uma forma comum dos professores passarem as tradições aos alunos, tal como Paulo fez na passagem acima.

Paulo começa a passagem enfatizando que está escrevendo aos Coríntios sobre o que é de *suma importância*. Basicamente, o que ele diz é: "Apertem os cintos, pessoal, e prestem atenção. Não há nada mais importante para a sua fé do que aquilo que estou para dizer."

Bart Ehrman, um cético estudioso do Novo Testamento, escreve que esse credo "resume a fé cristã, inserindo todo o seu conteúdo em uma casca de noz".[3]

Em que acreditavam os primeiros cristãos? Vamos por partes:

1. *Eles criam que Jesus morreu pelos seus pecados.* Dentro de dois ou três anos da morte de Jesus, os cristãos estavam confirmando a expiação. No âmago, acreditavam que Jesus morreu para salvá-los de seus pecados; que ele morreu em seu lugar. Ele não foi simplesmente morto por uma multidão furiosa, por falar a verdade com poder. Uma vez que a expiação é uma das crenças fundamentais do cristianismo, devemos pensar sobre o que queremos dizer quando falamos: "Jesus morreu pelos meus pecados." Obter uma resposta errada para essa pergunta significa entender errado o cristianismo. No capítulo 11, vamos nos aprofundar nesse assunto.

---

2 Bart Ehrman, "The Core of Paul's Gospel". Disponível em: https://ehrmanblog.org/the-core-of-paul-s-gospel/. Acesso em: fev.2022.

3 Ibidem.

2. *Eles criam que Jesus foi sepultado e que ressuscitou dos mortos.* Sem a ressurreição de Jesus, não existe o cristianismo. É simples assim. Paulo diz isso claramente mais tarde, no mesmo capítulo, quando ele relaciona a ressurreição com a expiação. Ele escreve: "Se Cristo não ressuscitou, é vã a vossa fé, e ainda permaneceis nos vossos pecados" (1Co 15.17). Em outras palavras, se a ressurreição não é um acontecimento real na história, se Jesus ainda está no túmulo, então não importa se ele morreu pelos seus pecados. O cristianismo é falso. Seria melhor parar por aqui, e chega por hoje! Além disso, uma vez que Jesus disse que iria ressuscitar, caso isso não acontecesse ele seria um mentiroso, e não o Messias sem pecado em quem os cristãos há muito acreditam.

3. *Eles criam que a morte expiatória, o sepultamento e a ressurreição de Jesus eram inseparáveis das Escrituras.* Era essencial para o cristianismo primitivo a crença de que as Escrituras Judaicas eram a Palavra de Deus. É comum dizerem em alguns círculos que os primeiros cristãos não tinham uma Bíblia, mas isso simplesmente não é verdade. Eles tinham o que agora chamamos de Antigo Testamento, e suas crenças fundamentais eram apoiadas e firmadas nesses escritos.[4] Eles também tinham "a doutrina dos apóstolos" (At 2.42), que proveu os próprios ensinos que acabariam sendo escritos mais tarde no Novo Testamento. Curiosamente, esse credo menciona por duas vezes a expressão "segundo as Escrituras"; a primeira vez em suporte à morte expiatória de Jesus, e a segunda em suporte à sua ressurreição.

4. *Eles criam que a centralidade de sua fé na ressurreição poderia ser confirmada pelas evidências.* Aquela não era uma fé sentimental e piegas, do tipo: "O que Jesus significa para você?" Não se

---

[4] Como exemplo, os primeiros cristãos compreendiam que o sistema sacrificial do Antigo Testamento apontava para "Cristo, nosso Cordeiro Pascal" (1Co 5.7), que levou sobre si os nossos pecados. Para ver outras passagens que eles entendiam estar falando de Jesus, ver Gênesis 3.15, Salmo 22.14-18 e Isaías 53.

baseava em um guru sentado debaixo de uma árvore, recebendo algumas revelações cósmicas e depois tentando convencer um bando de pessoas a comprar suas histórias. Era uma fé centrada na história e na evidência dos testemunhos oculares de pessoas que presenciaram um evento: a ressurreição. O credo menciona doze dessas testemunhas oculares e, no verso seguinte, Paulo se refere a outras centenas de pessoas: "Depois, [Jesus] foi visto por mais de quinhentos irmãos de uma só vez, dos quais a maioria sobrevive até agora; porém alguns já dormem. Depois, foi visto por Tiago, mais tarde, por todos os apóstolos e, afinal, depois de todos, foi visto também por mim, como por um nascido fora de tempo" (1Co 15.6-8). Entenda isto: Paulo escreveu essas palavras quando a maioria daquelas testemunhas ainda viviam. Elas estavam bem vivas para, na primeira oportunidade, poderem dizer: "Ei, você está inventando coisas. Eu não vi nada disso." Mas eles não disseram tal coisa. Não temos qualquer registro de nenhuma das quinhentas testemunhas desafiando o testemunho do apóstolo. Finalmente, Paulo acrescentou a si mesmo na lista dos que tinham visto o Jesus ressurreto (At 9.3-7).

O historiador e filósofo Gary Habermas observa que vários outros credos primitivos afirmam a divindade de Jesus.[5] Pense nisso. Pessoas que viram Jesus caminhar nesta terra, ouviram-no falar e seguiram-no por aquelas estradas romanas poeirentas em Israel, também pensaram ser essencial confessar que Jesus é Deus. Mesmo a história antiga não-cristã se enquadra nisso. Um magistrado romano e advogado influente

---

[5] Habermas aponta várias passagens, inclusive Romanos 1.3-4, 10.8-9; 1 Coríntios 8:6; e Filipenses 2.6-11. Veja seu livro *The Uniqueness of Jesus Christ among the Major World Religions* (publicação independente, 2016), p.29. Disponível em: http://www.garyhabermas.com/Evidence2/. Acesso em: fev.2022. Ver também Oscar Cullmann, *The Earliest Christian Confessions* (ed. Gary Habermas and Benjamin Charles Shaw, trans. J. K. S. Reid, 2018).

chamado Plínio, o Jovem, que viveu na virada do primeiro século, escreveu que os cristãos cantavam hinos a Cristo "como a um deus".[6] De fato, Jesus afirmou ser o próprio Deus em mais de uma ocasião, de acordo com os Evangelhos.

O exemplo mais marcante está em João 8, quando Jesus mantém uma discussão acalorada com alguns judeus. Depois de acusá-lo de ser possuído por demônios, perguntaram-lhe com veemência: "Quem você pensa que é?"[7] Jesus responde com satisfação: "Antes que Abraão existisse, EU SOU."[8] Para os ouvidos de hoje, isso pode soar como se não fosse grande coisa. "Eu sou"... o quê, exatamente? Porém, para os judeus, os quais se lembravam da história do encontro do seu ancestral Moisés com Deus que se deu a conhecer pelo nome "EU SOU"[9], em um arbusto em chamas, essa afirmação era uma heresia. Em essência, Jesus estava dizendo: "Lembram-se de Moisés? Sim, era eu que estava naquele arbusto." Eles entenderam que Jesus estava afirmando ser o próprio Deus. Isso era uma blasfêmia; e, de acordo com a lei judaica, eles poderiam executá-lo por isso. E apanharam pedras exatamente com essa intenção.

ANOTAÇÕES DE CLASSE

"Alguém já leu alguns dos escritos gnósticos? - Eu gosto muito do Evangelho de Tomé" - alguém respondeu um dia na aula.

"*Desculpe, o evangelho de quem?*" O meu monólogo interior soou, quando a turma começou a discutir sobre as ideias perturbadoras e interessantes que tinham encontrado nesses evangelhos não canônicos sobre Jesus. (Conforme os meses passavam, eu tinha comigo mesma muitas conversas internas angustiosas como essa, enquanto os outros discutiam

---

[6] Pliny the Younger, Book 10, Letter 96. Disponível em: http://www.vroma.org/vromans/hwalker/Pliny/Pliny10-096-E.html. Acesso em: fev.2022.
[7] João 8.53, Bíblia Viva.
[8] João 8.58, ARA.
[9] Êxodo 3.14, ARA.

com alegria [ou imprudência?] sobre as ideias mais recentes, sugestivas, provocativas e interessantes sobre as falhas do cristianismo.)

Até aquele momento, eu não sabia da existência de outros evangelhos relatando a vida de Jesus. Certamente que o "Jesus gnóstico" não era alguém sobre o qual os meus professores contariam histórias no flanelógrafo da Escola Bíblica Dominical. Eu tinha sido cristã toda a minha vida - por que, então, isso era novidade para mim? Quando cheguei em casa naquela noite, a primeira coisa que fiz foi pesquisar no Google "evangelhos gnósticos", e descobri que eu poderia ler a todos eles gratuitamente na *internet*. Comecei com o Evangelho de Tomé. Mesmo sem ter qualquer formação apologética ou teológica, identifiquei imediatamente *um Jesus bem diferente* daquele que eu conheci em Mateus, Marcos, Lucas e João. Esse dizia algumas coisas que se assemelhavam *ao Jesus que eu conhecia*, mas a maior parte do que disse soou mais como um impulsivo vendedor de óleo de cobra (citando Deepak Chopra) do que com o Soberano Rei da Criação. Por exemplo, o Evangelho de Tomé descreve um Jesus que diz ser um pecado jejuar, orar e fazer caridade. Ele afirma que as pessoas são salvas por descobrir o conhecimento, e que a única forma de uma mulher chegar ao céu é ao transformar-se em um espírito masculino.[10] Esse não era só um Jesus diferente mas também um falso Messias, que pregava um evangelho diferente daquele que Jesus de Nazaré ensinou, como registrado no Novo Testamento.

Quando comecei a olhar para esses "outros" evangelhos, aprendi que muitos pensam que o cristianismo primitivo era, na realidade, bastante diversificado - que existiam muitas seitas diferentes, com crenças contraditórias sobre quem Jesus era, bem como sobre o significado da salvação e outras doutrinas cristãs importantes. Em outras palavras, argumentam que não existe tal coisa como "cristianismo histórico". Em vez

---

10 Tomé 14, 3, 114.

disso, defendem que existiam muitas versões do cristianismo, todos competindo pela honra de ser considerado como o autêntico. De acordo com essa teoria, o que agora chamamos de Novo Testamento é simplesmente uma compilação dos livros que foram escolhidos pelos "vitoriosos" da teologia. Como os definidores da ortodoxia, eles rotularam todos os outros grupos como hereges e deram o caso por encerrado.

Para alguém como eu, que tinha baseado toda uma vida na Bíblia, essa ideia era incrivelmente perturbadora. Eu precisava chegar à verdade por trás de tudo isso.

Ao estudar apologética alguns anos mais tarde, aprendi que um teólogo alemão, chamado Dr. Walter Bauer, foi o primeiro a propor essa ideia em um livro que escreveu em 1934. A sua teoria não ganhou muito impulso até o livro ser traduzido para o inglês, em 1971, como *Orthodoxy and Heresy in Earliest Christianity* (*Ortodoxia e Heresia no Cristianismo Primitivo*). Isso criou uma mudança de paradigma no mundo acadêmico e foi mais popularizado, recentemente, pelo Dr. Bart Ehrman.[11] Um dia, enquanto tentava descobrir mais sobre a hipótese de Bauer, deparei-me com o livro *A Heresia da Ortodoxia: Como a Fascinação da Cultura Contemporânea com a Diversidade Reformulou o Nosso Entendimento sobre o Início do Cristianismo*, escrito pelos estudiosos do Novo Testamento Michael Kruger e Andreas Köstenberger. Esse livro oferece uma refutação completa da "hipótese de Bauer".

Vou resumir da melhor maneira que posso. Bauer argumentou que não podemos alegar que o Novo Testamento contém os livros certos, porque todas as seitas concorrentes do cristianismo teriam os seus próprios livros, e que simplesmente não deixavam fechar o caso. Mas o seu argumento desmorona quando estudamos o processo que nos levou a

---

11 Michael J. Kruger, "The Heresy of Orthodoxy: Who Is Walter Bauer and Why Write a Book about Him?". Disponível em: https://www.michaeljkruger.com/?s=the+heresy+of+orthodoxy+who+is+walter+bauer+and+why+write+a+book+about+him. Acesso em: fev.2022.

ter os livros que chamamos hoje de "o Novo Testamento". Na minha busca para descobrir o cristianismo histórico, esse é um assunto que passei incontáveis horas pesquisando e investigando, porque a minha vida fora construída sobre esse livro. Ao contrário da crença popular (como frequentemente se comenta desde *O Código Da Vinci*), os livros do Novo Testamento não foram simplesmente "escolhidos" no quarto ou quinto século. Os conselhos que se reuniram para formalizar o cânone fizeram apenas exatamente isso: reconheceram os livros que sempre foram aceitos como indiscutíveis - os quatro Evangelhos, o livro de Atos e as cartas de Paulo - e resolveram, depois, as disputas sobre livros como Tiago, Judas, 2ª Pedro, e 2ª e 3ª João.

De fato, Kruger e Köstenberger demonstram que o cânone central foi estabelecido como Escritura entre os cristãos no final do século primeiro.[12] Esse é um ponto extremamente importante, porque os "outros" supostos evangelhos não foram escritos até os séculos segundo e terceiro.[13] Como os últimos livros poderiam competir com os quatro Evangelhos, se esses outros livros nem sequer existiam?

Alguns anos depois de começar a estudar apologética, certo dia, enquanto lavava a louça, eu estava ouvindo o programa de rádio *CrossExamined*, com Frank Turek. Ele entrevistava um convidado que chamou a minha atenção, porque não era um apologista típico. J.Warner Wallace é um respeitado detetive de um distrito em Los Angeles, que foi mencionado várias vezes no programa *Dateline* da *NBC*, devido ao seu

---

[12] Ver Andreas J. Köstenberger e Michael J. Kruger, *A Heresia da Ortodoxia: como o fascínio da cultura contemporânea pela diversidade está transformando nossa visão do Cristianismo Primitivo*, (São Paulo: Editora. Vida Nova, 2014), e meu artigo "When Was the New Testament Considered Scripture? 5 Facts That Point to an Early Canon". Disponível em: https://www.alisachilders.com/blog/when-was-the-new-testament-considered-scripture-5-facts-that-point-to-an-early-canon. Acesso em: fev.2022.

[13] J.Warner Wallace fez um trabalho exaustivo , analisando o conteúdo, as datas e pressuposições teológicas dos evangelhos não canônicos, no formato de artigos e podcasts. Veja, por exemplo, "A Thorough Guide to the Non-Canonical Gospels". Disponível em: https://coldcasechristianity.com/writings/a-thorough-guide-to-the-non-canonical-gospels/. Acesso em: fev.2022.

sucesso na resolução de casos insolúveis. Como detetive, ele sabe bem sobre evidências. Por isso, quando começou a falar de evidências do cristianismo, eu deixei de lado o prato ensaboado e desliguei a torneira, para ouvir atentamente. Fiquei sabendo que ele fora um ateu fervoroso, antes de reconhecer que tinha rejeitado o cristianismo sem ao menos avaliar as provas a favor ou contra. Usando os instrumentos e métodos que o tornaram tão bem sucedido na resolução de crimes, ele decidiu tratar o cristianismo como um dos seus casos insolúveis.

Durante sua investigação inicial, ele viu um livro em uma livraria chamado O*s Livros Perdidos da Bíblia*. Como bom detetive, querendo analisar todas as provas em que conseguisse pôr as mãos, ele ficou curioso e comprou o livro. Em uma postagem recente em seu blogue, ele escreveu:

> Fiquei desapontado por descobrir que o livro, na verdade, deveria ser intitulado como *As Últimas Mentiras Bem Conhecidas Sobre Jesus,* que foram ignoradas pelos cristãos que o conheceram de fato. Esses textos nunca fizeram parte do Novo Cânone testamentário. Foram escritos tardiamente na história e rejeitados por todos os que sabiam a verdade sobre Jesus de Nazaré.[14]

A própria Bíblia demonstra que os primeiros cristãos sabiam a diferença entre os livros considerados como Escritura e os que não eram. Quando os Evangelhos gnósticos nem sequer existiam, tão logo os Evangelhos do Novo Testamento e as cartas de Paulo foram escritos os cristãos os colocaram no mesmo nível das Escrituras do Antigo Testamento. Fiquei absolutamente surpreendida quando soube que no próprio Novo Testamento encontramos Paulo citando o Evangelho de Lucas e chamando-o de "Escritura" (1Tm 5.18). Igualmente, Pedro refere-se a "todas as

---

[14] J.Warner Wallace, "A Thorough Guide to the Non-Canonical Gospels". Disponível em: https://coldcasechristianity.com/writings/a-thorough-guide-to-the-non-canonical-gospels/. Acesso em: fev.2022.

suas epístolas [de Paulo]" como Escritura (2Pe 3.15-16).[15] Isso aconteceu bem no princípio, amigos.

As melhores evidências apontam para o fato de que esses "livros perdidos" sejam invenções tardias de pessoas que nem sequer viveram durante o tempo do ministério de Jesus. Por outro lado, os documentos do Novo Testamento foram escritos por testemunhas oculares reais (ou por historiadores cuidadosos que entrevistaram tais testemunhas) que caminharam com Jesus, conversaram com ele e foram comissionadas por Jesus para escrever a Escritura Cristã. Falarei mais sobre isso no capítulo 8.

CRISTIANISMO HISTÓRICO

Como os fundamentos de minha crença eram regularmente desafiados pelo pastor progressista e por meus colegas de turma, dei por mim tentando voltar às raízes da nossa fé - ao que eu chamo de cristianismo histórico. Por que escolhi a palavra "histórico" em vez de "tradicional" ou "conservador"? É, provavelmente, porque essas palavras trazem em si um grande peso. Elas podem significar coisas muito distintas para diferentes pessoas. Chamo de "histórico" porque isso é exatamente o que ele é. Entre o período dos credos pré-Neo Testamentários e os próprios documentos do Novo Testamento, temos as crenças originais que definiram o cristianismo e o tornaram único no mundo. Claro que, a partir daí, as coisas desandaram. Mesmo no primeiro século, heresias e falsas versões do cristianismo começaram a surgir entre comunidades de crentes que reivindicavam o nome de Cristo. Mas se olharmos para a história da igreja como um todo, cada reforma foi uma tentativa de voltar à versão mais antiga, mais bíblica e mais autêntica do cristianismo. E penso que está na

---

15 Norman L. Geisler e Frank Turek, *I Don't Have Enough Faith to Be an Atheist* (Wheaton, IL: Crossway, 2004), p.364, 586–87 [edição em português: *Não Tenho Fé Suficiente Para Ser Ateu* (São Paulo: Editora Vida, 2006)].

hora de outra reforma. Mas não uma reforma que seja progressista, que vá além do cristianismo histórico. Não uma reforma que olha com desprezo para os primeiros cristãos, considerando-os menos esclarecidos e mais primitivos na sua compreensão de Deus. Mas sim, uma reforma que redescubra a própria definição de cristianismo.

Terão esses ensinamentos fundamentais sido deturpados em algum momento da história?
- Claro que sim.
Terão sido distorcidos e utilizados para o mal, em vez do bem?
- Sem dúvida alguma.
Alguma vez foram barganhados por poder político e ganho pessoal?
- Sim, sim e sim.

Mas, como diz o ditado, não se pode julgar um sistema de crenças pelos abusos que sofreram. Historicamente, os cristãos têm acreditado que a Bíblia é a Palavra de Deus e que Jesus é Deus encarnado, que morreu pelos nossos pecados e foi ressuscitado para a nossa salvação. Há uma coisa da qual podemos ter certeza: desde os primeiros cristãos, os que conheceram a Jesus pessoalmente, que o viram com os seus próprios olhos e o tocaram com suas próprias mãos – esses acreditaram nos ensinamentos expostos nos credos mais antigos e nos escritos do Novo Testamento. Isso não se trata apenas de opiniões modernas ou reflexões privilegiadas de uma civilização ocidental esclarecida.

Há muito mais que define o cristianismo, mas é aqui que começa. É muito mais do que isso, mas não pode ser menos que isso. Após identificar o fundamento do cristianismo histórico, eu tinha, pelo menos, um ponto de partida. Na minha visão, cabe a Jesus e aos apóstolos definirem o que é o cristianismo.

Curiosamente, muitos cristãos progressistas usam liturgias e recitam o credo dos Apóstolos e o Niceno por respeito à tradição; mas, muitas vezes, reinterpretam o significado de algumas palavras e doutrinas. Por exemplo, Nadia Bolz-Weber, pastora fundadora da *"House for All Sinners and Saints"* (*Casa para Todos os Pecadores e Santos*), escreve sobre como a sua igreja emprega no culto a liturgia, a leitura das Escrituras, a ceia do Senhor, o batismo e os hinos.[16] No entanto, em uma entrevista à *Houston Chronicle*, ela disse que, embora acredite na Trindade, na encarnação e nos milagres, não está interessada em saber "se cada detalhe dessas coisas é verdadeiro ou não".[17] Na igreja progressista, regularmente recitávamos os credos, mesmo que o nosso pastor e muitos dos meus colegas de turma admitissem não acreditar em todo o seu conteúdo.

Além disso, comecei a notar que, quando os membros da minha turma criticavam na igreja as crenças fundamentais do cristianismo, eles geralmente gastavam menos tempo lendo as Escrituras cuidadosamente, para discutir os pontos mais delicados da teologia e da doutrina, e usavam mais tempo para refletir sobre sua desilusão em relação às orações não respondidas, ou sobre suas experiências pessoais de terem crescido em igrejas legalistas. Por vezes, eu me identificava com eles. No entanto, não podia deixar de pensar se a ira deles não estava direcionada para o alvo errado, muito à semelhança do que houve com meu sobrinho, que descarregou toda a sua fúria em um pêssego inocente.

---

16 Nadia Bolz-Weber, *Shameless: A Sexual Reformation* (New York: Convergent, 2019), p.189–95.
17 Lisa Gray, "Nadia Bolz-Weber Urges Christians to Be 'Shameless' in Their Sexuality". Disponível em: https://www.houstonchronicle.com/life/houston-belief/article/Nadia-Bolz-Weber-urges--Christians-to-be-13619448.php. Acesso em: fev.2022.

4
CONSERTANDO O QUE NÃO ESTÁ QUEBRADO

A SPTI [Síndrome Pós-Traumática de Igreja] apresenta-se como uma reação severa, negativa (e quase alérgica) à doutrina inflexível, ao abuso total do poder espiritual, ao dogma e (muitas vezes) às bandas de louvor e aos pregadores. Internamente, os sintomas incluem (mas não se limitam a): afastar-se de todas as coisas religiosas, não acreditar em nada, depressão, ansiedade, raiva, dor, perda de identidade, desespero, confusão moral e, sobretudo, a perda do desejo e a incapacidade de frequentar o local de culto.
— **Reba Riley**

"PÊSSEGO ESTÚPIDO!"

O meu sobrinho de dez anos de idade, Matt, gritou com o pêssego maduro e suculento que segurava na mão direita; esmagou-o e atirou-o pela porta da frente, que estava aberta, como se o fruto estivesse em chamas em sua mão. O que tinha feito esse pequeno pêssego inocente para merecer tal tratamento? Vamos voltar para segundos antes do incidente do esmagamento da fruta. Matt tinha batido com a cabeça na quina do armário da cozinha, enquanto pegava o pobre coitado na fruteira e se dirigia para brincar lá fora com os amigos.

A culpa não foi do pêssego. Mas nessa altura, Matt tinha uma escolha a fazer. Alguma coisa tinha de ser punida. Alguma coisa ou alguém tinha de absorver todo o peso da sua fúria. Talvez o armário fosse um adversário muito desigual. Talvez ele tivesse medo de se ferir ou, pior ainda, daquilo que sua mãe faria se ele desse um murro ou um pontapé no armário. Talvez parecesse que ninguém sentiria falta de um pêssego insignificante. Ou talvez ele estivesse simplesmente reagindo com uma raiva cega contra o que estivesse mais próximo a ele. Seja o que for que ele estivesse pensando, o sumo e a polpa que escorria pelo seu braço deixaram claro que o pêssego tinha recebido a devida punição.

À medida que fui ficando mais familiarizada com as reivindicações do cristianismo progressista, tornou-se claro por que ele estava prosperando tanto. Vários temas em comum começaram a surgir nos livros recomendados e nas conversas entre o nosso pastor progressista e meus colegas de turma. Eventualmente reconheci que, tal como o pêssego no cenário do meu sobrinho, eles culpavam os ensinamentos do cristianismo histórico por erros que eles entendiam serem reais, ou pensavam que fossem. Como resultado, eles estavam prontos para desprezar tudo em que criam e trocar por um novo conjunto de crenças.

É fato que algumas pessoas têm sido maltratadas e ofendidas, ou sofrido algum tipo de *bullying*, nas suas igrejas conservadoras. Outras têm tido dúvidas sinceras e são cerceadas com declarações como esta: "Aqui não fazemos esse tipo de pergunta." Para outros, as exigências e os princípios do cristianismo histórico tornaram-se demasiadamente pesados para suportar, em uma cultura que despreza qualquer pessoa que desafie as normas sociais ou cuja visão de mundo não se alinha com as da sociedade em geral. Para outros, ainda, isso tem tudo a ver com a própria Bíblia. Esses estão convencidos de que o livro que lhes foi ensinado ser a própria Palavra de Deus se parece mais com um roteiro de filme de terror do que com o "Livro Sagrado" que, supostamente, deveriam reverenciar e obedecer. Outros, ainda, são defrontados com afirmações céticas, com as quais nunca se depararam no abrigo da bolha cristã em que cresceram; enquanto outros, lutam para acreditar que Deus é bom, mesmo que por vezes a vida não o seja.

ABUSO DE PODER

Parece que sempre que liguei o meu computador, nos últimos anos, me deparei com um novo escândalo na igreja. Seja por descobrir-se algum abuso sexual, ou seja pela má conduta financeira dos pastores que exercem o seu poder e utilizam os seus púlpitos para intimidar aqueles que estão ao seu cuidado - parece não haver fim para a descoberta da hipocrisia.

Uma grande amiga minha passou recentemente por uma provação, na igreja em que frequentava por mais de duas décadas, que pode se resumir em uma palavra: *abuso*. Eu caminhei com ela e a vi ser lançada para lá e para cá, nos altos e baixos das ondas de dúvida, perdão, introspecção, autoquestionamento e tentativas de reconciliar-se, até finalmente abraçar a verdade. O pastor em quem tinha confiado e servido ao longo de todos aqueles anos ficou profundamente ofendido quando ela expressou uma preocupação teológica. Como ele mesmo admitiu, sua reputação era muito importante para ele, e então deu a ela um ultimato: que confiasse nele inquestionavelmente ou partisse. Seu marido era funcionário da igreja, o que tornou a situação ainda mais difícil. Enquanto os dois buscavam decidir o que fazer, ela foi manipulada, caluniada e lhe foi mostrada a porta de saída, sem sequer um adeus. Nada tinha mudado para o pastor; mas *para ela*, para sua fé, finanças e relações de família, tudo foi completamente alterado.

Felizmente, ela foi capaz de se agarrar à fé cristã. Ela estava profundamente enraizada no evangelho, havia estudado apologética, a natureza da verdade e interpretação bíblica, antes que esse evento esmagador a acometesse. Jesus a salvou, e usou a apologética para fazer isso. Mas outros não têm sido tão afortunados.

Sem a maioria de nós sequer perceber, grande parte da atual cultura evangélica tornou-se um culto à personalidade. Como seres humanos, tendemos a colocar as pessoas em pedestais, especialmente os pastores. Nós amamos o poder, e por ele somos atraídos. Queremos, naturalmente, seguir a pessoa que defenda a verdade e diga o que tem de ser dito, sem importar o custo. "Ele pode ser duro, mas fala a verdade."; "Ele não mede as palavras."; "Ele tem certa aspereza, mas Pedro também era assim." Todas essas são desculpas que as pessoas usam para justificar o comportamento antibíblico e antiético de alguns líderes estimados da igreja. Esse tipo de pensamento envia as ovelhas feridas para os braços do cristianismo progressista, onde elas serão reconhecidas e aceitas. Mas, em última análise, elas *serão deixadas a sangrar* sozinhas, como alguém que vai ao médico para ser tratado de um ferimento mas recebe apenas um abraço e algumas palavras reconfortantes em vez de pontos e antibióticos. Isso pode fazer bem a princípio; mas sem uma cura real, o paciente pode perder muito sangue, ou a ferida pode infeccionar.

O ferimento pode ser tão profundo que alguns resolvem abandonar completamente a igreja. Isso me faz lembrar de uma ocasião em que pensei ter sido picada por uma aranha em minha perna. Odeio ir ao médico, mas quando a ferida ficou do tamanho de um pires e eu não conseguia dormir por causa da dor, finalmente cedi e fui a uma clínica local. A enfermeira examinou o meu abscesso, que vazava, e disse: "Oh, querida, isso não é uma picada de aranha."

Na verdade, eu havia contraído o MRSA (sigla em inglês para *Staphylococcus aureus* resistente à meticilina). Fiquei sabendo que essa desagradável infecção por estafilococos não responde aos antibióticos comuns. É um tipo de bactéria resistente a medicamentos que pode apresentar-se como um inchaço na pele; o qual, se não for tratado, pode se espalhar profundamente no corpo, eventualmente infectando órgãos, sangue e ossos. Não é algo com que você queira lidar!

Não posso expressar o quanto fiquei grata por aquela equipe médica conhecer o MRSA e saber tratá-lo. (Eu fiz uma coisa que não é bom fazer - pesquisei no Google o que acontece se não tratar o MRSA. Tive de fechar o meu computador quando vi inúmeros artigos sobre amputação.) Acontece que o MRSA é muitas vezes tratado com o mesmo medicamento usado para tratar a febre tifoide.

Agora, imagine se antes de contrair MRSA eu tivesse passado por uma experiência realmente ruim com um médico. Digamos que esse médico, em particular, tenha sido abusivo comigo. A minha hesitação em pôr o pé em um outro hospital seria completamente compreensível. No entanto, isso não mudaria o fato de que *ainda precisaria do medicamento correto para tratar* o MRSA. E o quanto seria pior se eu encontrasse um grupo de pessoas que confirmassem os meus sentimentos, me dessem analgésicos e uma cama para descansar, enquanto negassem a verdadeira causa do problema? Isso iria de fato me matar, em vez de me salvar.

Eu tinha um problema de MRSA, e a raça humana tem um problema também - um problema de pecado. Só há uma cura; mas, infelizmente, muitos cristãos desprezam a cura por causa de um experiência má em uma igreja.

NÃO É UM LUGAR SEGURO PARA DUVIDAR

Outras pessoas deixam as suas igrejas por causa da forma como as suas dúvidas sinceras foram descartadas. O Instituto Fuller para a Juventude (FYI) estudou a progressão espiritual de quinhentos jovens graduandos, durante os seus primeiros três anos de faculdade. Kara Powell, a diretora executiva da FYI, escreveu que uma das principais razões da juventude cristã abandonar sua fé após o ensino médio é por ter expressado, em algum momento, suas dúvidas sobre o que lhes tinha sido ensinado a acreditar. Seus líderes da igreja, embora bem-intencionados, em vez de lhes proporcionar um lugar seguro para processarem essas incertezas, disseram-lhes que não deviam sequer fazer aqueles questionamentos. Isso os levou a concluir que o cristianismo tinha uma estrutura muito fraca - a igreja não conseguia lidar com as suas dúvidas, e nem Deus poderia.[1] Infelizmente, essa pesquisa é apoiada por histórias e mais histórias de cristãos que abandonaram a fé com que cresceram e abraçaram o ateísmo, o agnosticismo, ou algum tipo de cristianismo progressista.[2]

A experiência da dúvida pode ser incrivelmente assustadora, especialmente para cristãos que cresceram em um ambiente em que a fé é vista como algo que sugere *ter certeza absoluta*. A mensagem é clara: se você duvida, significa que a sua fé é fraca ou que há algo de errado espiritualmente em você. No livro "*Authentically Emergent: In Search of a Truly Progressive Christianity*", Dr. R. Scott Smith escreveu:

> Na realidade, nós dizemos às pessoas para se calarem e simplesmente tomarem o ensino bíblico (o qual, em alguns tópicos, pode não passar de nossas próprias opiniões fortemente defendidas) como um fato e aceitá-lo pela fé; como que, por si só, isso fosse uma virtude. Mas a fé bíblica não é um salto no escuro; envolve o conhecimento de que Deus falou e é isso digno de confiança.[3]

Falsas definições de fé, tão frequentemente ensinadas, baseiam-se em um mau entendimento sobre a diferença entre *incredulidade* e *dúvida*.

---

[1] Kara Powell, "Steve Jobs, Back to School, and Why Doubt Belongs in Your Youth Group Curriculum". Disponível em: https://www.christianitytoday.com/women/2012/september/steve-jobs-back-to-school-and-why-doubt-belongs-in-your.html. Acesso em: fev.2022.

[2] As fontes sobre isso seriam muitas para mencionar, mas alguns exemplos são os seguintes *podcasts*: The Airing of Grief e #Exvangelical podcast.

[3] R. Scott Smith, *Authentically Emergent: In Search of a Truly Progressive Christianity* (Eugene, OR: Cascade Books, 2018), p.99.

Não são a mesma coisa. A incredulidade é uma decisão da vontade, mas a dúvida tende a borbulhar dentro do contexto da fé.

A incredulidade é contrária à forma como Deus criou o universo. Em Romanos 1.19-20, Paulo diz que Deus se revelou a cada pessoa que já viveu: "Porquanto o que de Deus se pode conhecer é manifesto (...). Porque os atributos invisíveis de Deus, assim o seu eterno poder, como também a sua própria divindade, claramente se reconhecem, desde o princípio do mundo, sendo percebidos por meio das coisas que foram criadas (...)." Assim, todas as pessoas que já viveram não só têm conhecimento da existência de Deus mas também da sua natureza e de alguns dos seus atributos. Como resultado, "não temos desculpa" (Rm 1.20b). Na verdade, Paulo diz que não acreditar em Deus significa deter "a verdade pela injustiça" (Rm 1.18b). A incredulidade é uma escolha consciente de viver como se Deus não existisse - e nasce dos desejos pecaminosos.

A dúvida, porém, é um *conceito completamente diferente*. Para compreender a dúvida, é essencial compreender a fé. Os ateus (e, infelizmente, muitos cristãos) acreditam que a fé é um salto no escuro, uma espécie de crença obstinada, apesar da falta de provas para sustentá-la. Muitos cristãos cresceram aprendendo que ter fé é estar 100 por cento certo de que o cristianismo é a verdade.

Suponho que eu também acreditei dessa forma. Ninguém me ensinou explicitamente isso; mas em algum momento, ao longo do caminho, adquiri esses pressupostos. No entanto, nenhuma dessas posições é uma definição bíblica de fé – e ambas são um caminho infalível para uma crise espiritual. Certa vez, na aula, o pastor admitiu ter apenas 60 a 80 por cento de certeza sobre o cristianismo. No início não acreditei nele. *Como pode um cristão dedicado, especialmente um pastor, ter apenas 60 por cento de certeza? É isto que significa ser um "agnóstico esperançoso?"* Depois, ele perguntou ao restante da turma: "Quantos de vocês estão 100 por cento certos?" Levantei a minha mão, esperando que muitos outros fizessem o mesmo, mas éramos apenas dois. Quando olhei à volta, compreendi por um momento como um animal de jardim zoológico deve sentir-se em um movimentado sábado de verão. Meus olhos cruzaram com outros olhos abertos de espanto e com sobrancelhas erguidas em surpresa. Sendo honesta, eu não sabia realmente de quanto eu estava realmente certa. Eu sabia que deveria estar. E pensei que estava. Mas eu tinha uma definição muito fraca sobre a fé. Eu aprenderia mais tarde que a fé bíblica é *confiança* - e que a confiança é baseada em boas evidências.

Quando eu era criança, amava a montanha-russa. Não havia uma que fosse suficientemente rápida, assustadora, ou muito alta para me manter longe. Os meus pais pareciam pensar que eram seguras, por isso eu não tinha razões para questionar. Agora que sou adulta, fico um pouco mais hesitante quando me assento em uma potencial armadilha da morte, fazendo *loopings* a 140 quilômetros por hora. Afinal, já ouvi histórias de pessoas que despencaram para a morte em tais diversões. Penso comigo mesma: *"Será que este carro pode se desprender dos trilhos e virar em cima de mim ao atingir o chão? Quando foi a última vez que um mecânico verificou todas estas roscas e parafusos? Será que esta é a viagem fatal que vai estampar meu rosto nos noticiários da noite?"* Em outras palavras: a idade, a experiência e um pouco de desilusão levaram-me a duvidar da segurança das montanhas-russas, às quais em tempos atrás me entregava sem preocupação. *Mas isso não me impede de andar nelas.* Mesmo havendo dúvidas, eu confio que o carrinho da montanha-russa vai me trazer de volta à plataforma em segurança. Se eu pedisse provas para corroborar a minha confiança, um empregado do parque me informaria que tudo é inspecionado diariamente por profissionais que verificam os trilhos, procuram detritos, trincas e verificam a tensão das correntes. Ele também vai me assegurar de que os veículos, os breques, as rodas, o sistema de travas, os cabos de segurança e o mecanismo de parada de emergência são todos meticulosamente checados em busca de anomalias. Poderão me informar que os técnicos radiografam as pistas uma vez por ano, para verificar o nível de tensão sobre a estrutura metálica. Mediante tais informações, seria completamente razoável confiar na segurança da montanha-russa. Não é um salto no escuro, e não é 100 por cento de certeza. É confiança baseada em evidências.

De certo modo, é assim que a fé bíblica funciona. Quando éramos crianças, adotávamos naturalmente a visão de mundo dos nossos pais. Por termos crescido na igreja, provavelmente assumíamos que o cristianismo era a verdade e defenderíamos essa crença diante dos nossos amigos se eles discordassem. Mas depois, amadurecemos. Fomos expostos a outros pontos de vista religiosos e filosóficos. Como o adulto que começa a duvidar da segurança das montanhas-russas, começamos a questionar o que sempre nos foi dito.

Se mais igrejas acolhessem as perguntas sinceras dos que têm dúvidas e se engajassem com o lado intelectual da sua fé, elas se tornariam lugares seguros para aqueles que experimentam a dúvida. Se as pessoas não se sentirem compreendidas, é provável que encontrem simpatia daqueles do campo progressista, que prosperam com as dúvidas. No cristianismo progressista, a dúvida tem se tornado um distintivo de honra e deleite, em vez de um obstáculo para ser enfrentado e superado.

AS EXIGÊNCIAS MORAIS DO CRISTIANISMO HISTÓRICO

No início dos anos 2000, a ZOEgirl fez várias viagens missionárias com a revista *Brio*, uma publicação do Ministério *Focus on the Family*. Uma jovem que eu conheci nessas viagens, a quem chamarei de Sarah, era agora adulta e em vias de se assumir diante de seus amigos cristãos. No fundo, eu já sabia o que ela ia dizer, quando ligou para me falar que era gay.

Em uma daquelas viagens, ela confessou a mim e a outros líderes de sua confiança que ela estava lutando com a homossexualidade. Ela vinha tentando durante anos mudar os seus sentimentos para superar os desejos que ela não queria e não escolheu. Mas, no final, ela decidiu que Deus a tinha feito dessa forma e que era a sua vontade que ela aceitasse isso como a sua identidade. Eu disse a ela que a amava e agradeci por ter me contado. Pouco antes de desligarmos, eu perguntei: "Sarah, posso fazer uma pergunta?"

"Claro", respondeu ela.

"Poderia me dizer se acredita realmente que essa é a vontade de Deus para a sua vida, ou está apenas cansada de lutar?"

Houve uma longa pausa. Em quase um sussurro, Sarah respondeu, "Eu ... estou ... estou cansada de lutar."

Não consigo imaginar como deve ter sido para Sarah crescer no meio da subcultura evangélica americana do início dos anos 2000. Ela era uma moça um pouco estranha e com aparência de rapaz; era prática, engraçada e forte. Ela sempre tinha um sorriso no rosto e possuía uma dessas personalidades carismáticas que parecia atrair a todos. Quer fossem atletas, jovens vaidosas ou muito tímidas, todas as pessoas gostavam dela. No entanto, ela carregou esse segredo profundo durante tanto tempo.

O meu coração fica partido quando penso nisso. Talvez lhe fora oferecido um evangelho que prometia saúde e felicidade. Talvez ela tivesse sido alimentada com muitos sermões sobre autoestima e aconselhada a seguir os seus sonhos. Talvez o grupo de jovens que ela frequentava tenha gasto muito tempo com jogos e pizza. Talvez sua igreja tinha insinuado que qualquer pessoa que experimente a atração pelo mesmo sexo é desqualificada para a vida cristã. Seja qual for a razão, Sarah decidiu que o custo do verdadeiro evangelho era muito alto. As exigências morais do cristianismo bíblico tornaram-se demasiadas, e ela desistiu.

Penso em outros amigos que têm atração pelo mesmo sexo. Amigos que amo e com quem me preocupo profundamente. Nunca penso nisso apenas como uma questão qualquer; essas pessoas têm rostos, nomes e histórias de dor. E por amá-las, quero pensar claramente e com sinceridade sobre esta questão. É muito claro que, do Gênesis ao Apocalipse, o sexo é extremamente importante para Deus. Ele o criou e colocou limites importantes e vitais para todos nós. De capa a capa, a Bíblia ensina que o sexo deve ser entre um homem e uma mulher, em um pacto matrimonial para a vida toda. Qualquer ato sexual fora desse pacto é biblicamente definido como pecado. Não podemos redefinir o que Deus chama de pecado e ainda supor que é possível identificar essa ética como cristã.

Sam Allberry, um pastor do Reino Unido, partilha da mesma luta de Sarah. Desde que consegue se lembrar, ele tem sido atraído especificamente por homens. Ele escolheu deixar esses desejos de lado por causa do evangelho e permaneceu celibatário durante toda a sua vida adulta. No seu livro *Is God Anti-Gay?* (*Deus é Contra os Homossexuais?*) ele faz referência a um conhecido ensino de Jesus, em Marcos 8.34: "Então, convocando a multidão e juntamente os seus discípulos, disse-lhes: Se alguém quer vir após mim, a si mesmo se negue, tome a sua cruz e siga-me."

Alberry observa:

> É o mesmo para todos nós – "quem quer que sejamos". Devo negar a mim mesmo, tomar a minha cruz e segui-lo. Negar a si mesmo não significa ajustar o seu comportamento aqui e ali. Significa dizer *"não"* ao sentido mais profundo de quem você é, por amor a Cristo (...). Desde que tenho estado aberto quanto a minha experiência sobre a homossexualidade, vários cristãos disseram algo parecido com isto: *"O evangelho deve ser mais difícil para você do que é para mim."* Como se eu tivesse mais coisas para abrir mão do que eles. Mas o fato é que o evangelho exige tudo de todos nós. Se alguém pensa que o evangelho, de alguma forma, entrou em sua

vida muito facilmente, sem causar grandes ajustes em seu estilo de vida ou aspirações, é provável que essa pessoa não tenha realmente começado a seguir Jesus.[4]

Jesus requer *tudo de todos*. Mas, para alguns, não é que necessariamente discordam dos princípios fundamentais do cristianismo, mas é que o custo de segui-los é simplesmente muito elevado.

Até mesmo muitos cristãos que não sentem atração pelo mesmo sexo têm ajustado sua teologia sobre essa questão, por pensarem ser a posição mais amorosa a se tomar. Assim, a fim de manter alguma aparência de fé, redefinem o cristianismo e avançam além da sua compreensão histórica, enquanto outros abandonam por completo a fé.

PROBLEMAS COM A BÍBLIA

Outros, ainda, têm problemas com a própria Bíblia. "Era uma vez, havia uma jovem com um livro mágico"; assim começa o livro de Rachel Held Evans sobre a Bíblia: *Inspired - Slaying Giants, Walking on Water, and Loving the Bible Again*.[5] Como uma das vozes mais influentes e proeminentes do movimento cristão progressista, Evans cativou milhares de leitores com as suas observações perspicazes, sua prosa espirituosa e narrativas envolventes. Quando ela morreu inesperadamente, na primavera de 2019, por uma reação alérgica a um medicamento para a gripe, tanto o mundo evangélico quanto o progressista ficaram em choque. Sua morte foi coberta até por muitas mídias seculares.

Quando ouvi a notícia da sua morte, meus olhos encheram-se de lágrimas. Tendo lido os seus livros, seguido o seu blogue, e até interagido

---

[4] Sam Allberry, *Is God Anti-Gay?: And Other Questions about Homosexuality, the Bible and Same-Sex Attraction* (Charlotte, NC: The Good Book Company, 2015), p.11–12 [edição em português: *Deus é Contra Homossexuais?* (Brasília: Editora Monergismo, 2017)].

[5] Rachel Held Evans, *Inspired: Slaying Giants, Walking on Water, and Loving the Bible Again* (Nashville: Thomas Nelson, 2018), xi.

com ela uma vez no Twitter, foi como se a conhecesse um pouco. A sua morte foi um choque e especialmente dolorosa, considerando que ela deixou um marido e dois filhos pequenos abaixo de quatro anos. Se fosse comigo, eu iria querer que as pessoas orassem por meus filhos, por isso foi o que fiz por ela. Eu também desejaria que as pessoas continuassem a levar as minhas ideias a sério; e é isso que vou tentar fazer, sempre que interagir com os seus escritos neste livro.

Evans era incrivelmente popular e persuasiva, porque era talentosa em dar um toque especial nas coisas comuns. Ela descreveu o seu amor pela Bíblia retratando-se como uma jovem que ouviu o eco da voz de Deus em cada palavra. Mas depois relatou a desilusão que sofreu ao crescer e passar a ver os campeões das amadas histórias bíblicas mais como vigaristas e réprobos. Ao ler sobre a conquista israelita em Canaã, o dilúvio de Noé e sobre a morte de todo primogênito no Egito, o Deus cuja voz uma vez ecoou através das páginas da sua Bíblia agora parecia um vilão assassino. Ela escreveu: "Se Deus é supostamente o herói da história, então por que se comportou como um vilão?"[6]

Isso me faz lembrar de uma mulher com quem me sentei na aula, semana após semana. Ela era uma pessoa atenciosa, compassiva e encantadora em todos os aspectos. Algumas semanas após o meu marido e eu deixarmos a igreja progressista, marcamos um almoço em uma cafeteria. Ela compreendeu por que eu tinha decidido deixar de frequentar as aulas e por que achei o assunto tão inquietante para a minha jornada espiritual.

Mas quando lhe perguntei como estava, os seus olhos encheram-se de lágrimas, enquanto expressava angústia por algumas das passagens mais violentas do Antigo Testamento. "Não posso acreditar que Deus mataria todas aquelas crianças. Simplesmente não posso.", ela se abriu, com uma voz trêmula. Ela se referia aos versos em que Deus ordenou

---

[6] Rachel Held Evans, *Inspired: Slaying Giants, Walking on Water, and Loving the Bible Again* (Nashville: Thomas Nelson, 2018), xii.

aos israelitas que eliminassem os cananeus em Jericó - todos os homens, mulheres e crianças. O seu tormento sobre essa passagem era tangível.

Eu não tinha uma resposta para ela naquela altura; mas, quando mais tarde estudei esse relato no Antigo Testamento, aprendi que havia mais coisas acontecendo naquela situação do que é frequentemente apresentado pelos céticos e pelos cristãos progressistas. Por exemplo, os cananeus eram tão malignos, tão vis na sua rebelião contra Deus e contra tudo o que é bom que, se eles fossem vivos hoje, a maioria de nós estaria clamando por justiça, procurando pôr fim às suas ações, por todos os meios necessários.[7] Além disso, o pastor progressista não tinha apresentado todas as informações. É provável que Jericó fosse mais como uma base militar, formada majoritariamente por soldados do que um tipo de aldeia onde viviam mulheres e crianças.[8] Certamente não estou dizendo que isso torna mais fácil de engolir, ou que resolve toda a tensão; mas apresentar o caso essencialmente como "ei, Deus ficou enlouquecido e matou um monte de crianças" está longe do que realmente aconteceu. Sinceramente, a história *deve* nos incomodar. Ela nos mostra como Deus se sente sobre o pecado e revela o quanto é belo o seu plano de salvação. Mas essas ideias normalmente não eram discutidas nas aulas. A Bíblia era apresentada como moralmente duvidosa em certas partes, e a única opção oferecida era a de rejeitar ou reinterpretar as seções que não soavam bem.

Conciliar o caráter de Deus com o seu comportamento é uma questão que leva alguns cristãos a questionar a confiança naquilo que está escrito. Como resultado, muitos adotam uma forma radicalmente diversa de ler e interpretar a Bíblia. Vamos falar mais sobre isso no capítulo 9.

---

[7] Clay Jones, "We Don't Hate Sin So We Don't Understand What Happened to the Canaanites". Disponível em: https://ibs.cru.org/files/5214/3336/7724/We-Dont-Hate-Sin-PC-article.pdf. Acesso em: fev.2022.

[8] Paul Copan, *Is God a Moral Monster?: Making Sense of the Old Testament God* (Grand Rapids, MI: Baker Publishing Group, 2011), p.175–77 [edição em português: *Deus é Um Monstro Moral?: Entendendo Deus no Contexto do Antigo Testamento* (Maceió: Editora Sal Cultural, 2019)].

O MUNDO OFERECE UMA OPÇÃO MAIS ATRATIVA

Ao longo dos tempos, os cristãos têm encontrado visões de mundo e filosofias que têm concorrido com sua obediência e lealdade. Essas ideologias produzem os valores, crenças e códigos morais que moldam a cultura; os que as adotam, quase sempre as apresentam como sendo moralmente superiores ao cristianismo. Desobedecer ou negar esses princípios pode tornar-nos párias sociais.

Uma dessas filosofias, que exerce uma influência significativa na atual *zeitgeist* (o clima geral de uma era, nas áreas intelectual, moral e cultural), é a teoria crítica.[9] O seu início formal está ligado à Escola de Frankfurt, na Alemanha, nas décadas de 1920 e 1930; foi primariamente uma reação marxista contra a teoria tradicional, que procurava compreender e descrever o mundo de uma perspectiva neutra e objetiva. Hoje em dia, a teoria crítica contemporânea é compreendida de maneira muito mais abrangente, e está integrada à grande e diversificada disciplina da teoria social crítica. A teoria crítica compreende e critica o poder e a opressão de acordo com as linhas da raça, etnia, classe, sexo, capacidade, sexualidade e muitos outros fatores.[10] Essa ideologia vê o mundo como uma luta entre grupos oprimidos e os seus opressores. Tenta, então, recalibrar o poder em favor dos marginalizados e privados de seus direitos através da emancipação, incluindo esforços acadêmicos formais e o ativismo básico.[11]

---

9 Não é possível esclarecer plenamente a teoria crítica aqui; mas para uma abordagem da teoria crítica e o cristianismo, veja Neil Shenvi e Patrick Sawyer, "Engaging Critical Theory and the Social Justice Movement". Disponível em: https://ratiochristi.org/engaging-critical-theory-and-the-social-justice-movement/. Acesso em: fev.2022. [Versão em português disponível em: https://coalizaopeloevangelho.org/article/a-incompatibilidade-da-teoria-critica-com-o-cristianismo/; acesso em: fev.2022]
10 Beverly Daniel Tatum, *The Complexity of Identity: "Who Am I?" Readings for Diversity and Social Justice*, ed. Maurianne Adams et al. (New York: Routledge, 2000); Özlem Sensoy e Obin DiAngelo, *Is Everyone Really Equal?: An Introduction to Key Concepts in Social Justice Education* (New York: Teachers College Press, 2017).
11 Bradley A. U. Levinson, "Exploring Critical Social Theories and Education" in *Beyond Critique*, ed. Bradley A. U. Levinson (Boulder, CO: Paradigm Publishers, 2011), 2.

Outro aspecto fundamental da teoria crítica é a sua abordagem para obter conhecimento e apreender a verdade. Através da interseccionalidade, dá prioridade à "experiência prática" e à identidade, em vez da racionalidade da descoberta e determinação do que é verdadeiro.[12] Nesse paradigma, a falta de privilégios das pessoas e o status de "oprimido" lhes conferem um maior discernimento e uma visão mais completa do mundo. Por outro lado, acredita-se que aqueles com privilégio e status de "opressor" possuem pontos cegos, quando se trata de compreender o mundo e discernimento da verdade.[13]

Como resultado, os adeptos da teoria crítica, que veem a si próprios como privilegiados, recomendam-nos que procuremos nos marginalizados a verdade. A autora e oradora Jen Hatmaker escreveu que "quando pessoas brancas, na sua maioria homens, heterossexuais, casados, fisicamente saudáveis, com certa base financeira e poder, estão no centro da narrativa, nunca conseguimos ver corretamente os bons frutos (...); o privilégio é um inimigo certo do discernimento".[14] Curiosamente, a escritora Hatmaker é branca, heterossexual, casada, saudável e tem uma certa base financeira e poder. Assim, de acordo com a sua lógica, o "privilégio" que ela goza deve fazer com que desconfie dos seus próprios pontos de vista. Então, por que ela confia tanto em suas próprias afirmações?

Talvez a escritora progressista Sarah Bessey tenha reconhecido essa contradição, ao escrever para um blogue sobre a sua jornada até se tornar uma apoiadora LGBTQ+. Ela declarou: "Eu, uma mulher branca, heterossexual, casada (e bem casada) há 18 anos, não sou a melhor *guia* para vocês. Eu posso apenas estar *ao seu lado* (...). Depois de ler isso,

---

12 Pat Sawyer and Neil Shenvi, "Gender, Intersectionality, and Critical Theory," Eikon 1, no. 2, p. 74–81. Disponível em: https://cbmw.org/2019/11/20/gender-intersectionality-and-critical-theory/. Acesso em: fev.2022.
13 Sawyer e Shenvi, "Gênero, Interseccionalidade e Teoria Crítica".
14 Jen Hatmaker, Facebook, October 7, 2019, https://www.facebook.com/jenhatmaker/posts/2385914171507564.

encorajo-o a virar-se para os que estão nas margens e deixar que eles o conduzam para mais perto do *shalom* de Deus."[15] Bessey está, aqui, usando um raciocínio consistente com a teoria crítica contemporânea, para explicar que, devido à sua classe, sexo e origem étnica, ela não é qualificada para falar de forma definitiva sobre a questão do casamento entre o mesmo sexo. Ela encoraja o leitor a encontrar a verdade ao ouvir os que estão nas "margens".

Muitos cristãos reconhecem o quanto o nosso mundo está em pedaços - o racismo, a pobreza e a exploração - e com razão querem fazer algo sobre isso. A teoria crítica contemporânea pode ser uma forma atraente de olhar para o mundo, porque parece ser uma abordagem amorosa e centrada nos outros. Não queremos libertar os oprimidos? Não foi isso que Jesus veio fazer? Mas o problema da teoria crítica é que não se trata apenas de um conjunto de ideias que influenciam a forma como alguém pensa sobre a opressão. Funciona como uma cosmovisão, uma forma de ver o mundo que responde a perguntas como: "*Quem somos nós? Por que estamos aqui? O que há de errado com o mundo? Como esse problema pode ser resolvido? Qual é o sentido da vida?*" Quando as pessoas adotam os princípios da teoria crítica, as suas respostas a essas questões são filtradas através dessa lente. Não é de admirar, então, que a teoria crítica esteja em contradição com o cristianismo em muitos pontos.

Quem somos nós? De acordo com o cristianismo histórico, nós somos seres humanos feitos à imagem de um santo, amoroso e justo Deus. De acordo com a teoria crítica, a nossa identidade não se encontra no que fomos criados para sermos mas na forma como nos relacionamos com outros grupos segundo as definições de classe, gênero, preferência sexual, e por aí adiante. *O que há de errado com o mundo?* De acordo com o cristianismo histórico, o pecado contra um Deus santo é o que

---

15 Sarah Bessey, "Penny in the Air: My Story of Becoming Affirming". Disponível em: https://sarahbessey.substack.com/p/penny-in-the-air?s=r. Acesso em: fev.2022.

está errado com o mundo. De acordo com a teoria crítica, a opressão é o que está errado. *Como esse problema pode ser resolvido?* De acordo com o cristianismo histórico, o problema do pecado é solucionado por Jesus ter tomado sobre si o castigo dos nossos pecados, morrendo a morte que era nosso merecimento para, assim, nos reconciliar com Deus. Mas, de acordo com a teoria crítica, o problema da opressão é solucionado pelo ativismo, pela conscientização e pela deposição dos sistemas opressivos e seu poder. *Qual é o sentido da vida?* De acordo com o cristianismo histórico, vivemos para glorificar a Deus. De acordo com a teoria crítica, é para libertar grupos da opressão.

Como cristãos, somos chamados a fazer boas obras. De fato, Tiago 2.26 diz que "a fé sem obras é morta". Por isso, naturalmente, um cristão começará a produzir boas obras em resposta à sua salvação. Mas, quando alguém aceita as ideias da teoria crítica, isso pode começar a corroer sua cosmovisão cristã, visto que desvia seus olhos das verdades fundamentais de quem é Deus e como ele opera no mundo. Além disso, confere à pessoa uma desculpa para não defender a moralidade bíblica e até considerar a ética sexual cristã histórica como opressiva. A teoria crítica pode conduzir a pessoa ao cristianismo progressista, o qual também desvaloriza as respostas históricas cristãs a essas "questões de visão de mundo", e concentra-se em ações e não na fé. Isso se torna apenas mais um evangelho baseado em obras, que flui de acordo com a maré das normas culturais.

HIPERFUNDAMENTALISMO

A palavra "fundamentalismo" é uma palavra carregada. Pode referir-se a um movimento, organizado por volta da virada do século XX e que reagiu contra a teologia modernista. Se pesquisarmos essa palavra, encontraremos várias definições. Uma delas é: "uma forma de religião, especialmente o Islamismo ou o Cristianismo Protestante, que defendem a crença na interpretação estrita e literal das escrituras."[16] Isso é razoável. O que significa tomar a Bíblia de forma literal? É dito que isso significa ler a Bíblia *literalmente*. Concordo. Significa ler a Bíblia no sentido claro em que está escrita. A Bíblia é uma coleção de livros com gêneros diferentes. Há poesia, metáforas e figuras de linguagem. Você concordará com isso, a menos que leia "cobrir-te-á com as suas penas, e, sob suas asas, estarás seguro", no Salmo 91.4, e acredite que isso significa que Deus tem penas.

Outra definição de "fundamentalismo" é como esta de um dicionário: "Adesão estrita a qualquer conjunto de ideias e princípios." Nesse sentido, todos são fundamentalistas. Todos têm um conjunto de princípios pelos quais vive. Na igreja progressista, esses princípios podem incluir a tolerância (exceto em relação aos cristãos conservadores) e inclusão (exceto daqueles que discordam da sua interpretação da Bíblia em relação à sexualidade). Ironicamente, esse tipo de tolerância torna o seu próprio fundamentalismo legalista.

Embora a palavra "fundamentalismo" tenha assumido uma conotação negativa (a última coisa que alguém quer ouvir é "o que você é ... algum tipo de fundamentalista?"), eu não me importo em dizer que sou fundamentalista. Porque você também é. Nós todos somos. O que eu tenho problema é com o que eu descreveria como "hiperfundamentalismo". Esse tipo de fundamentalismo vai além do essencial da fé. É conhecido por outro nome também: *legalismo*.

Muitos cristãos progressistas que conheço cresceram em um meio sectário restrito e de fé rígida, acreditando que alguém de fora do seu grupo era na melhor das hipóteses um cristão nominal e na pior delas um herege. Pelo fato de suas comunidades religiosas terem falhado em ensinar-lhes a diferença entre as crenças essenciais e não essenciais,

---

16 Lexico dictionary, s.v. "fundamentalism". Disponível em: https://www.lexico.com/en/definition/fundamentalism. Acesso em: dez.2019.

toda a sua estrutura foi abalada no momento em que conheceu um cristão que acreditava de forma diferente, a respeito do arrebatamento ou sobre as eras da terra.

Um colega de classe relatou ter crescido em uma seita incrivelmente legalista, do tipo "ou faz do meu jeito ou toma o teu rumo". Esse grupo considerava-se como a única igreja verdadeira, e acreditava que membros de todas as outras denominações cristãs estavam a caminho do inferno. Ao sair de casa pela primeira vez e conhecer crentes genuínos, que nunca tinham ouvido falar da sua congregação ("o quê... como assim?!"), isso suscitou sérias dúvidas sobre tudo o que lhe haviam sido ensinado.

Há outra maneira do hiperfundamentalismo ser expresso: através dos caçadores de heresias, que se deleitam em apontar os dedos. Levados por um apetite insaciável por controvérsia, esses praticamente roem até os ossos em busca de identificar o próximo falso mestre. Eles administram seus próprios "ministérios do discernimento", com páginas na *internet* que atacam aqueles que não aderem às suas interpretações restritas das Escrituras a respeito de tudo - desde se o Espírito ainda confere dons e sinais, até discussões sobre se as mulheres devem, em qualquer ocasião, ensinar a um grupo que inclua homens - por qualquer razão que seja. No máximo que posso, procuro demonstrar graça aos cristãos que discordam de mim em questões que não afetam diretamente a salvação. Talvez, crescer em um ambiente onde essa graça está ausente possa causar confusão sobre o que é e o que não é essencial.

O PROBLEMA DO SOFRIMENTO

Há ligações que você nunca pensa que um dia receberia. Claro que você já viu cenas assim no cinema, e talvez até conheceu alguém que passou por situações semelhantes. Mas este é o tipo de coisa que acontece com as *outras* pessoas - não com você, nem com a gente.

Algo que eles não mostram no cinema é que, ao receber notícias trágicas, o corpo lhe trai. Meus joelhos começaram a tremer, minha garganta ficou seca e a minha voz virou um chiado.

Depois de ser levado às pressas para a sala de emergência, meu querido sobrinho de vinte e um anos, Matthew, tinha partido. Ele havia lutado contra o vício durante os últimos anos, e a minha irmã viveu em constante estado de preocupação. Naquela noite, para ela, o pesadelo mais sombrio tinha-se tornado realidade.

A minha mente girou, tentando dar sentido ao impensável. "*Mas como pode ser isso? Ele era tão amado e tão bem cuidado. Eu joguei pingue-pongue com ele há apenas dois dias, no Dia de Ação de Graças. Ainda hoje eu estava escrevendo sobre aquele estúpido pêssego que ele amassou quando tinha dez anos. Como isso pode estar acontecendo?*"

Como apologeta, falo e escrevo o tempo todo sobre aquilo que chamamos de "o problema do mal". É uma das principais razões de muitas pessoas perderem a fé em Deus e abandonarem a igreja. Antes da morte de Matthew, eu lidei, em certa medida, com questões como: "Como poderia um Deus bom permitir o mal?", e "Se Deus é todo-poderoso, por que não impede que coisas más aconteçam?" Mas eu ainda não havia enfrentado essas questões do outro lado da dor lancinante.

Dentro de uma hora, eu estava olhando para o corpo de Matthew, deitado em uma cama de hospital e sem vida nos olhos. Tudo estava quieto. Não havia bipes ou barulhos de máquinas. Nenhum barulho de médicos entrando e saindo às pressas para verificar tubos, solicitar exames ou registar os sinais vitais. Quando olhei para ele, senti um nível de escuridão que nunca havia sentido antes. Era como se toda a esperança, luz, amor, alegria e o bem tivessem sido sugados para fora do universo, não restando mais nada além de um vazio cheio de destruição e desgraça. Não senti a presença de Deus.

Não senti a sua paz. Mas eu já havia, antes, trilhado excruciante escuridão da dúvida, e tinha aprendido a clamar por Jesus. Já havia aprendido a não andar pelo que sinto, mas pelo que eu *conheço*.

"Jesus, por favor! Jesus, por favor! Jesus, por favor!" Eu gritei no vazio, vez após vez. Lentamente, ao longo das próximas horas, pequenos raios de luz começaram a penetrar naquela escuridão, para revelar - ouso dizer - a beleza da sabedoria de Deus. Não compreendo isto. Eu faria as coisas de forma diferente. Mas eu não tenho toda a informação. Mas, o meu Deus soberano tem, e ele conhece o fim desde o início. Ele é digno de confiança.

Quando comecei a escrever este livro, não fazia ideia de que a minha experiência pessoal se tornaria a história para ilustrar esse último ponto. A minha história terminou de forma diferente de algumas pessoas que perderam a fé devido a abusos, dúvidas ou sofrimento. Não posso explicar isso, mas confio mais em Jesus hoje do que antes. Através dessa provação, o evangelho nunca foi tão precioso nem a cruz tão bela para mim quanto agora. Por causa da obra de Cristo completada naquela cruz, a morte não tem a palavra final.

Não tenho uma resposta simples para o problema do mal. Mas eu sei disto: as promessas do cristianismo progressista nada me ofereceram nessa provação. Tampouco ofereceu algo à minha irmã. Como poderia uma visão fraca da Palavra de Deus, um desdém pela cruz e uma abordagem relativista da verdade trazer à minha família alguma paz naquela hora de adversidade? Naquele quarto de hospital, "a minha verdade" era a escuridão. Mas "a verdade" continuava sendo a verdade, quer eu sentisse isso ou não. Deus estava lá. Deus é soberano. Ele é bom e digno de confiança. Já provei e vi. O meu coração é resoluto, ecoando os sentimentos de Pedro, que respondeu a Jesus depois que muitos se afastaram dele: "Para quem iremos? Tu tens as palavras da vida eterna" (Jo 6.68).

Quando passamos por uma dor imensa e indizível, nós temos uma escolha. Podemos abrir as nossas mãos ao Pai e cair a seus pés, ou podemos sacudir o punho para ele e nos afastarmos dele. Podemos lançar toda a magnitude e peso das nossas dúvidas, questionamentos e dor excruciante em seu colo tão capaz, ou podemos reunir tudo isso com os punhos cerrados e declará-lo incompetente (ou inexistente). Cada um de nós tem uma escolha.

A minha irmã é um bom exemplo de alguém que colocou até o último fio de esperança em Jesus. Enquanto ela enterrava o mais novo de seus filhos - o único filho homem - eu admirei a sua fé. Teria ela dúvidas e perguntas? Claro que sim. Todos tínhamos. Mas eu fiquei maravilhada ao vê-la se apegar a 1 Pedro 4.12-13: "Amados, não estranheis o fogo ardente que surge no meio de vós, destinado a provar-vos, como se alguma coisa extraordinária vos estivesse acontecendo; pelo contrário, alegrai-vos na medida em que sois coparticipantes dos sofrimentos de Cristo, para que também, na revelação de sua glória, vos alegreis exultando." Apenas na esfera do evangelho histórico cristão essas declarações trazem conforto significativo. Somente com uma compreensão resoluta da santidade, bondade e soberania de Deus essas palavras trazem qualquer esperança.

O mal e o sofrimento são realidades terríveis, desencadeados sobre a criação pelo pecado; mas o nosso Salvador entrou no nosso mundo, tornou-se carne, sofreu e experimentou a morte por nós. Quando vi o corpo de Matthew deitado naquela cama de hospital, pensei em Jesus. Jesus fez isso por mim. Por Matthew. Por todos nós. Jesus conhecia bem a dor e permaneceu no nosso lugar.

Ele sentiu a nossa dor e morreu a morte que merecemos. Mas a história não acaba aí. Jesus levantou-se fisicamente e derrotou o poder do pecado e da morte para sempre. Ele não veio apenas para sentir a nossa dor - ele veio para terminar com ela. Ele não nos deu apenas uma resposta ao sofrimento - ele se tornou a própria resposta. Anseio pelo dia em que

Apocalipse 21.4 se realizará: "E lhes enxugará dos olhos toda lágrima, e a morte já não existirá."

Matthew professou a Cristo e dedicou a sua vida a Jesus um ano antes da sua morte. Ele estava estudando e tinha até começado a escrever canções cristãs e a falar com outros sobre a sua fé. Estamos confiantes de que o veremos novamente, e isso nos dá uma grande esperança.

Não consigo imaginar o que seria passar por essa provação sem Jesus e sem o fundamento firme da Palavra de Deus. Não consigo imaginar o que é ter esperança fora do verdadeiro evangelho.

CRESCER EM UMA BOLHA CRISTÃ

Embora nem todos ainda tenham sido afligidos por ofensas e dúvidas, por questionamentos sobre a Escritura e a cultura, pelo hiperfundamentalismo e por grande sofrimento, todos temos sido afetados pela facilidade com que se junta informações e pontos de vistas contrários aos nossos.

Quando eu era criança, não havia *internet*, não havia celulares, nem redes sociais. Se você fosse muito chique, poderia possuir um "telefone móvel no carro", que era do tamanho de um caixa de sapatos e custava nove milhões de dólares por minuto de conversa. Se quisesse gravar o seu programa de televisão preferido, teria de programar o seu videocassete. Se desse algo errado na programação, ou se o *show* fosse interrompido por "notícias de última hora", você teria de esperar a reprise mais adiante naquela temporada. E se isso não acontecesse mesmo, você estaria sem sorte - a não ser que vivesse em minha casa, onde estou convencida de que meu pai inventou a primeira versão de um DVR (*Gravador de Vídeo Digital*). Ele colocava temporizadores em vários videocassetes, conectados em dois ou três televisores. Depois, cobria a frente dos videocassetes com uma fita adesiva, para evitar que nós, crianças, apertássemos os botões e mudássemos as configurações; e, se tocássemos naquela fita adesiva, estávamos encrencados.

Era assim mesmo. Naquele tempo, a informação não era tão fácil de ser acessada. A maioria das pessoas assistia o mesmo noticiário à noite, e a nossa experiência de cristianismo estava praticamente confinada ao que ouvíamos em nossa congregação local ou denominação. Os Batistas pensavam que os Carismáticos eram malucos, os Carismáticos achavam que os Batistas eram frios, os Presbiterianos e Episcopais continuavam tocando o barco - e tudo ia muito bem, obrigado!

E, então, a *internet* mudou, literalmente, o mundo. De repente, as informações inundaram as nossas casas, através daquela pequena tela brilhante, conhecida como computador pessoal. Argumentações céticas e teorias seculares, que nas gerações passadas os cristãos viveram toda a vida sem ouvir falar a respeito, começaram abruptamente a desafiar nossas crenças tranquilas e a confrontar os paradigmas espirituais, sociais e intelectuais já profundamente enraizados em nós. De fato, acabou a calmaria.

Esse "*boom*" da internet também trouxe a tendência das discussões acadêmicas e debates sobre a Bíblia - que em tempos antigos, ficavam restritos a um círculo muito menor de acadêmicos e profissionais intelectuais. Para muitos crentes, algumas das ideias mais secularizadas tornaram-se alternativas muito atrativas, especialmente para aqueles que sofreram ofensas ou a hipocrisia na igreja; ou, para aqueles que tiveram dificuldades com a Bíblia ou com a moralidade que ela ensina; ou, ainda, para aqueles que foram afastados da igreja como desordeiros ou questionadores impertinentes. Por outro lado, a *internet* deu a alguém como eu excelente acesso ao ensinamento cristão, que de fato ajudou a reforçar e fortalecer a minha fé.

O movimento do cristianismo progressista começou com um desejo legítimo de reforma. Mas, ao procurar a reforma, os seus adeptos encontraram um falso evangelho. Embora não estejam unidos em torno de um credo oficial, os cristãos progressistas estão definitivamente unidos em torno de um conjunto comum de *crenças* (por vezes, não mencionadas).

OUTRO EVANGELHO?

Tal como os cristãos históricos, as suas crenças são construídas em torno de suas respostas a perguntas como: "Por que Jesus morreu?", "O que é a Bíblia?", e "O que é o evangelho?" Embora os cristãos progressistas possam se exasperar com conceitos de como ter certeza dos fatos e a ideia de chegar a respostas concretas, como veremos no próximo capítulo, os cristãos progressistas são bastante dogmáticos acerca das respostas que formulam a essas mesmas perguntas.

5

UM TIPO DIFERENTE DE CRISTIANISMO

O cristianismo progressista consiste em não pedir desculpa pelo que nos tornamos, à medida em que vivemos esta vida e nos empenhamos abertamente com a fé com a qual crescemos. Não há pontos imunes à crítica, há apenas a busca incessante e sagrada da verdade. A tradição, dogmas e doutrinas são todas legítimas, por todas passarem por mãos de uma humanidade imperfeita; porém, como tal, são todas igualmente vulneráveis às inclinações, medos e preconceitos dos envolvidos.
— John Pavlovitz

O movimento emergente tornou-se influente na igreja evangélica no início dos anos 2000. O movimento Emergent Village foi fundado em 1999, sob a liderança de membros de um conselho que incluía: Brian McLaren, Tony Jones, Diana Butler Bass, Doug Pagitt e outros pensadores "fora da caixa" (eventualmente identificados como progressistas). Hoje em dia, a página "emergentvillage.com" é uma revista *online* sobre casa e estilo de vida, repleta de artigos sobre jardinagem, como redecorar o seu banheiro e conseguir uma ótima iluminação do quarto. Mas, no início dos anos 2000, era o ponto focal dos cristãos emergentes.

Nascido a partir da crença de que a igreja era demasiadamente influenciada pelo modernismo (a ideia de que a verdade podia ser encontrada através do senso comum, da lógica, da razão humana e da ciência), o movimento emergente procurou adaptar o cristianismo ao pensamento pós-moderno, que então dominava a cultura. Em resumo, o pós-modernismo rejeita a ideia de que a verdade absoluta pode ser conhecida. Com ênfase no ativismo social e alcançando aqueles que foram marginalizados, oprimidos e esquecidos pelas estruturas hierárquicas da igreja moderna, o cristianismo emergente era a novidade do momento, sobre a qual todos queriam saber mais.

Como alguém que cresceu fazendo o ministério entre desabrigados, o que agora pode ser chamado de trabalho de justiça social, fiquei entusiasmada por ver um despertar da igreja quanto a essas questões no início dos anos 2000. Os cristãos em toda a parte pareciam estar curiosos sobre essas novas comunidades "missionais", que estavam reexaminando alguns dos nossos métodos antigos de ser igreja e de viver como cristãos. Tudo estava sendo considerado sob uma nova ótica, desde a superficialidade dos cultos de má qualidade das igrejas até os problemas que discutimos no último capítulo, como o legalismo e a hipocrisia.

Misturando elementos de muitas tradições denominacionais diferentes (lembra-se dos "sete Jesuses" de McLaren?), o movimento emergente abraçou o antigo misticismo e concentrou-se mais na espiritualidade do que na religião. Os "diálogos inter-religiosos" tornaram-se uma prática regular entre pessoas que se encontravam para compartilhar histórias e aprender de outros sistemas de crenças. Por vezes, as questões estavam desfocadas, e isso fez com que os apologetas e teólogos cristãos expressassem preocupação com a ambiguidade geral em torno das crenças dos que estavam no movimento. Em 2006, o líder da Emergent

Village, Tony Jones, publicou um artigo escrito pelo teólogo LeRon Shults, explicando por que o seu movimento não tinha uma declaração oficial de fé:

> A Emergent tem como objetivo facilitar o diálogo entre pessoas empenhadas em viver fielmente o chamado para participar da missão reconciliadora do Deus bíblico (...). Uma "declaração de fé" tende a interromper o diálogo (...). Com frequência, as declarações de fé criam um ambiente em que o diálogo verdadeiro é evitado, por medo de que a reflexão crítica sobre uma ou mais das proposições sagradas possam levar à excomunhão da comunidade.[1]

Historicamente, os cristãos têm visto as boas obras e os atos de justiça como fruto de suas convicções, crendo que coisas corretas sobre Deus também produzem ações corretas. No entanto, a igreja emergente virou isso de ponta cabeça. Coisas como comunidade, amizade, justiça e unidade tornaram-se o alicerce sobre o qual se constrói a fé. Em outras palavras, o que *alguém faz* se tornou mais importante do que no que *alguém crê* (embora seja necessário acreditar que essa afirmação é verdadeira, para poder asseverá-la).

Considere a citação acima. O problema lógico com essa ideia é que a própria frase é, em si, uma afirmação – ou, mais precisamente, uma doutrina em que se deve crer, se quiser ser aceito em seu paradigma. E o que acontece se eu discordar sobre o significado de ser uma pessoa "que vive fielmente o chamado para participar da missão reconciliadora do Deus bíblico"? Como já descobrimos, muitos progressistas discordam fortemente dos cristãos históricos sobre o trabalho reconciliador de Jesus na cruz. Então, e se eu não concordar com a ideia? Serei excluído da

---

[1] LeRon Shults, "Doctrinal Statement(?)". Disponível em: https://emergent-us.typepad.com/emergentus/2006/05/doctrinal_state.html. Acesso em: fev.2022.

comunidade? Posso lhes dizer por experiência própria que sim. As declarações de fé são inevitáveis. Essas "não-declarações" acabam sendo tão dogmáticas quanto qualquer declaração de fé que os progressistas podem estar criticando sem intenção.

Além de reexaminar os métodos da igreja, alguns pensadores emergentes influentes começaram a reexaminar a fé e as doutrinas do cristianismo histórico. Já não estavam questionando apenas métodos, tradições, práticas e abordagens filosóficas; começaram, também, a lançar dúvidas sobre as próprias doutrinas cristãs essenciais.

Visto que o termo "emergente" é utilizado com menor frequência do que era tempos atrás, muitos cristãos pensam que esse movimento está morto, que era apenas um pequeno ponto no radar da história cristã. Mas Brian McLaren argumenta que foi simplesmente forçado a se retrair. Em 2012, ele escreveu:

> Penso que o movimento está mais forte do que nunca. Nos círculo evangélico e carismático, muitos guardiões evangélicos/carismáticos têm mantido com sucesso a conversa sobre *emergente* de forma bastante discreta (...). Minha percepção é de que muitos de nós, que estamos profundamente envolvidos com o cristianismo emergente, estamos simplesmente falando sobre Deus, Jesus, Bíblia, missão, fé, espiritualidade e vida (...) e fazemos isso a partir de uma renovada perspectiva; mas não utilizamos demais a palavra "emergente". Por vezes é a palavra "missional" que funciona, às vezes é "progressista", às vezes é "um novo tipo de" – e assim vai, com muitas expressões.[2]

Qualquer pessoa com um olhar atento sobre a história e a progressão do movimento emergente pode ver que ele não está morto. E

---

[2] Brian McLaren, "Q & R: Is the Emerging Church Movement Fizzling Out?". Disponível em: https://brianmclaren.net/q-r-is-the-emerging-church-movement-fizzling-out/. Acesso em: fev.2022.

já não está no subterrâneo. Já não é um movimento de base, à margem da cultura cristã. Saiu das margens, mais forte do que nunca; mas, com um novo nome: cristianismo progressista. As crenças podem ser semelhantes às das denominações de linha principal mais liberais, que ardiam na igreja no início dos anos 1900. Mas o cristianismo progressista é um movimento que não se contenta em ficar às margens. Ele mira infiltrar-se diretamente no âmago da igreja evangélica. Esse movimento dá à velha teologia uma nova face e um novo nome, e está empenhado em reformar a igreja de acordo com os dogmas pós-modernos.

EM QUE OS CRISTÃOS PROGRESSISTAS ACREDITAM?

Quando o cristianismo progressista atingiu pela primeira vez a tendência dominante de evangelicalismo, depois do ano 2000, eu praticamente não vi isso acontecer. Eu tinha um novo bebê em casa, o grupo ZOEgirl já não estava gravando nem fazendo turnê, e toda a energia intelectual que eu podia reunir era gasta pesquisando quando e o que dar ou não dar de alimentação a um bebê. As salas de *chat* e fóruns da *internet* onde eu gastava a maior parte do meu tempo foram aqueles em que um bando de mães discutia coisas como: qual a melhor forma de enfaixar um recém-nascido, e quais chupetas poderiam envenená-lo com BPA (Disfenol). Eu não percebi que, ao mesmo tempo, a *internet* estava repleta de blogues, salas de *chat* e mensagens de cristãos experientes reexaminando as suas crenças e expressando a sua desilusão e decepção com a cristandade que sempre conheceram.

Cheguei tarde a esses acontecimentos, mas a aula com o pastor progressista estava me atualizando a toda velocidade. No início, o cristianismo progressista era um combinado heterogêneo de crenças. As vozes principais do movimento encontravam-se em várias fases de desconstrução e reconstrução. Alguns acreditavam ainda na ressurreição física de Cristo, mas questionavam a expiação. Outros, eram ainda ortodoxos em sua visão da expiação, mas estavam mudando de ideia sobre questões como a homossexualidade e o aborto. Outros, ainda, eram mais radicais nas suas negações de certas doutrinas essenciais, na esperança de reestruturar completamente o cristianismo para o mundo pós-moderno. Mas o que uniu a todos foi o desejo de questionar as coisas em que os cristãos históricos tinham acreditado e depositado sua esperança durante dois mil anos.

O cristianismo progressista tem evoluído desde o início do ano 2000. Há princípios concretos que descobri ao ouvir e ler os livros, blogues e *podcasts* dos seus líderes. Hoje, existe uma unidade geral em torno de três tópicos: Bíblia, cruz e evangelho.

Os pontos de vista progressistas a respeito de tudo, desde a sexualidade até a política, na vida e prática cristã, são construídos sobre essa base. Como descobri, o cristianismo progressista não é simplesmente uma mudança na visão cristã sobre as questões sociais. Não é simplesmente permissão para abraçar a desordem e a autenticidade na vida cristã. Nem é simplesmente uma resposta à dúvida, ao legalismo, ao abuso, ou à hipocrisia. É uma religião completamente diferente - com outro Jesus e outro evangelho.

Como escreve a autora Anne Kennedy:

> Não estamos sentados em lados opostos de uma longa mesa. Não estamos comendo do único pão e bebendo da mesma xícara. Estamos falando de dois tipos de fé, dois tipos diferentes de amor e dois senhores diferentes.[3]

Ao me sentar na aula com o pastor progressista, tornei-me cada vez mais desconfortável, pois ele parecia determinado a minar a nossa confiança nesses três distintivos do cristianismo histórico. O trabalho prático das crenças cristãs progressistas leva a alguns lugares perigosos.

---

3 Anne Kennedy, "Answering a Kind Comment". Disponível em: https://www.patheos.com/blogs/preventingrace/2019/05/07/answering-a-kind-comment/. Acesso em: fev.2022.

A BÍBLIA

"Haverá aqui alguém que *ainda* acredite que Adão e Eva eram pessoas literais?", perguntou o pastor progressista à turma, o que para mim soou como que se acreditar nisso fosse uma confiança presunçosa. O que deduzi foi que, certamente, nenhuma das pessoas "peculiares" e iluminadas que ele tinha convidado para a sua festa de desconstrução ainda acreditasse em tais contos de fadas. Ninguém levantou a mão - inclusive eu. O que senti foi como um pontapé no estômago, que me fez inclinar o corpo para a frente, enquanto olhava de modo vazio para o topo da mesa dobrável de plástico diante de mim. Que vergonha! Isso é o que senti naquele momento.

"Sei que é importante que Adão e Eva tenham existido, mas não consigo explicar por quê."
"Como é que eu nem sequer sabia que isto era uma pergunta a se fazer?"
"Haverá realmente cristãos que não pensem que Adão e Eva eram pessoas reais?"

O meu monólogo interior lamentou ainda mais quando o pastor passou a articular a sua aceitação da evolução darwiniana e o seu ceticismo sobre o relato bíblico. Nas semanas seguintes, ele prosseguiu, questionando a existência de Moisés, Abraão, Jonas e Davi. Ele desafiou a autoria dos Evangelhos e a validade do nascimento virginal. Leu uma resolução de D.L. Moody, usando-a como uma suposta "contradição bíblica" e a questionou entre risos; o resto da turma também riu, como se fosse a coisa mais tola que já tinham ouvido. Ele elogiou aqueles que não sabiam no que acreditar, mas olhou com desconfiança e perplexidade para os que expressaram qualquer tipo de certeza (leia-se – eu mesma).

Embora as discussões nas aulas girassem em torno de muitos temas diferentes da fé, a Bíblia esteve quase sempre no centro da conversa. Tornou-se claro para mim que, para as pessoas desconstruírem sua fé - para começar a puxar o fio das crenças profundamente enraizadas – precisariam descobrir primeiro o que fazer com a Bíblia.

À medida que os meus amigos de turma abraçaram os seus processos de desconstrução, o meu noticiário das redes sociais ficou apimentado com artigos de blogueiros cristãos progressistas emergentes. Eu me lembro de um artigo em que a escritora menciona ter acabado de ler sobre um levantamento bastante abrangente da história da igreja. Ela alegremente assinalou que, desde o primeiro século até agora, os cristãos discordam veementemente sobre a forma de interpretar a Bíblia. Isso a levou a concluir que não há "um jeito certo" para ler as Escrituras e que não devemos afirmar que temos a interpretação correta sobre qualquer tema em particular.

Postagens de blogues como esses e outros comentários dos meus colegas de turma me empurraram a um estudo mais aprofundado da história cristã nos próximos meses e anos. Li compêndios sobre a História Cristã e livros de apologética e teologia. Mas chegou um momento em que eu não queria mais simplesmente confiar na análise de outra pessoa. Eu queria ler os pais da igreja por mim mesma.

Comecei com Irineu, um teólogo e apologeta que viveu no segundo século. Tomei conhecimento dele pela primeira vez depois de ver o filme Noé, de 2014. Depois de notar que Noé parecia estar incrível, com seus seiscentos anos de idade (bom trabalho, Russell Crowe!), vi o filme transformar-se em uma mitologia pouco bíblica e completamente estranha, que nem dava para entender o que se passava. Depois li um artigo de um teólogo que identificou alguns temas gnósticos no filme. Ele ralhou com os líderes cristãos que não identificaram isso, e sugeriu que ninguém deveria receber um diploma de seminário até que "lessem, digerissem e compreendessem o livro de Irineu de Lyon – *"Contra as Heresias"*.[4] Eu

---

[4] Brian Mattson, "Sympathy for the Devil". Disponível em: http://drbrianmattson.com/journal/2014/3/31/sympathy-for-the-devil. Acesso em: fev.2022.

não estava tentando ganhar um diploma de seminário, mas segui o seu conselho e comecei, então, minha leitura sobre os pais da igreja.

À medida que fui escavando o que eles escreveram, fiquei encantada por descobrir algo tão antigo, mas tão familiar - um profundo amor pelas Escrituras e uma defesa do Evangelho quase que com indignação. Sim, tivemos disputas doutrinárias, debates sobre interpretações e argumentos sobre aplicação e prática. Mas a única coisa que pode ser rastreada ao longo da história até à gênese do cristianismo é que a Bíblia – cada uma de suas palavras – é a Palavra de Deus. De tempos em tempos, as coisas saíram dos trilhos; mas, desde o início, os cristãos têm estado de acordo que a Bíblia é coesa, coerente, inspirada por Deus e tem autoridade em nossas vidas. Na verdade, uma das principais questões que Martinho Lutero tinha com a igreja católica era o fato dela ir além de acreditar que somente a Bíblia é a autoridade para vida e prática cristãs. (Assim, surge a Reforma.) A visão de Lutero correspondia à dos antigos cristãos.

Clemente foi um crente do primeiro século que se tornou líder da igreja em Roma. Tertuliano, uma dos pais da igreja, escreveu que Clemente conhecia pessoalmente os apóstolos.[5] Clemente acreditava que os cristãos deviam obedecer às Escrituras porque elas são as palavras de Deus:

> Devemos agir de acordo com o que está escrito, pois o Espírito Santo diz: "Não se glorie o sábio na sua sabedoria." (...). Analise cuidadosamente as Escrituras, pois elas são as verdadeiras afirmações do Santo Espírito.[6]

---

[5] Tertuliano, "The Prescription against Heretics, XXXII" em *The Church Fathers - The Complete Ante-Nicene & Nicene and Post-Nicene Church Fathers Collection*: 3 Series, 37 vols, ed. Philip Schaff (London: Catholic Way Publishing, 2014), loc. 49269–71.

[6] Clemente, "The First Epistle of Clement to the Corinthians, XIII, XLV" em *The Church Fathers*, ed. Philip Schaff (London: Catholic Way Publishing, 2014), loc. 175211 e 175514–15.

OUTRO EVANGELHO?

Justino Mártir, que viveu no início do segundo século, frequentemente recebe o crédito de ser um dos primeiros apologetas cristãos, e ele também cria que a Bíblia era divinamente inspirada:

> Quando se ouve as afirmações dos profetas, pronunciadas como se fossem de cunho pessoal, não se deve supor que foram faladas por homens inspirados por si mesmos, mas pela Palavra divina que os move.[7]

O próprio Irineu escreveu algumas obras importantes, refutando visões heréticas que se infiltravam na igreja no final do segundo século. Ele foi discipulado por um crente chamado Policarpo, que tinha sido pessoalmente discipulado pelos apóstolos.[8] Os principais argumentos de Irineu provêm da Bíblia, a qual ele claramente amava e considerava ser a perfeita Palavra de Deus. Repare como ele teve o cuidado de comunicar que suas próprias palavras eram inferiores e que estavam sob a autoridade da Bíblia.

> As Escrituras são de fato perfeitas, uma vez que foram proferidas por aquele que é a Palavra de Deus [Cristo] e pelo seu Espírito; mas nós, na medida em que somos inferiores e que viemos a existir depois da Palavra de Deus e do seu Espírito, somos por isso mesmo desprovidos do conhecimento dos seus mistérios.[9]

Há centenas de citações que eu poderia incluir nesta seção, mas encorajo-o grandemente a ler os pais da igreja por si mesmo. A maioria dos seus escritos estão disponíveis em versões *online* e gratuitas. Veja por si

---

7 Justino Mártir, "First Apology, XXXVI" em *The Church*, ed. Philip Schaff (London: Catholic Way Publishing, 2014), loc. 5762.
8 Irineu, "Against Heresies, 3.3.4" em *The Church*, ed. Philip Schaff (London: Catholic Way Publishing, 2014), loc. 13525.
9 Irineu, "Against Heresies, 2.28.2" em *The Church*, ed. Philip Schaff (London: Catholic Way Publishing, 2014), loc. 13525.

mesmo em que criam os primeiros cristãos a respeito da Escritura. Rastreie isso, através da história da igreja.

Um dos pais com quem eu mais me liguei foi um teólogo africano chamado Santo Agostinho de Hipona. Eu me deparei com seu livro *Confissões* e encontrei naquelas páginas um irmão em Cristo que, humildemente, se aproximou do seu Deus com paixão e intensidade. Com a intimidade de um livro de memórias, com a sofisticação de uma dissertação filosófica e a ternura de um infante com o coração quebrantado, clamando ao seu pai, *Confissões* transcende o significado de gênero. Ao ler, senti que Agostinho tinha escrito o que o meu próprio coração diria, se tão somente conseguisse encontrar palavras. O profundo empenho de Agostinho com a veracidade das Escrituras é inteiramente evidente.

> Este mediador, tendo dito o que julgou ser suficiente, primeiramente pelos profetas, depois por seus próprios lábios e também pelos apóstolos, após isto produziu a Escritura que é chamada canônica, que tem autoridade suprema, com a qual concordamos em todos os assuntos, sobre os quais não devemos ser ignorantes, e que por nós mesmos não teríamos como conhecê-los (...). Pois, parece-me que consequências muito desastrosas devem seguir-se à convicção de que alguma coisa falsa pode ser encontrada nos livros sagrados.[10]

Compare isso com as palavras da ministra progressista luterana, Nadia Bolz-Weber:

> A Bíblia não é clara sobre m**** nenhuma! A Bíblia é uma biblioteca. Digamos que há uma enorme biblioteca em sua casa e você pergunta: "Qual é a mensagem clara que a minha biblioteca tem a

---

10 Agostinho, "Letters, 23.3.3" em *The Church*, ed. Philip Schaff (London: Catholic Way Publishing, 2014), loc. 212108 e 190661.

dizer sobre 'gênero'"? A poesia vai dizer uma coisa, a história diz outra, a prosa também diz outra e a ficção científica ainda outra.[11]

Não é difícil ver a diferença de tom, reverência e da abordagem geral das Escrituras. Como veremos no capítulo 9, a visão progressista da Bíblia é a de olhar para ela principalmente como um livro humano. A maioria dos progressistas vê a Bíblia como um arcaico diário de viagens, que documenta o que os antigos judeus e os cristãos acreditavam sobre Deus. Nem tudo nela é de autoridade definitiva. Nem tudo é inspirado. Nada é inerrante. Às vezes, se você procurar com afinco, poderá encontrar *nela* a palavra de Deus. Mas cabe-lhe decidir que partes funcionam ou não para você. Isso é uma separação radical do ponto de vista histórico-cristão da Bíblia. Como veremos no capítulo 9, é uma profunda rejeição de como Jesus via as Escrituras.

Ao longo da história da igreja, os cristãos têm encontrado esse tipo de afirmações céticas contra a Bíblia. Vou fazer ecoar o que Agostinho de Hipona escreveu a um homem chamado Fausto que, tal como alguns dos cristãos progressistas de hoje, estava atacando a veracidade e a autoridade dos quatro Evangelhos. Depois de responder exaustivamente a cada alegação, Agostinho ressaltou:

> Você deve dizer claramente que não acredita no evangelho de Cristo. Pois, acreditar ou não acreditar naquilo que lhe apetece, é acreditar em si mesmo, e não no Evangelho.[12]

A CRUZ

"Não posso acreditar em um Deus que nem mesmo consegue ser perdoador e se importar com os outros, como eu o faço. Não posso crer em um

---

11 Johnny Walsh, "Nadia Bolz-Weber Does Ministry Differently". Disponível em: https://outinjersey.net/nadia-bolz-weber-does-ministry-differently/. Acesso em: fev.2022.
12 Agostinho, "Contra Faustum, Book XVII" em *The Church*, ed. Philip Schaff (London: Catholic Way Publishing, 2014), loc. 248970.

Deus que sequer seja moral como eu. Não posso acreditar em um Deus que torturaria seu próprio filho até à morte, como algum tipo de pagamento. Eu nunca faria isso ao meu filho, e simplesmente não posso crer em um Deus que o fizesse."

Fiquei perplexa com as palavras que saíram da boca de um colega de turma, durante uma aula particularmente animada sobre a natureza do pecado, sobre a cruz, o céu e o inferno. Quando lhe perguntei como entendia o que Paulo ensina em suas epístolas, sobre expiação, ele insinuou que na verdade pensa que Paulo não sabia o que estava dizendo.

"Mas Paulo obteve a sua formação teológica no céu", eu contra-argumentei. "Ele foi arrebatado até ao terceiro céu e recebeu revelações."

"Sim... é o que ele diz!", retrucou o meu colega de turma. Vários dos meus colegas da classe começaram a repensar a cruz. Questionaram o sentido total do conceito "Jesus morreu para pagar pelos meus pecados", porque entendiam que isso implicava o carácter de Deus. Se o Pai exigisse um sacrifício de sangue para expiar o pecado, isso faria dele uma divindade pagã arbitrária. Se ele desejava que esse sacrifício fosse feito pelo seu único Filho, isso fez dele algo ainda pior: um agressor cósmico do filho.

Historicamente, os cristãos têm acreditado que Jesus morreu por seus pecados, em seu lugar, como substituto. Como veremos no capítulo 11, essa foi uma escolha que Jesus fez como Deus encarnado, para redimir a humanidade para si mesmo. Uma vez mais recorri aos primeiros pais da igreja, para ver o que os antigos cristãos tinham a dizer sobre a cruz.

No final do primeiro século, Clemente escreveu que "Jesus Cristo, o nosso Senhor, deu o seu sangue por nós pela vontade de Deus; a sua carne pela nossa carne, a sua alma pelas nossas almas".[13]

A Epístola de Barnabé é um documento cristão primitivo, que foi muito provavelmente escrito no final do primeiro ou início do segundo

---

13 Clemente, The First Epistle of Clement to the Corinthians, XLIX" em *The Church*, ed. Philip Schaff (London: Catholic Way Publishing, 2014), loc. 2346.

século. Os estudiosos não têm certeza de quem a escreveu; mas, ela reflete o pensamento cristão da época, e alguns pais da igreja atribuíram sua autoria ao cooperador de Paulo, Barnabé. O seu autor acreditava claramente que o sangue de Jesus trouxe o perdão dos pecados:

> Porque para este fim o Senhor suportou entregar a sua carne à corrupção, para que possamos ser santificados através da remissão dos pecados, que é efetuada pela aspersão de seu sangue.[14]

Outro escrito anônimo chegou até nós, procedente de cerca do início do século II:

> Ele próprio tomou sobre si o peso das nossas iniquidades. Ele deu seu próprio Filho como resgate por nós, aquele que é Santo foi dado pelos transgressores, o irrepreensível pelo ímpio, o justo pelos injustos, o incorruptível pelo corruptível, o imortal por aqueles que são mortais.[15]

Atanásio, um dos maiores teólogos e defensores da fé, escreveu estas palavras, provavelmente no início do quarto século:

> Ao tomar um corpo como o nosso, porque todos os nossos corpos estavam sujeitos à corrupção da morte, ele entregou o seu corpo à morte no lugar de todos, e ofereceu-o ao Pai (...). Ele é a vida de todos, é aquele que, como uma ovelha, entregou o seu corpo à morte, em substituição, para a salvação de todos.[16]

---

14 "Epistle of Barnabas" em *The Church*, ed. Philip Schaff (London: Catholic Way Publishing, 2014), loc. 2551.
15 "The Epistle of Mathetes to Diognetus, IX", em *The Church*, ed. Philip Schaff (London: Catholic Way Publishing, 2014), loc. 2555.
16 Atanásio de Alexandria, "On the Incarnation". A primeira sentença é extraída da edição digital da *Blue Letter Bible*, p. 7; a segunda sentença é extraída de *The Church*, ed. Philip Schaff (London: Catholic Way Publishing, 2014), loc. 493740–41.

Porém, outra vez digo, não dependam de minhas palavras. A ideia de que Jesus morreu para pagar a pena dos nossos pecados está em toda a Escritura e nos escritos dos pais da Igreja. Leia com os seus próprios olhos. Veja, por exemplo, o que escreveu Agostinho de Hipona:

> Mas, como Cristo suportou a morte como homem e pelo homem, assim também, sendo ele o Filho de Deus como era, e vivendo sempre em sua própria justiça, mas morrendo por nossas ofensas, ele se submeteu, como homem e pelo homem, para suportar a maldição que acompanha a morte. E como ele morreu na carne que tomou, ao suportar o nosso castigo; assim também, ainda que sempre abençoado na sua própria justiça, ele foi amaldiçoado pelas nossas ofensas, através da morte que sofreu ao suportar nosso castigo.[17]

Contraste as palavras de Agostinho com estas declarações do progressista Michael Gungor:

> Eu gostaria de ouvir mais artistas que cantam para Deus e ouvir menos os que em seu cantar incluem um Pai que assassina seu filho.[18]
>
> Eu simplesmente penso que o sacrifício de sangue é uma metáfora muito limitada e pouco oportuna para o que a cruz pode significar em nossa cultura.[19]
>
> (...) dizer que Deus precisava ser apaziguado com sangue não é algo bonito. É horrível.[20]

---

17 Agostinho, "Contra Faustum, Book XIV" em *The Church*, ed. Philip Schaff (London: Catholic Way Publishing, 2014), loc. 248058–59.
18 Michael Gungor (@Michael Gungor), Twitter, February 25, 2017, 9:57 a.m. Disponível em: https://twitter.com/michaelgungor/status/835549384079093760. Acesso em: fev.2022.
19 Michael Gungor (@Michael Gungor), Twitter, February 25, 2017, 10:08 a.m. Disponível em: https://twitter.com/michaelgungor/status/835552177582034944?lang=en. Acesso em: fev.2022.
20 Michael Gungor (@Michael Gungor), Twitter, February 26, 2017, 4:31 p.m. Disponível em: https://twitter.com/michaelgungor/status/836010890566725632?lang=en. Acesso em: fev.2022.

A visão progressista da cruz é que Jesus foi morto por uma multidão enfurecida por falar a verdade com poder. Deus não precisava do seu sacrifício; mas, de alguma forma, submeteu-se a isso, a fim de deixar um exemplo de perdão a ser seguido por todos nós. Deus não exigiu sangue – foram os humanos que o fizeram. Como o autor progressista Brian Zahnd escreveu: "Deus não matou Jesus; a cultura e a civilização humanas, sim. Deus não exigiu a morte de Jesus; nós, sim."[21]

Assim como os ataques céticos contra a Bíblia, os cristãos têm respondido a essas argumentações durante toda a história. No seu debate com Fausto, Agostinho escreveu:

> Aquele que crê na verdadeira doutrina do evangelho compreende que Cristo não foi censurado por Moisés, quando faz referência a ele como maldito. Esta não é uma referência à sua majestade divina, mas como aquele que foi pendurado no madeiro como o nosso substituto, suportando a nossa punição (...). Se, então, você negar que Cristo foi amaldiçoado, deve também negar que ele morreu; e então tem que tratar isso não com Moisés, mas com os apóstolos.[22]

O EVANGELHO

"Quem acredita que nascemos bons, e quem acredita que nascemos pecadores?", perguntou um dia o pastor progressista na aula.

Ele tinha acabado de ler a letra de uma canção cristã popular, na qual o cantor expressava a sua gratidão a Deus por salvar uma pessoa tão pecadora. O pastor disse: "Quem me dera poder dizer a esse cantor que as pessoas não devem se ver dessa forma. Eles são muito mais lindos do

---

21 Brian Zahnd, *Sinners in the Hands of a Loving God: The Scandalous Truth of the Very Good News* (New York: Waterbrook, 2017), 100.
22 Agostinho, "Contra Faustum, Book XIV" em *The Church*, ed. Philip Schaff (London: Catholic Way Publishing, 2014), loc. 248063–64.

que isso." Eu entendo que ele já tinha resolvido a questão em sua própria mente e só queria saber quem concordava com ele.

Eu compreendi, naquele momento, que se ele estivesse fazendo uma pergunta só haveria realmente duas respostas aceitáveis. Se você respondesse "eu não sei", ou tomasse qualquer posição que desafiasse a opinião aceita pela maioria dos cristãos, seria considerado uma pessoa de mente aberta e inteligente. Se, por outro lado, você afirmasse ou defendesse a visão histórica, seria rejeitado como alguém que estivesse vivendo em temores; ou, seria ignorado, como se não estivesse disposto a envolver-se intelectualmente em questões difíceis sobre a fé. "Creio que todos nós nascemos pecadores", respondi me metendo no assunto, depois que vários outros expressaram uma falta de certeza sobre o tema.

"Por que?", perguntou o pastor. Mas eu não tinha a certeza do porquê. Eu sabia que em algum lugar a Bíblia falava disso, mas não consegui me lembrar dos versículos de memória. Aquele não era um ambiente em que todos estávamos com as nossas Bíblias abertas e pesquisando as Escrituras em busca de respostas. Alguns alunos tinham expressado que certos versículos bíblicos não "soavam" bem para eles; por isso, havia algumas Bíblias sobre a mesa como se fossem raridades, como as encontradas em lojas de curiosidades.

Eu não consegui responder o porquê ao pastor, mas sabia no meu íntimo que ele estava errado. O que eu não consegui argumentar naquele momento é que ele estava questionando a doutrina do pecado original. Historicamente, os cristãos têm acreditado que quando Adão e Eva pecaram no Jardim uma natureza pecadora foi transmitida a todos os seus descendentes.[23] Simplificando, o pecado original explica o que está errado com o mundo; é uma parte integral do evangelho, porque se nada

---

23 Wayne A. Grudem, *Systematic Theology: An Introduction to Biblical Doctrine* (Grand Rapids, MI: Zondervan, 1994), 490–514 [edição em português: *Teologia Sistemática* (São Paulo: Editora Vida Nova, 2011)].

estiver quebrado, nada precisa ser consertado. O evangelho significa "boas notícias" *porque* é a cura para a doença do pecado.

A Bíblia ensina que Deus é santo, o que por definição significa que ele não pode ter qualquer unidade com o pecado. O teólogo Wayne Grudem escreve: "A santidade de Deus significa que ele está separado do pecado e que busca a sua própria honra."[24] Isso coloca a humanidade em grande apuro. Se todos somos pecadores, e Deus está separado do pecado, isso significa que ele está separado de nós. "O salário do pecado é a morte", nos diz Paulo, em Romanos 6.23, por isso precisamos desesperadamente sermos salvos. O evangelho cristão pode ser melhor explicado em quatro movimentos: Criação, Queda, Redenção e Consumação. O evangelho é o plano de Deus para salvar, redimir e restaurar o homem.

Anos mais tarde, depois de ter auditado uma aula de teologia em um seminário, pude expressar melhor por que o pecado original é verdadeiro e por que é importante. Enquanto estudava a história da igreja aprendi que, antes do Novo Testamento ser escrito, a igreja primitiva era unificada na sua crença sobre o evangelho e expressou sua fé nos credos e em algo chamado *regula fidei*, ou seja, a regra de fé. O Dr. Michael Kruger escreve que "a regra da fé (...) é basicamente um resumo adequado do que os cristãos 'ortodoxos' do segundo século (e posteriores) consideravam ser o ensino apostólico mais antigo".[25]

É importante observar que os primeiros cristãos não estavam inventando coisas. Eles simplesmente resumiram o ensino dos apóstolos, como uma forma de preservar esse ensino e passar a outros cristãos. Os primeiros apologetas, como Irineu, utilizaram essa regra como vara de medida para identificar e confrontar heresias.[26]

---

24 Ibidem.
25 Michael J. Kruger, *Christianity at the Crossroads: How the Second Century Shaped the Future of the Church* (Downers Grove, IL: IV Press, 2017), 136.
26 Irineu escreveu: "Nós preferimos [os hereges] à tradição dos Apóstolos que está preservada na sucessão de presbíteros na igreja."

Escritores antigos expressaram a regra de fé de maneiras distintas, mas todos disseram essencialmente a mesma coisa. Havia debates e desacordos em torno de questões não essenciais e periféricas, mas aqueles primeiros cristãos eram unidos nas crenças que foram consideradas inegociáveis. Em outras palavras, eles eram unidos quanto ao evangelho.

Tertuliano era um escritor cristão africano, prolífico e influente, do final do segundo século e início do terceiro. Ele escreveu:

> Agora, com respeito a essa regra de fé - que possamos, a partir deste ponto, reconhecer o que é que defendemos – ou seja, você deve saber que a regra prescreve a fé na existência de um só Deus, e que ele não é outro, senão o Criador do mundo, que produziu tudo a partir do nada, através da sua própria Palavra pronunciada no princípio; que esta Palavra é chamada de Seu Filho, que, sob o nome de Deus, foi visto "de diversas maneiras" pelos patriarcas, foi ouvido em todos os momentos nos profetas e, finalmente, trazido à terra pelo Espírito e Poder do Pai, através da virgem Maria; foi feito carne no seu ventre e, ao nascer dela, viveu como Jesus Cristo. Daí em diante, ele pregou a nova lei e a nova promessa do reino dos céus, fez milagres, foi crucificado e ressuscitou ao terceiro dia; [então] tendo subido aos céus, assentou-se à direita do Pai e enviou em seu lugar o Poder do Espírito Santo, para guiar os que creem. Ele voltará em glória, para levar os santos ao gozo da vida eterna e das promessas celestiais, e condenar os ímpios ao fogo eterno, depois que a ressurreição de ambos tiver acontecido, juntamente com a restauração de seus corpos. Essa regra, como pode ser comprovada, foi ensinada por Cristo, e não suscita entre nós nenhum outro questionamento, a não ser aqueles que as heresias apresentam e que tornam os homens hereges.[27]

---

27 Tertuliano, "The Prescription against Heretics," em *The Church*, ed. Philip Schaff (London: Catholic Way Publishing, 2014), loc. 48988–94.

OUTRO EVANGELHO?

Uma versão semelhante dessa regra de fé foi expressa por diferentes fontes cristãs primitivas, como Dionísio de Corinto, Justino Mártir, Aristides, Inácio, Clemente de Roma, Hipólito, Irineu, Clemente de Alexandria, Tertuliano e Orígenes. Abrangeu também outras regiões geográficas, como o Norte da África, Gália, Roma, Síria, Grécia e Ásia Menor.[28]

Depois de ler e estudar todas as diferentes versões da regra de fé, o Dr. Michael Kruger resume as primeiras crenças cristãs essenciais desta forma:

1. Existe um só Deus, o criador do céu e da terra.
2. Esse mesmo Deus falou através dos profetas do Antigo Testamento sobre o Messias que haveria de vir.
3. Jesus é o Filho de Deus, nascido da semente de Davi, através da virgem Maria.
4. Jesus é o criador de todas as coisas, que veio ao mundo como Deus encarnado.
5. Jesus veio para trazer salvação e redenção para aqueles que nele creem.
6. Jesus sofreu fisicamente e foi crucificado sob Pôncio Pilatos, ressuscitou dentre os mortos e foi exaltado à mão direita de Deus Pai.
7. Jesus voltará novamente para julgar o mundo.[29]

O Dr. Kruger salienta, também, que a regra de fé não era focada em uma doutrina em particular. Destinou-se a englobar a narrativa abrangente dos grandes atos de Deus na história. Esse é o evangelho da igreja primitiva. Observe como acompanha o arco narrativo da Criação, Queda, Redenção e Consumação.

---

28 Michael J. Kruger, *Christianity at the Crossroads: How the Second Century Shaped the Future of the Church* (Downers Grove, IL: IV Press, 2017), 136–37, 143.
29 Michael J. Kruger, *Christianity at the Crossroads: How the Second Century Shaped the Future of the Church* (Downers Grove, IL: IV Press, 2017), 144.

Compare a regra de fé com estas palavras de Brian McLaren sobre a versão progressista do Evangelho:

> [Jesus] veio para anunciar um novo reino, um novo modo de vida, um novo caminho de paz que trouxe boas novas a todas as pessoas de todas as religiões. Um novo reino é muito maior do que uma nova religião, e na realidade tem nele espaço para muitas tradições religiosas. Essa boa nova não era simplesmente sobre uma nova forma para resolver os problemas religiosos da queda ontológica e pecado original (que são problemas, lembrem-se novamente, que surgiram séculos mais tarde e dentro de um conjunto de narrativas). Não se trata simplesmente de informação sobre como as almas dos indivíduos podem deixar a terra, evitar o inferno e ir para o céu após a morte. Não! Trata-se da vontade de Deus sendo feita tanto terra como no céu, para todas as pessoas. Trata-se da solidariedade fiel de Deus com toda a humanidade, em meio ao sofrimento, opressão e o mal. Trata-se da compaixão de Deus e do chamado para nos reconciliarmos com ele e uns com os outros - antes da morte, na terra.[30]

Esses dois evangelhos não poderiam ser mais diferentes. A regra de fé expressa um Deus Criador que se fez carne e convida que o sigamos no amor a Deus e ao nosso próximo. Um Deus que foi crucificado, sepultado e ressuscitado fisicamente, para salvar a humanidade do pecado e da morte. Um Deus que regressará para julgar cada pessoa que já viveu e determinar o seu destino eterno. Ao negar o pecado original e o plano de Deus para redimir os homens e reconciliá-los consigo mesmo, o evangelho progressista nos dá uma divindade impotente, que só consegue ter "solidariedade" para com os humanos, em seu sofrimento

---

30 Brian McLaren, A New Kind of Christianity (San Francisco: HarperOne, 2010), 139, Kindle.

e mal, mas não pode curá-los. Esse não é o evangelho de Jesus. Esse não é o evangelho dos apóstolos nem do antigo cristianismo. Não é o evangelho que pode ser traçado através da história, para trazer hoje a vida e a esperança aos cristãos em todo o mundo.

Mas, de fato, não consigo enfatizar isso com força suficiente: nada disso é novo. Na obra *Contra as Heresias,* Irineu aborda a heresia gnóstica que se disfarçava de cristianismo e enganava a muitos na igreja. Fiquei surpresa ao descobrir que aquilo que Irineu escreveu em 180 d.C. poderia facilmente aplicar-se aos desafios doutrinários e de fé que enfrentamos em nossa cultura atual. Os hereges de sua época não eram os ateus que cuspiam palavras ácidas, inclinados a destruir a fé cristã de fora para dentro. Eram os que se declaravam cristãos e que estavam determinados a mudá-la de dentro para fora. Eles distorciam as Escrituras e deturpavam a tradição. Irineu escreveu:

> Esses homens falsificam os oráculos de Deus e se mostram como maus intérpretes da boa palavra de revelação. Eles também destroem a fé de muitos, atraindo-os para longe, sob o pretexto de terem [um superior] conhecimento, vindo daquele que fundou e adornou o universo; como se, de fato, tivessem algo mais excelente e sublime para revelar, do que aquele Deus que criou o céu e a terra e todas as coisas que neles existem. Usando palavras especulativas e sofisticadas, habilmente seduzem os simples de espírito, levando-os a indagar sobre seus sistemas (...). E estas pessoas simples são incapazes, em tais assuntos, de distinguir o falso do verdadeiro. O erro, na verdade, nunca é exposto com suas nuas deformações, para que, não sendo exposto, não seja de uma vez detectado. Ao contrário, é engenhosamente decorado com uma roupagem atraente, de modo que, por sua aparência exterior, faça parecer aos

inexperientes (por mais ridícula que pareça a expressão) mais verdadeiro do que a própria verdade.[31]

Como diz o escritor de Eclesiastes, "o que foi é o que há de ser; e o que se fez, isso se tornará a fazer; nada há, pois, novo debaixo do sol" (Ec 1.9).

Quando eu estava na aula, as afirmações céticas, as perguntas cínicas e o ensino progressista que o pastor estava proferindo era algo totalmente novo para mim. Com ingenuidade, assumi que ele havia pensado em tudo aquilo por si mesmo. Não fazia ideia de que a maior parte do que ele disse estava enraizada em um pensamento nada ortodoxo e tinha sido refutada uma centena de vezes, desde a invenção da caneta. Tal como o trigo e o joio, as verdadeiras e as falsas ideias têm crescido juntas, ao longo da história da igreja, e cabe aos cristãos fiéis ficarem atentos e diligentes para comparar todas as ideias com a Palavra de Deus e ver se estão alinhadas. Conforme as minhas dúvidas sobre a classe na igreja cresciam, percebi que as minhas diferenças com os progressistas eram muito mais substanciais do que eu tinha imaginado no início - e que os cristãos têm lutado contra isso por dois mil anos.

---

31 Irineu, Against Heresies, ed. Paul A. Böer Sr (n.p.: Veritatis Splendor Publications, 2012), 66.

6
NADA NOVO DEBAIXO DO SOL

É tempo de uma nova busca, lançada por novas perguntas, uma busca através de denominações em todo o mundo, uma busca por novas formas de crer e novas formas de viver e servir fielmente, no caminho de Jesus; uma busca por um novo tipo de fé cristã.
— **Brian McLaren**, *A New Kind of Christianity*

Crescer no Sul da Califórnia teve as suas vantagens. Era um clima maravilhoso, belas montanhas e praias - e a agitação da indústria cinematográfica e televisiva. Não era raro passar pelo parque local e ver equipes filmando o último episódio de algum drama ou comédia popular da época. Certa vez, os meus pais foram convidados a estacionar os seus carros no mesmo local, todos os dias, durante duas semanas, porque um filme de terror de categoria B estava sendo gravado do outro lado da rua e os produtores precisavam que o cenário se mantivesse sempre igual.

A minha melhor amiga vivia em Porter Ranch, onde foram filmadas as icônicas cenas de Halloween e a perseguição policial do filme clássico de Spielberg: *E.T. O Extraterrestre*. Depois de vermos o filme, nós nos aventuramos até o terreno vazio, que ficava do outro lado da casa dela, para procurar os confeitos de amendoim que Elliot, naquela cena tão conhecida, deixou como isca para atrair e pegar o querido E.T. Não encontramos nenhum doce, mas encontramos as marcas de derrapagem deixadas pelos carros da polícia na famosa cena da perseguição (ou pelo menos nos convencemos de que eram aquelas marcas).

De vez em quando, minha família visitava os Estúdios Universal para fazer o famoso *tour* pelos estúdios. De um bondinho elétrico nós vimos o local de *Bates Motel*, ficamos encantados com os *Stormtroopers*, (as tropas do Império da saga *Star Wars*) e atravessamos uma ponte para ver o local do meu programa favorito, *Gilligan's Island* (*Ilha dos Birutas*). Sempre fiquei surpresa por ver como a ilha era pequena e pouco expressiva. Aos meus olhos juvenis, parecia que um adulto conseguiria andar por toda a sua extensão com cerca de dez passos. Mas, talvez, nada era tão surpreendente quanto o "mar" sobre o qual o Moisés de Charlton Heston estendeu a vara para abrir o Mar Vermelho no filme *Os Dez Mandamentos*. Ficava localizado a menos de cem metros da ilha, e o bondinho parecia que ia entrar diretamente na água. Bem a tempo, o mar se abriria, o bonde elétrico atravessaria em trilhos secos e subiria para uma ponte. Assim que saíamos, o *Tubarão* saltava para fora da água, bem próximo do bonde, e dava um tremendo susto. Tudo isso acontecia em uma área que parecia não ser maior do que uma piscina de tamanho olímpico.

TRIGO E JOIO

Assim como Gilligan, Tubarão e Moisés estavam todos amontoados em um mesmo pequeno espaço de água, as boas e as más ideias estão muitas vezes entrelaçadas no mesmo espaço. Mesmo em nossas igrejas, as verdades e mentiras podem ser enclausuradas como sardinhas, deixando muitos cristãos confusos e desencorajados. Jesus mencionou uma história sobre o assunto:

"Outra parábola lhes propôs, dizendo: O reino dos céus é semelhante a um homem que semeou boa semente no seu campo; mas, enquanto os homens dormiam, veio o inimigo dele, semeou o joio no meio do trigo e retirou-se. E, quando a erva cresceu e produziu fruto, apareceu também o joio.

Então, vindo os servos do dono da casa, lhe disseram: Senhor, não semeaste boa semente no teu campo? Donde vem, pois, o joio?

Ele, porém, lhes respondeu: Um inimigo fez isso. Mas os servos lhe perguntaram: Queres que vamos e arranquemos o joio? Não! Replicou ele, para que, ao separar o joio, não arranqueis também com ele o trigo. Deixai-os crescer juntos até à colheita, e, no tempo da colheita, direi aos ceifeiros: ajuntai primeiro o joio, atai-o em feixes para ser queimado; mas o trigo, recolhei-o no meu celeiro" (Mt 13.24-30).

Jesus explicou essa parábola a seus discípulos, dizendo que ele é o semeador. O campo é o mundo, a boa semente são "os filhos do reino" e o joio são os "filhos do maligno"[32]. E quem é o "inimigo" desagradável, que semeia toda sorte de pessoas más no meio do trigo? Esse é o diabo. A colheita é o fim dos tempos e os ceifeiros são os anjos. Nessa história, Jesus prediz o que nos acontecerá, como sua Igreja.

Ele está basicamente dizendo que, enquanto estivermos aqui na terra, será como algo misturado no mesmo saco. Os verdadeiros cristãos e os falsos cristãos irão viver juntos no mesmo mundo, e até mesmo se reunirão em um mesmo santuário - no mesmo culto de adoração, com as mesmas canções e ouvindo os mesmos sermões. E a todos os cristãos agitados e com a foice na mão, que querem ir em frente e eliminar agora o joio, ele diz: espere! Esse não é o nosso trabalho e, se tomarmos sobre nós

---

32 A citação Bíblica deste parágrafo é de Mateus 12.36-42, versão NVI.

tal responsabilidade, acabaremos inevitavelmente com algum trigo como vítima em nossas mãos.

Essa parábola era compreendida facilmente por uma pessoa que vivia no Império Romano do primeiro século, porque semear o joio no campo de outra pessoa era na realidade algo grave – um tipo de "bioterrorismo primitivo", como o estudioso do Novo Testamento Craig Blomberg comenta.[33] Haviam até leis romanas locais que proibiam isso.

A palavra traduzida como "joio", nessa passagem, não é apenas uma palavra genérica para ervas daninhas. Ela descreve uma erva daninha específica, a gramínea darnel, que se assemelha muito ao trigo quando amadurece mas os seus grãos são escuros - e venenosos. Se um antigo agricultor encontrasse joio na sua colheita de trigo, não tentaria arrancar o joio primeiro, porque provavelmente perderia algum trigo no processo. Ele esperaria até que todo o campo estivesse maduro, para que pudesse colher o trigo. Algum joio poderia ser arrancado no processo; mas, isso não importava porque, afinal, todo o campo estaria livre de ervas daninhas após a colheita.

Observe que na parábola de Jesus a ordem dos acontecimentos é invertida. O joio é arrancado primeiro, depois o trigo. Mas aquele que faz a colheita não é um agricultor comum do passado. Jesus enviará seus anjos para arrancar com uma precisão aguda "todos os escândalos e os que praticam a iniquidade" (Mt. 13.41), permitindo que os justos resplandeçam "como o sol, no reino de seu Pai" (v. 43). Em outras palavras, se tentássemos remover o joio, faríamos uma grande confusão e estragaríamos todo o campo da colheita. Por ora, temos que reconhecer que o trigo e o joio vão crescer juntos, com um aspecto muito semelhante.

Então, o que devemos fazer? Será que isso significa que nunca devemos criticar ou discordar de alguém? Será que significa que não podemos

---

33 Craig L. Blomberg, *Interpreting the Parables*, 2nd ed. (Downers Grove, IL: IVP, 2012), 246 [edição em português: *Pregando as Parábolas* (São Paulo: Editora Vida Nova, 2019)].

criticar o erro e apontar os falsos mestres? Pelo contrário, a Bíblia transborda de passagens que encorajam os cristãos a fazer exatamente isto: praticar o discernimento.[34] Essa tem sido a tarefa dos cristãos desde o início. Por que? Pelo fato de Jesus ter previsto que os lobos iriam invadir a sua Igreja. Ele advertiu que todo tipo de falsos mestres e charlatães enganadores surgiriam de dentro dela e apresentariam os seus ensinamentos falsos como legítimos:

> "Acautelai-vos dos falsos profetas, que se vos apresentam disfarçados em ovelhas, mas por dentro são lobos roubadores. Pelos seus frutos os conhecereis" (Mt. 7.15-16).

Esses mestres seriam parecidos com as ovelhas, falariam como as ovelhas, caminhariam como ovelhas e agiriam como ovelhas. Mas essas feras com aspecto de ovelhas não estariam a procura de se alimentar da relva e do trevo; seriam caçadores carnívoros procurando afundar os beiços em um belo e suculento bife de ovelha. Enquanto o trigo e o joio representam respectivamente os crentes verdadeiros e os falsos, um lobo predador é um animal totalmente diferente. Pode ser muito confuso para o rebanho quando o lobo em questão se veste como um pastor de ovelhas – aquele com quem as ovelhas estão condicionadas a sentir segurança. Naquelas aulas, senti como se o pastor se apresentasse como uma ovelha, procurando humildemente a verdade e buscando a Deus. No princípio, acreditei nele. Pensei que estávamos na mesma página. E, porque ele era o meu "pastor," que tinha ganho o meu respeito e minha confiança, baixei a guarda.

Grande parte do Novo Testamento, incluindo o livro inteiro de Judas, dedica-se a ajudar os cristãos a vigiar, reconhecer e evitar esses lobos

---

34 John Piper, "Should We Call Out False Teachers or Ignore Them?". Disponível em: https://www.desiringgod.org/interviews/should-we-call-out-false-teachers-or-ignore-them. Acesso em: fev.2022.

vestidos de ovelha. Ao pesquisar algumas dessas passagens, descobri que o tema do falso mestre e do falso ensino é abordado, diretamente, em vinte e dois entre os vinte e sete livros do Novo Testamento. Em cada um deles, é dado encorajamento para mantermos a verdadeira fé e praticarmos o discernimento. Aqui está apenas uma pequena amostra do que outros escritores do Novo Testamento têm a dizer sobre falsos mestres:

> "Pois haverá tempo em que não suportarão a sã doutrina; pelo contrário, cercar-se-ão de mestres segundo as suas próprias cobiças, como que sentindo coceira nos ouvidos; e se recusarão a dar ouvidos à verdade, entregando-se às fábulas" (2Tm 4.3-4).

Em referência às cartas de Paulo, Pedro escreve:

> "(...) há certas coisas difíceis de entender, que os ignorantes e instáveis deturpam, como também deturpam as demais Escrituras, para a própria destruição deles" (2Pe 3.16).

> "Assim como, no meio do povo, surgiram falsos profetas, assim também haverá entre vós falsos mestres, os quais introduzirão, dissimuladamente, heresias destruidoras, até ao ponto de renegarem o Soberano Senhor que os resgatou, trazendo sobre si mesmos repentina destruição" (2Pe 2.1).

> "(...) certos indivíduos se introduziram com dissimulação, os quais, desde muito, foram antecipadamente pronunciados para esta condenação, homens ímpios, que transformam em libertinagem a graça de nosso Deus e negam o nosso único Soberano e Senhor, Jesus Cristo ... Ora, estes, da mesma sorte, quais sonhadores alucinados,

não só contaminam a carne, como também rejeitam governo e difamam autoridades superiores" (Jd 1.8).

Repare a linguagem usada aqui. Os falsos mestres entram *sem ser notados* e, *em segredo,* trazem ideias distorcidas sobre Deus. Eles apelam às nossas paixões e desejos e falam o que queremos ouvir. Eles não alardeiam sobre si mesmos com placas penduradas anunciando: "Olá, sou um falso mestre; deixe-me coçar a comichão em seus ouvidos!" Eles se parecem, falam e agem como nós, e declaram ser um de nós. É fácil ver por que são tão eficazes em enganar muitos crentes desavisados.

ANOTAÇÕES DE CLASSE

A cada reunião, o meu desconforto com o que estávamos discutindo na aula tornou-se mais doloroso e pontiagudo. Recusei constantemente o meu monólogo interior por estar sendo tão crítica; mas, ao mesmo tempo, estava absolutamente convencida de que a classe estava indo na direção errada.

Uma tarde, fiquei angustiada com o que parecia ser um profundo desrespeito pelo temor de Deus entre os meus colegas de turma, e caí em lágrimas quando a reunião estava se encerrando. O pastor progressista me chamou logo depois e sugeriu que eu me encontrasse com uma mulher na igreja que era uma terapeuta profissional. Isso soou para mim como uma mensagem do tipo: "Certamente o problema está com *você*. O que você precisa é superar qualquer trauma de infância que a esteja te levando a reagir tão emocionalmente a todas essas novas e brilhantes observações sobre o cristianismo para, então, entrar na linha".

Na semana seguinte, fui ao seu consultório aconchegante e com iluminação natural. Quando comecei a descrever o desconforto que estava experimentando com os livros, ensinamentos e discussões administradas pelo pastor, ela pegou duas barras de chocolate da Mars da doceira que estava em sua mesa. Ela as colocou lado a lado, e pediu-me que a imaginasse abrindo um deles e colocando uma embalagem diferente nele. Aquela ainda seria uma barra de chocolate da Mars - apenas estaria com outra embalagem. Ela me disse que era isso que o pastor estava fazendo: dando-me os mesmos doces com um rótulo diferente.

O meu monólogo interior ironizou: *"Ela inverteu tudo."* Então, respondi: "O que me parece é que ele está usando a mesma embalagem, mas em dois doces completamente diferentes. A aparência deles é a mesma, mas o seu interior é muito diferente." É o trigo no meio do joio.

O ensino errôneo não é algo novo; surgiu na igreja quase desde o início. O cristianismo mal estava começando a dar a largada e o falso evangelho já estava começando a se infiltrar e a influenciar a igreja primitiva. Em outras palavras: quase ao mesmo tempo em que houve ovelhas, surgiram os lobos.

Uma maneira de os detectar? Cada um deles parecia querer reformular a ordem de Jesus dada aos seus discípulos: "Quem quiser salvar a sua vida perdê-la-á; e quem perder a vida por minha causa achá-la-á" (Mt 16.24).

MESMA EMBALAGEM, DOCE DIFERENTE
(Nº 1: O PARTIDO DA CIRCUNCISÃO)

> "Então, disse Jesus disse aos seus discípulos: 'Quem quiser ser meu discípulo, seja circuncidado e siga-me'" (1 *Judaizante* 16.24).

Não existe um livro dos "judaizantes"; mas, se ele existisse, uma passagem como a referida acima estaria certamente no seu centro. Assim chamado, de judaizantes, o "partido da circuncisão" era um grupo de judeus que ensinavam que se os gentios se tornassem cristãos precisariam, primeiro, se conformar aos costumes judaicos. Ou seja, precisavam se tornar judeus antes de tornarem-se cristãos. Considerando que o rito de passagem judeu era a circuncisão, não é preciso muita imaginação para compreender por que isso era particularmente perturbador para a população gentia masculina.

Na sua carta a Tito, Paulo explicou as qualidades e traços de carácter que os presbíteros da igreja precisavam possuir. Além de terem domínio próprio, serem humildes, disciplinados e santos, precisavam adquirir a habilidade de refutar a falsa doutrina. Por quê? Por causa dos judaizantes, ou do partido da circuncisão - o primeiro grupo herege a surgir entre os cristãos. Assim Paulo os descreveu:

> "Porque existem muitos insubordinados, palradores frívolos e enganadores, especialmente os da circuncisão. É preciso fazê-los calar, porque andam pervertendo casas inteiras, ensinando o que não devem, por torpe ganância" (Tt 1.10-11).

Os judaizantes estavam distorcendo o evangelho, e Paulo tornou-se tão frustrado com esse grupo de lobos que sugeriu que eles prosseguissem ao ponto de se castrarem (Gl. 5.12). A influência do partido da circuncisão foi tão generalizada que grandes porções do Novo Testamento (particularmente Gálatas, Tito, Atos e 1 Timóteo) são dedicados a refutar esses ensinos e avisar os crentes a seu respeito. De acordo com Gálatas 2.11-14, até mesmo Pedro foi intimidado por esse grupo proeminente!

O partido da circuncisão estava procurando *acrescentar* algo ao que Jesus realizou. Como tenho ouvido o meu pastor atual repetir em várias ocasiões, a forma mais fácil de detectar heresias é lembrar-se disto: "Jesus + *qualquer coisa* = um falso evangelho." Para o partido da circuncisão, era "Jesus + circuncisão". O assunto foi resolvido no primeiro de muitos concílios convocados ao longo da história da Igreja, para responder a diferentes heresias. Tal conselho está registado em Atos 15, no qual Paulo, Barnabé, Pedro e Tiago apresentaram os seus argumentos contra essa blasfêmia emergente. A primeira heresia na história da igreja foi tratada, e o conselho foi um modelo para a liderança da igreja para os anos porvir.

Pode ser fácil, para seguidores de Cristo, cair na armadilha de acrescentar algo ao evangelho, quer procuremos um certo partido político para nos resgatar ou quer imaginemos que vamos ganhar o favor de Deus por sermos "supercrentes" que nunca falham nas devoções matinais. No entanto, ao negar a obra expiatória de Jesus na cruz, muitos cristãos progressistas vão um passo além: Jesus já não é o nosso Salvador mas um exemplo de como podemos fazer boas obras no mundo e perdoar aos outros. Essa tornou-se a virtude mais nobre, e todas as outras verdades alegadas são julgadas por ela. Assim, o evangelho progressista é "Jesus + justiça social".

MESMA EMBALAGEM, DOCE DIFERENTE
(Nº 2: OS GNÓSTICOS)

> "Então Jesus disse aos seus discípulos: 'Quem quiser ser meu discípulo deve encontrar a centelha divina dentro de si mesmo e seguir a minha sabedoria oculta.'"(*Gnósticus* 16.24).

Ao explorar heresias na igreja primitiva, fiquei impressionada com o quanto são difundidas e diversificadas as crenças do grupo que ficou conhecido como os "gnósticos", nos primeiros séculos depois de Cristo. No século 5, Agostinho refutou os "maniqueítas", uma seita que partilhava algumas semelhanças com o gnosticismo, e da qual ele próprio tinha feito parte antes da sua conversão ao cristianismo. Os maniqueítas enxergavam o mundo como uma luta entre o mundo espiritual da luz e o mundo material das trevas. Esse, somado a um foco que hoje pode ser expresso como "encontre a si mesmo", era um tema recorrente entre os gnósticos de todos os tipos. Embora não exista o livro "Gnósticus", os gnósticos articulavam um evangelho que era muito diferente do que encontramos na Escritura.

Um dos pais da igreja, Irineu, escreveu a obra magna sobre heresia por volta de 180 d.C., abordando algumas ideias gnósticas que estavam entrando na igreja. Para os leitores modernos, tais ideias são ao mesmo tempo estranhas e fascinantes. No entanto, para as pessoas da época, que eram mergulhadas nas obras da filosofia grega, as especulações gnósticas não pareciam algo tão incomum. Há um universo espiritual chamado Pleroma, que inclui um Demiurgo maléfico e a sua mãe, Sophia. Há Monogenes, que deu à luz o "Pai" e o "Espírito Santo". Há emanações e Éons, e uma mãe divina chamada Achamoth ou, mais comumente, Barbelo. Com expressões tão diversas de gnosticismo, entre vários grupos de pessoas, torna-se difícil chegar a um tema comum. Às vezes, parece que se está lendo um escrito religioso antigo; outras vezes, parece que se está lendo um material de treinamento para algum culto moderno bizarro. Mas, à parte de toda essa estranheza, há um elemento prático no gnosticismo que está em sintonia com muitos pressupostos modernos.

A palavra "gnose" significa simplesmente "conhecimento". O gnosticismo não levava em conta o pecado. Na verdade, os gnósticos não acreditavam que o mundo foi arruinado por causa da escolha de Adão de pecar contra Deus. Eles acreditavam que o mundo estava corrompido por causa do maligno Demiurgo, que o criou e o governa. O único "pecado" era a ignorância. Os gnósticos, portanto, acreditavam que Jesus veio não para nos salvar do pecado mas para nos transmitir conhecimentos especiais que, essencialmente, nos levariam a participar do pleroma divino. Encontrar esse conhecimento era encontrar a salvação. "A liberdade do gnóstico é a de submeter-se ao governante celestial, o Demiurgo maligno. Essa liberdade é alcançada por ele participar do domínio divino, o pleroma."[35]

Os primeiros gnósticos se esforçaram para popularizar suas ideias entre os cristãos, alegando também serem cristãos e utilizando a Escritura, juntamente com os seus próprios textos, para "provar" as suas ideias. Irineu explicou que eles não apenas utilizaram os escritos do Novo Testamento para demonstrar as suas "interpretações perversas" e "exposições enganosas" mas, também, interpretaram parábolas e alegorias do Antigo Testamento de uma forma dúbia e fraudulenta.[36]

Na introdução do livro *Contra as Heresias*, de Irineu, João Arendzen escreveu:

> Quando o gnosticismo entrou em contato com o cristianismo, o que aconteceu quase que imediatamente em seu surgimento, ele penetrou com estranha rapidez nas formas cristãs de pensamento, tomou emprestado o seu linguajar, reconheceu Jesus como Salvador do mundo, simulou os seus sacramentos, fingiu ser uma revelação esotérica de Cristo e dos Apóstolos, e inundou o mundo com escritos apócrifos do Evangelho, e Atos, e Apocalipse, para fundamentar sua argumentação.[37]

Por mais estranho que o gnosticismo nos possa parecer agora, ele capturou as mentes de muitos cristãos que já estavam familiarizados com tipos similares de especulação encontrados no pensamento grego da época. Tal como o cristianismo progressista que encontramos em nossa cultura, o gnosticismo imitava o cristianismo de muitas maneiras,

---

[35] Francis T. Fallon, "The Gnostics: The Undominated Race", Novum Testamentum 21, no. 3 (July 1979): 283. Disponível em: https://doi.org/10.2307/1560836. Acesso em: fev.2022.
[36] St. Irenaeus, *Against Heresies*, ed. Paul A. Böer Sr. (n.p.: Veritatis Splendor Publications, 2012), 77.
[37] St. Irenaeus, *Against Heresies*, 29, publicado originalmente em "Gnosticism", The Catholic Encyclopedia vol. 6 (New York: Robert Appleton Co., 1909).

usando um pouco da mesma linguagem e até mesmo reconhecendo o Pai, Jesus Cristo, e o Espírito Santo. Imitou os sacramentos.[38] Utilizou as Escrituras para apoiar as suas ideias. Acreditava ser a verdadeira expressão do cristianismo. Os gnósticos viam a si próprios como muito mais "iluminados" do que as pessoas simples que acreditavam que Jesus morreu para expiar os seus pecados. Em vez disso, eles viam a Cristo como alguém que estava endireitando um cosmos corrompido, que o Demiurgo maligno havia criado.

Há muitas semelhanças marcantes entre o antigo gnosticismo e o cristianismo progressista. Por utilizar uma linguagem cristã, os sacramentos e a Escritura, além de buscar sua autoaceitação, ele se esforça em ver a si mesmo como uma versão mais esclarecida e madura do cristianismo. John Zmirak destacou esse ponto com uma boa pitada de sarcasmo, em um artigo escrito por ele em 2017 e intitulado *Os Cristãos Progressistas São os Melhores Cristãos da História - Basta perguntar a eles!* Ele escreveu:

> Talvez a razão de rejeitarem o que cada geração anterior de cristãos acreditava, em uma longa lista de assuntos, é que essas pessoas finalmente descobriram o que Jesus realmente quis dizer com tudo o que ele disse e fez. Talvez seja essa a resposta!"[39]

Brian McLaren defende esse tipo de pensamento com bastante fervor, no seu livro *A New Kind of Christianity*. Como veremos no capítulo 9, McLaren acredita que os cristãos têm hoje um visão mais madura de Deus do que os nossos antecessores que escreveram a Bíblia. Ao comparar os escritores bíblicos antigos com a vozes mais iluminadas que vieram

---

38 Na introdução de *Against Heresies*, John Arendzen relata que os gnósticos tinham versões de batismo, unção com óleo, e Eucaristia.
39 John Zmirak, "Today's Progressive Christians Are the Best Christians in History. Just Ask Them!". Disponível em: https://stream.org/todays-progressive-christians-best-christians-history-just-ask/. Acesso em: fev.2022.

mais tarde, ele traça o "amadurecimento gradativo", partindo dos escritores bíblicos simplistas e equivocados até os mais maduros e corretos. Ele aponta que algumas imagens de Deus no Antigo Testamento "não se parecem com Cristo"[40]. Para McLaren, isso culmina na visão de Deus que temos hoje, "mais elevada e mais sábia"[41].

O ensino gnóstico argumentou algo semelhante, na época da igreja primitiva. De acordo com os gnósticos, o Deus Criador do Antigo Testamento foi incorretamente identificado na Escritura como o *único* Deus. Embora o mito gnóstico tenha muitas variações, os gnósticos ensinam que existiam fontes de conhecimentos especiais que emanavam, através de Éons, de outro ser supremo além do Deus Criador da literatura do Antigo Testamento.

Observe as semelhanças nos padrões de pensamento entre os gnósticos e os progressistas de hoje. Ambos reivindicam fontes de conhecimento fora da Bíblia, que podem e devem julgar a Escritura. O problema com a posição de McLaren é que não há nada além do nosso próprio senso pessoal de certo e errado (que é muito frequentemente informado por nossos pressupostos culturais) para julgar o que está "certo e errado" na Bíblia.

C.S. Lewis refere-se a isso como "esnobismo cronológico". Ele o descreveu como "a aceitação acrítica do clima intelectual comum à nossa própria era e o pressuposto de que, o fato de qualquer coisa ficar desatualizada, já tem em si o motivo de descrédito"[42]. Ele encoraja os bons pensadores a fazerem questionamentos como: "Por que esta ideia ficou desatualizada? Ela já foi refutada antes ou simplesmente se tornou antiquada?", e "Em caso afirmativo, quem a refutou? Como? Por quê?" Precisamos ter humildade e honestidade intelectual para admitir que o tempo que agora vivemos é também um período na história do

---

40 Brian D. McLaren, *A New Kind of Christianity* (San Francisco: HarperOne, 2010), 98.
41 Brian D. McLaren, *A New Kind of Christianity* (San Francisco: HarperOne, 2010), 103.
42 C.S. Lewis, *Surprised by Joy* (New York: Harcourt, Brace, Jovanovich, 1966), 207–8 [edição em português: *Surpreendido pela Alegria* (Viçosa: Editora Ultimato, 2015)].

mundo. Nós também, assim como todos os que nos precederam, somos influenciados por nossos paradigmas culturais, nossas normas sociais e pressupostos intelectuais coletivos. Só porque a nossa cultura chegou a um consenso sobre algo não o torna verdadeiro ou correto. Lembre-se: houve um tempo na história em que pessoas influentes na cultura estavam em pleno acordo de que a escravatura fosse algo bom. E muitos deles até distorciam a Bíblia para justificar o que criam, e é por isso que a boa hermenêutica é tão importante.

Tal como o gnosticismo, o cristianismo progressista é construído sobre uma base de "algo novo". Como veremos no capítulo 9, isso aplica-se até mesmo ao seu ponto de vista sobre a Bíblia. De acordo com os cristãos progressistas, temos estado errados acerca da Bíblia. Teríamos, apenas agora, dois mil anos depois, acabado de descobrir a maneira correta de ler a Bíblia? Terá Deus finalmente revelado a forma certa de interpretar e aplicar as Escrituras a algumas das pessoas mais seletas e abastadas da civilização ocidental? Penso que não. O evangelho progressista é "Jesus + novos conhecimentos".

MESMA EMBALAGEM, DOCE DIFERENTE
(Nº 3: OS MARCIONITAS)

> "Então Jesus disse aos seus discípulos: 'Quem quiser ser meu discípulo deve rejeitar ideias como o inferno e o julgamento, e simplesmente seguir a minha vida de amor e compaixão'" (2 *Marcião* 16.24).

Por volta de meados do segundo século, um mestre chamado "Marcião" começou a ganhar seguidores e a influenciar a igreja. Ele viu os ensinamentos de Jesus como totalmente inconsistentes com o Deus maldoso, ciumento e irado que ele percebia no Antigo Testamento. Ele acreditava que o Deus do Antigo Testamento e o Deus do Novo Testamento fossem duas divindades diferentes, sendo a primeira um ser inferior, perverso e mesquinho, e o outro amoroso e perdoador. Em claro contraste com o partido da circuncisão, Marcião acreditava que a lei do Antigo Testamento era violenta e contraditória. Portanto, qualquer pessoa que aderisse às crenças e práticas do Antigo Testamento estava indo contra o cristianismo.

Marcião baseou a sua teologia nas palavras registradas de Jesus e em algumas das cartas de Paulo, que ele aceitava como apóstolo verdadeiro porque teria ensinado que os cristãos não eram obrigados a seguir a lei do Antigo Testamento. Marcião, como se sabe, formou o seu próprio cânone da Escritura, do qual obviamente excluiu todo o Antigo Testamento. Na realidade, incluía apenas dez epístolas de Paulo, juntamente com uma versão do Evangelho de Lucas, que ele editou para refletir a sua crença de que o cristianismo deveria ser libertado do contexto judeu.

Em última análise, os marcionitas rejeitavam todos os aspectos de Deus e do cristianismo que incluisse ira, inferno ou julgamento. Marcião foi excomungado em 144 d.C., mas as suas ideias ainda vivem - porque, convenhamos, é muito fácil remover as partes incômodas do evangelho e abraçar apenas as que causam bem-estar. Porém, como vamos descobrir no capítulo 10, um Deus sem ira é um Deus que não pode salvar, e isso não é boa notícia para ninguém.

Com sua visão de Deus do Antigo Testamento como mesquinho e rancoroso, com sua negação da ira de Deus e do inferno e com seu desconforto com a expiação pelo sangue de Jesus, o cristianismo progressista se parece um pouco com um marcionismo requentado.

Tal como Marcião, Brian McLaren acredita que o Deus que encontramos no Antigo Testamento é diferente do Deus "justo, santo, compassivo e Pai de nosso Senhor Jesus Cristo"[43] que encontramos no Novo Testamento. Ele escreve que, nas Escrituras Hebraicas, ele encontra

---

43 Brian D. McLaren, *A New Kind of Christianity* (San Francisco: HarperOne, 2010), 278.

"um personagem chamado 'Deus', que envia um dilúvio e destrói toda a humanidade, exceto a família de Noé", provoca muitos "ferimentos" em batalhas, e direciona ex-escravos a guerrearem contra nações vizinhas. De fato, ele se refere a essas ações como "criminosas"[44]. Mas, por entender a Bíblia como um registro do amadurecimento gradual da compreensão da humanidade sobre Deus, ele consegue relevar as passagens mais difíceis que descrevem os julgamentos de Deus e os atos de justiça.

Neste caso, a heresia é: "Jesus *menos* alguma coisa". O evangelho progressista é "Jesus *menos* o julgamento".

Temos de ser diligentes em detectar elementos de outras heresias que reaparecem em vários momentos da história da igreja. Havia o arianismo, que negava a divindade de Jesus; o pelagianismo, que negava o pecado original; e o patripassianismo, a crença de que Deus se encarnou e sofreu na cruz como Pai.[45] Após a Reforma, houve o socinianismo, que rejeitou o pecado original, a Trindade, e a expiação substitutiva.

Assim como os movimentos não ortodoxos que os antecederam, os cristãos progressistas não estão ensinando nada de novo. Eles estão, simplesmente, dando às ideias antigas uma nova voz, uma roupagem diferente e uma imagem atualizada. O apóstolo Paulo avisou há dois milênios que isso iria acontecer:

> "Admira-me que estejais passando tão depressa daquele que vos chamou na graça de Cristo para outro evangelho, o qual não é outro, senão que há alguns que vos perturbam e querem perverter o evangelho de Cristo. Mas, ainda que nós ou mesmo um anjo vindo do céu vos pregue evangelho que vá além do que vos temos pregado, seja anátema" (Gl 1.6-8).

---

44   Brian D. McLaren, *A New Kind of Christianity* (San Francisco: HarperOne, 2010), 98–99.
45   Essa é a visão apontada no livro A Cabana, no qual as feridas causadas pela crucificação são encontradas em "Papa" (o Pai) e também em Jesus.

OUTRO EVANGELHO?

Ao pesquisar as diferentes heresias da igreja primitiva, recebi um grande conforto ao saber que Deus não nos deixou desinformados, desequipados ou ignorantes. Ele não nos deixou desarmados contra esses ataques à sua verdade. Ele nos deu algo tão incrível, tão espantosamente belo, tão precioso, que compeliu o ministro escocês do século 19 Robert Murray M'Cheyne a declarar: "Uma pedrinha preciosa daquele oceano vale todos os pedregulhos dos riachos terrestres."[46]

Deus nos deu a sua própria Palavra. Ele nos deu a Bíblia. Se há algo que eu sempre tive em comum com o tom do cristianismo histórico é o profundo amor pela Escritura, o lugar para onde sempre me voltei, buscando conhecer a Deus e aprender sobre o seu plano para a humanidade. Mas depois, então, ao olhar para a minha Bíblia bem gasta, com novos olhares e novos questionamentos, fiquei aborrecida com a possibilidade de encontrar uma fenda na fundação. Será que eu estava prestes a descobrir algo que iria pôr tudo abaixo?

---

46 Robert Murray M'Cheyne e Andrew Alexander Bonar, *Memoir and Remains of the Rev. Robert Murray M'Cheyne* (Edinburgh: Oliphant, Anderson, and Ferrier, 1883), 64.

7
POIS A BÍBLIA ASSIM ME DIZ?

O que adianta dizer que os manuscritos (i.e., os originais) foram inspirados? Não temos os originais! Temos apenas cópias cheias de erro, e a grande maioria delas está séculos distantes dos originais e diferentes deles, evidentemente, em milhares de aspectos.
— **Bart Ehrman**, Misquoting Jesus (Citando Jesus Incorretamente)

Recebi a minha primeira Bíblia quando tinha cerca de nove anos de idade. Era uma edição com uma grande tiragem da *Bíblia Viva*, em couro cor de vinho, com o meu nome gravado em ouro no canto inferior direito: Alisa Girard. Era uma Bíblia só minha. E eu a gostei muito.

"Por onde começo?", perguntei à minha mãe. Ela me sugeriu começar por Provérbios.

"Provérbios 3 foi o primeiro capítulo que li nesta Bíblia", escrevi em uma página de anotações no verso. Abaixo disso escrevi: "VERSÍCULOS BONS" (com letras maiúsculas, certamente), e nesta parte escrevi, palavra por palavra, todos os "bons versículos" que pude encontrar. Uma anotação interessante foi Provérbios 22.15: "É natural que as crianças façam tolices, mas a correção as ensinará a se comportarem" (versão *NTLH*), ao qual acrescentei "/me" (ensinará). Circulei "me".

O primeiro versículo que sublinhei naquela estimada Bíblia foi Provérbios 3.6: "Em tudo quanto for fazer, lembre-se de colocar Deus em primeiro lugar" (versão *Bíblia Viva*). Isso fez mais sentido para mim do que qualquer coisa que eu já havia lido. Aquilo falou comigo. Eu simplesmente sabia que aquele livro falava a verdade. Eu sabia que ele vinha diretamente da boca de Deus e que eu podia viver a minha vida por ele. Os meus pais me ensinaram assim; e aquelas eram águas conhecidas, nas quais eu aprendi a nadar.

Amei ler a Bíblia. Logo que aprendi a ler e escrever, eu li e estudei o que estava escrito em suas páginas – e era algo vivo. Caminhei no Jardim com Adão e Eva, ponderando se eu teria comido o fruto (com certeza eu teria). Ficava imaginando sobre a serpente ... todas elas podiam falar naquele tempo? Por que ela foi amaldiçoada a ter que deslizar sobre a barriga? As serpentes tinham pernas antes?

Embarquei na arca com Noé e sua família, e com sobriedade e indiferença naveguei para longe de todas as pessoas que ficaram para trás. Será que tentaram nadar em direção à arca, gritando e suplicando para lhes deixarem entrar? Será que suas unhas cravaram no barco ao perceberem o seu erro? (Observação: eu era uma criança intensa. Eu não era daquelas meninas com enfeites e laços na cabeça e vestidinhos de babados que coloriam figuras da arca de Noé no domingo, assumindo que aquela foi um história feliz sobre um jardim zoológico flutuante).

Eu era alguém que sentia o medo palpável e a reverência de Moisés, quando ele ficou diante do arbusto em chamas. Eu cavalgava para a batalha com Débora, quando o comandante do exército sentiu muito medo de ir sozinho. E Jael, a dona de casa Quenita que pôs fim ao ataque dos cananeus sobre Israel utilizando um martelo para introduzir uma cunha na cabeça daquele líder – eu realmente gostei dela. Eu me via na história de Davi e

Golias, quando aquele jovem pastor respondeu às provocações desafiadoras do gigante rebelde e declarou que a batalha era do Senhor. (Certamente que, quando li a história em 1 Samuel 17, eu era Davi. Eu não estava entre os israelitas apavorados à espera de alguém para salvá-los – os quais durante quarenta dias inteiros não conseguiam sequer encontrar alguém que fosse lutar contra o campeão filisteu. Mas a idade e a sabedoria me ensinaram que, na realidade, sou mais parecida com os israelitas aterrorizados.)

Eu me via na história de Ester, jejuando e orando, aprendendo a confiar em Deus, mesmo que isso significasse arriscar a minha vida para obedecer a ele e dizer como ela: "Se eu tiver que perecer, eu pereço." Eu cantei com os Salmos e respiguei da sabedoria de Jó, Provérbios, e Eclesiastes. "Lembra-te do teu Criador nos dias da tua mocidade, antes que venham os maus dias, e cheguem os anos dos quais dirás: Não tenho neles prazer." – isso estava escrito no meu coração.

Li Cântico de Salomão com deleite, ao pensar que um dia o meu marido haveria de me chamar de "Ó mulher de rara beleza"[1]. Ri da comparação dos seios com as gazelas, e guardei comigo a sabedoria de não despertar o amor antes do tempo certo. (Isso me manteve longe de beijar um garoto até os meus vinte e poucos anos.)

Eu me simpatizei com Jeremias, que pensava ser muito jovem e incompetente para servir a Deus. Eu me identifiquei com ele profundamente, quando escreveu que as palavras de Deus eram a sua alegria e o deleite de seu coração. Senti muita tristeza quando ele foi perseguido e censurado, ficando sozinho por causa da mão de Deus. Ele estava colocando Deus em primeiro lugar, tal como eu tinha lido em Provérbios 3.6. Eu estava no forno ardente com Sadraque, Mesaque, Abednego e Jesus - com o som flamejante da banda dos anos oitenta de Russ Taff, tocando como uma trilha sonora: "Não vou me curvar."

---

1 Ester 4.16; Eclesiastes 12.1; Cântico de Salomão 5.9 (versão OL).

OUTRO EVANGELHO?

Maravilhei-me com Jesus, que podia em um momento oferecer descanso para todos os que fossem a ele e, em seguida, chamar os líderes religiosos de raça de víboras. Um homem que foi colocado em uma manjedoura fétida ao nascer, mas que ainda assim afirmava sentar-se no trono do Universo. Um homem cujos primeiros sons foram o choro de um recém-nascido, mas que apareceu em Apocalipse com uma espada em sua boca e com uma voz como de muitas águas. Um homem que dividiu a história em duas, e desafiou todos os que vivem a lhe chamar de mentiroso ou a adorá-lo como Senhor. Fiquei espantada quando ele trouxe de volta à vida uma jovem de doze anos que havia morrido, com as palavras em aramaico *"Talita cumi"* - "Menina, eu lhe ordeno, levante-se" (Mc 5.41). Algo dentro de mim me fazia saber que ele também estava falando comigo. Eu já tinha estado morta no meu pecado e necessitada da sua ressurreição. A Palavra de Deus estava falando comigo: *"Talita cumi."*

Eu estava com Maria ao pé da cruz, vendo o suor de Jesus e o sangue escorrendo pelo tronco. Eu o vi a lutar para respirar e quando ele finalmente bradou: "Está consumado."[2] De alguma forma, eu sabia que tudo o que eu tinha lido na Bíblia apontava para esse momento. Para a cruz. Jesus era a minha arca. O meu grandioso Salvador que foi ferido. O quarto homem na fornalha.

Li os Evangelhos, as Epístolas e o restante do Novo Testamento. Li a Bíblia inteira (menos algumas partes de Números) até meus doze anos. Não compreendi tudo, mas eu entendia pequenas frases aqui e ali da minha *Bíblia Viva:*

"Continuem a amar-se uns aos outros" (Hb 13.1).

"Tudo quanto é bom e perfeito nos vem de Deus" (Tg 1.17).

---
2 João 19.30.

"Ninguém faça pouco caso de você porque você ainda é moço" (1Tm 4.12).

"Veja, eu venho em breve" (Ap 22.12).

ANOTAÇÕES DE CLASSE

Antes de começarem as aulas, eu estava absolutamente convencida, de todo o coração, de que a Bíblia era a Palavra inspirada de Deus, inerrante e infalível. Mas, fora o fato de ter aprendido assim, eu não fazia ideia por que acreditava nisso. Um dia, na aula, o pastor progressista perguntou: "Quantos de vocês acreditam que a Bíblia é a Palavra de Deus?" Levantei a minha mão, juntamente com outra mulher.

"Por quê?", perguntou ele, curto e simples.

A mulher respondeu: "Porque eu posso sentir isso. É algo que soa profundamente em meu coração – é algo palpável."

A isso o pastor respondeu: "Será que a Bíblia é a autoridade final?"

"Sim, ela é a autoridade final", respondeu ela com confiança, dando um tapinha com a mão aberta na mesa à sua frente. Eu estava muito contente que ela estivesse na aula aquele dia. Ela era uma convidada, era amiga do pastor e uma palestrante para mulheres bastante conhecida. Eu fiquei entusiasmada por não ser a única a discordar dele desta vez.

Olhando pensativamente para ela, ele respondeu: "Conheci muçulmanos que dizem exatamente a mesma coisa sobre o Alcorão. Eles dizem que é algo que sentem no fundo dos seus corações. Um amigo muçulmano até utilizou a palavra 'palpável'".

Olhei para a mulher na esperança de que ela tivesse uma resposta, mas ela pareceu ficar muda com aquele contraponto. Ela apenas ficou sentada ali, em silêncio, enquanto passava aquele momento embaraçoso.

Ali, naquele momento, percebi que tinha baseado toda a minha vida em um livro, e eu não tinha nenhuma razão intelectual para explicar o porquê. Esse foi um ponto crucial de mudança. No passado, eu nunca tinha sido influenciada por argumentos contra o cristianismo, porque eu *simplesmente sabia* que a Bíblia era a verdade. Se alguém sugerisse que Jesus realmente não ressuscitou dentre os mortos, ou que os humanos evoluíram a partir dos macacos, bastava consultar a minha Bíblia e provar que estavam errados: "A Bíblia diz ... " era tudo o que eu precisava para encerrar um questionamento.

Mas agora, alguém tinha arrancado as pernas de suporte debaixo da Bíblia - e eu não tinha mais nada. Na verdade, eu não sabia por que acreditava que a Bíblia que estava em meu colo continha as mesmas palavras que foram escritas há milhares de anos atrás. Eu não sabia como a Bíblia foi compilada, canonizada, copiada e traduzida. Não sabia por que razão acreditava que os Evangelhos foram escritos por testemunhas oculares da vida de Jesus. Eu não conhecia a diferença entre mim e os muçulmanos que sentiam sobre o Alcorão exatamente a mesma coisa que eu sentia sobre a minha Bíblia. Nós estávamos ambos convencidos de que tínhamos encontrado o Deus verdadeiro. Estávamos ambos persuadidos, do fundo de nossas almas, de que o nosso livro sagrado era o livro correto. Ambos *acreditávamos plenamente* que estávamos certos. Mas *não podíamos estar ambos certos* porque a Bíblia e o Alcorão contradizem-se mutuamente em muitos pontos.

Veja, por exemplo, a questão da morte de Jesus. Lembra que no capítulo 1 mencionei que o cristianismo "está de pé ou cai" baseado na ressurreição de Jesus como sendo um evento histórico verdadeiro? O Alcorão ensina que Jesus não morreu na cruz.

Se o Alcorão tem razão e Jesus não morreu, ele não poderia ter ressuscitado, e o cristianismo seria comprovadamente falso. Mas se a Bíblia está certa e Jesus morreu na cruz e foi ressuscitado, o Islã seria comprovadamente falso. Esses são riscos elevados. Em relação a essas contradições, não há a "minha verdade", no que diz respeito aos fatos históricos. Ou Jesus morreu na cruz ou não morreu. Eu *precisava* saber por que acreditava que a Bíblia estava certa. E precisava estar disposta a abandonar essa crença, se ela não fosse verdade.

Embarquei na jornada de descobrir se a Bíblia era confiável, e comecei com o Novo Testamento. Eu precisava fazer algumas perguntas importantes, que me ajudariam a definir o que realmente importava:

A cópia que temos é fiel ao que foi originalmente escrito?
Estes registros dizem a verdade sobre Jesus, a sua vida e seus ensinos?

Se eu conseguisse chegar na raiz dessas duas questões, eu teria um bom lugar para começar. Suspeitei que houvesse uma boa razão de tantos estudiosos cristãos, pastores, teólogos e leigos confiarem no Novo Testamento durante dois mil anos; mas, agora, precisava descobrir por mim mesma.

TEMOS UMA CÓPIA EXATA?

No início, li alguns livros de apologética que apresentaram razões convincentes para a confiabilidade da Bíblia. Mas sendo eu uma pensadora crônica e, naturalmente, uma pesquisadora cética, não me limitei a ler uma análise a respeito do que os estudiosos disseram; eu queria ouvir diretamente desses estudiosos. Ainda melhor, queria ler as fontes primárias que os estudiosos estavam lendo e analisando. Nessa jornada, descobri a crítica textual, um ramo acadêmico dedicado ao estudo de textos antigos através de manuscritos existentes. Para um artista simplória como eu, que sou praticamente alérgica a palavras como *acadêmico* e *textual*, isso soou como uma busca altamente intelectual. Imaginei aqueles professores esnobes olhando por cima dos óculos e rindo dos simplórios que não sabem a diferença entre pré-lapsarianismo e pós-lapsarianismo (busque no Google). Mas, também, fez-me sentir melhor ao saber que se tratava de uma ciência de fato, com acadêmicos de fato, que tinham doutoramentos de fato, de universidades como Princeton e Cambridge. Isso não foi apenas informação inventada por algum maluco em um blogue. Isso era algo real.

Aprendi que a crítica textual é uma disciplina que não se aplica apenas à Bíblia. É o método que os estudiosos utilizam para reconstituir a redação de qualquer escrita antiga, da qual já não temos os documentos originais. Portanto, se você leu *A República* de Platão, *Ilíada* de Homero, *Retórica* de Aristóteles, ou *Romeu e Julieta* de Shakespeare, agradeça ao crítico textual.

COMO ISSO FUNCIONA?

Comecei a ler tudo sobre crítica textual que chegava às minhas mãos. Ouvi debates, palestras e cursos de seminário *online*. Aprendi com estudiosos que acreditam que a Bíblia é confiável e com aqueles que não acreditam. Li estudiosos liberais, conservadores, evangélicos, progressistas e até ateus.

Descobri que os estudiosos do Novo Testamento discordam em muitas coisas (para dizer de forma suave!). Se eu quisesse encontrar um erudito que me dissesse que a Bíblia é um material confuso e corrompido e que está cheio de contradições, eu encontraria um. Se eu quisesse encontrar um erudito que me dissesse que a Bíblia contém as próprias palavras de Deus, escritas perfeitamente e preservadas sem erros, eu também encontraria alguém. Assim, em vez de escolher um estudioso com quem eu mais concordava e *queria* que dissesse a verdade, decidi descobrir com quais fatos todos concordavam de maneira geral. (É bom lembrar, este é realmente um bom ponto de partida, se você se sentir confuso sobre o amontoado de mensagens vindas das autoridades de qualquer campo de estudo.)

Posso ter sua permissão um momento para dar uma opinião pessoal? É claro que sempre há os "extremos" entre os estudiosos de ambos os lados de qualquer assunto. Por exemplo, a maioria dos estudiosos do Novo Testamento, sejam cristãos ou ateus, concordam que Jesus existiu como uma pessoa histórica; mas isso não significa que não se possa encontrar um acadêmico aqui e ali que afirme o contrário. E não se enganem - *todos os estudiosos* têm o seu preconceito. Repitamos isto: *todos os estudiosos têm o seu preconceito*. Não deixe que um cético o convença a desprezar um estudo, que tenha sido cuidadosamente investigado e fundamentado por cristãos confessos, devido ao seu "viés pró-cristão". Os ateus estudiosos também têm preconceitos. Por exemplo, a maioria dos estudiosos ateus dirá que os eventos sobrenaturais na Bíblia, como os milagres, realmente não aconteceram. Não porque eles tenham provas que apoiem essa conclusão; mas, simplesmente, por *assumirem* que os milagres bíblicos não aconteceram, por também terem um preconceito: é o chamado preconceito contra o sobrenatural. Por isso, na minha opinião, os acadêmicos mais confiáveis são os que admitem a sua tendência, que são honestos sobre o assunto e procuram ser imparciais o máximo possível. E aqueles que não reconhecem o seu preconceito? Esses são os que serão mais influenciados por suas presunções e preferências não admitidas. Bem, deixo de lado agora minha opinião pessoal.

Assumi a tarefa de descobrir os fatos sobre os quais a maioria dos estudiosos do Novo Testamento concorda, quando se trata de crítica textual. O que parece ser indiscutível é: quantos manuscritos temos, a datação geral desses manuscritos e quais diferenças há entre eles. O que os estudiosos discordam é sobre *o que tudo isso significa*. Mas, antes de seguirmos, um pouco de história.

Antes da invenção da tipografia, a única forma de fazer cópias de livros e escritos era da moda antiga – copiar à mão. Nos tempos do Novo Testamento, os escribas copiavam meticulosamente os relatos das testemunhas oculares e as cartas que foram escritas pelos apóstolos (e, em alguns casos, daqueles que conheciam ou eram próximos dos apóstolos).

Essas cópias escritas à mão são chamadas de manuscritos. À medida que o cristianismo crescia e se espalhava em todo o Império Romano, fazer cópias adicionais dos escritos dos apóstolos tornava-se cada vez mais importante. Afinal de contas, Paulo não podia simplesmente enfrentar cerca de mil e trezentos quilômetros, de Jerusalém a Corinto, para pregar um sermão toda semana.

Quando Paulo escrevia uma carta a uma igreja da qual cuidava, ele frequentemente a encaminhava para toda a região. Por exemplo, a carta aos Gálatas é dirigida às "igrejas [plural] da Galácia" (Gl 1.2). Os estudiosos do Novo Testamento Dr. Andreas Köstenberger e o Dr. Michael Kruger observam: "É improvável que cada uma das igrejas ao redor tenha recebido a carta *original* de Paulo; sem dúvida, foram feitas cópias."[3] Em alguns casos, Paulo deu instruções à igreja local para ler a carta em voz alta e depois enviá-la para outra igreja (assumindo que seria copiada), como em Colossenses 4.16. Assim, desde o início, muitas cópias começaram a circular em todo o mundo conhecido de então.

NOVAMENTE A TORTA DE PÊSSEGO
(O QUE ESTE LIVRO TEM TANTO A VER COM PÊSSEGOS?)

Para compreender como funciona a crítica textual, vamos rever a receita da torta de pêssego da minha avó. Lembra-se da receita de cor? Não precisa voltar ao capítulo 3, mas aqui está uma dica: "uma xícara de, uma xícara de, uma xícara de (...)". Digamos que a minha avó tivesse a pior memória do mundo, por isso decidiu escrever a receita para o caso de se esquecer dos ingredientes. Então, imaginemos que eu olhei para aquela

---

[3] Köstenberger, Andreas J., e Michael J. Kruger, *The Heresy of Orthodoxy: How Contemporary Culture's Fascination with Diversity Has Reshaped Our Understanding of Early Christianity* (Wheaton, IL: Crossway, 2010), 197 [edição em português: *A Heresia da Ortodoxia: Como o Fascínio da Cultura Contemporânea Pela Diversidade Está Transformando Nossa Visão do Cristianismo Primitivo* (São Paulo: Editora Vida Nova, 2014)].

receita original e cuidadosamente fiz a minha própria cópia. As minhas três irmãs decidiram que queriam uma cópia, por isso também fiz uma para cada uma delas. Suponha que uma das minhas irmãs decidiu fazer suas próprias cópias para dar às suas filhas, a partir da cópia que eu lhes entreguei. Estas, por sua vez, também fizeram cópias para os seus próprios filhos, e assim por diante, e assim por diante. Dentro de umas poucas gerações, poderia haver dezenas a centenas de cópias manuscritas da receita da minha Nana.

Com o original estando perdido na história, junto com as naftalinas, ou seja lá o que for, como alguém poderia saber se a cópia em seu poder era a mesma que a minha avó escreveu originalmente? Se só existisse uma cópia da receita, não haveria como saber. Talvez alguém tenha cometido um erro, ou escreveu mal uma palavra, ou pior ainda, alterou intencionalmente um dos ingredientes para tentar melhorar a receita (isso é impossível, mas continue tentando). A única forma de saber se tinham uma cópia correta, seria *comparando-a com outras cópias*.

(BILHETE 1):

Torta de Pêssego da Nana
1 xc. farinha com fermento
1 xc. açúcar
1 lata de pêssegos com a calda
1 tablete de manteiga

Misture os 3 primeiros ingredientes

Corte a manteiga em fatias e espalhe por cima

Asse a 180° por 30 minutos

(BILHETE 2):

Torta de Pêssego da Nana
1 xc. farinha c/ fermento
1 xc. açúcar
1 lata de pêssegos
1 tablete de manteiga

Misture os 3 primeiros ingredientes

Corte a manteiga em fatias e espalhe por cima

Asse a 180° por 30 minutos

OUTRO EVANGELHO?

(BILHETE 3):
Torta de pêssego da Nana
1 xc. farinha c/ fer
1 xc. açúcar
1 lata de pêsseg

(BILHETE 4):
Torta de pêssego da Nana
1 tablete de manteiga
1 lata de pêssegos com calda
1 xc. farinha com fermento
1 xc. açúcar

Para fazer isso corretamente, eles devem comparar o máximo de exemplares que puderem encontrar, e geralmente é desejável ter as cópias mais antigas possíveis – as mais próximas do original.

Vejamos essas várias cópias.

Como podem ver, entre os "manuscritos" da receita da Nana, existem algumas diferenças. Parece que alguém escreveu errado a palavra manteiga no manuscrito 1. O manuscrito 2 não é muito legível, porque parece que alguém derramou café em cima dele. O manuscrito 3, parece ser um fragmento rasgado, com apenas algumas letras legíveis. O manuscrito 4 tem os ingredientes em ordem diferente. Mas, se olharmos para todos os manuscritos em conjunto, apesar das diferenças entre eles, não é muito difícil compreender o que diz a receita. Na verdade, *visto que há muitos manuscritos que são, acima de tudo, tão confiáveis*, seria de fato bastante difícil errar a receita.

AS EVIDÊNCIAS DO NOVO TESTAMENTO

Fazer a verificação do Novo Testamento não é certamente algo tão simples como comparar três palavras divergentes em menos de uma dúzia de manuscritos. A analogia da receita tem apenas a finalidade de mostrar a ideia básica de como funciona a crítica textual. Com o Novo Testamento, muitas considerações entram em jogo. Os estudiosos analisam cada manuscrito com meticulosa atenção aos detalhes, à qualidade do escriba, datas e muitos outros fatores.

Quantos manuscritos do Novo Testamento temos? De acordo com estudiosos conservadores e liberais, temos mais de cinco mil manuscritos em grego, a língua em que foram escritos.[4] Quantos anos eles têm? O manuscrito mais antigo que temos é um fragmento do Evangelho de João. É mais ou menos do tamanho de um cartão de crédito e é datado entre cinquenta a cem anos do original.[5] Não quero aborrecê-los com todos os detalhes, mas é seguro dizer que o Novo Testamento tem *mais* cópias, e as mais *antigas*, que qualquer obra da literatura clássica antiga.

É aqui que as coisas se tornam mais incertas. Entre os milhares de manuscritos que temos, há cerca de 400.000 a meio milhão de diferenças ou variantes, como os estudiosos denominam.[6] Sei que isso parece muito mas, antes de rasgar a sua Bíblia e usá-la para alimentar a fogueira, esteja certo de que a maioria dessas variantes não afetam o significado do texto. Isso é um fato sobre o qual tanto os estudiosos cristãos como os seculares concordam. Veja, por exemplo, o famoso Novo Testamento cético do estudioso Dr. Bart Ehrman, o autor da citação que abriu este capítulo. Ele

---

4 Charles B. Puskas e C. Michael Robbins, *An Introduction to the New Testament*, 2nd ed. (Eugene, OR: Cascade Books, 2011), 53.

5 Jerry Norman, "The St. John Fragment, the Earliest Known Fragment from a Papyrus Codex of the New Testament". Disponível em: http://www.historyofinformation.com/detail.php?id=1410. Acesso em: fev.2022.

6 Elijah Hixson e Peter J. Gurry, eds., *Myths and Mistakes in New Testament Textual Criticism* (Downers Grove, IL: IVP Academic, 2019), 193–94.

era um cristão evangélico que se tornou agnóstico e ateu[7] após ter descoberto, o que ele acreditava serem, erros factuais nos relatos bíblicos. Ele debate regularmente com evangélicos cristãos e tem aparecido na *CNN*, no programa *The Colbert Report* e no *Daily Show* com Jon Stewart. Ele perdeu a fé e assumiu a missão de explicar por que nós também devemos questionar as nossas crenças. Porém, até *ele mesmo* concorda que a maior parte dessas variantes são essencialmente inúteis. Ele escreve:

> A grande maioria dessas centenas de milhares de diferenças são completa e totalmente sem importância e significância, e realmente não interessam. De longe, as diferenças mais comuns mostram simplesmente que os escribas no mundo antigo não sabiam escrever melhor do que a maioria das pessoas de hoje (e os escribas não tinham recursos de verificação ortográfica!). Se realmente quisermos saber o que o apóstolo Paulo tinha a dizer sobre a importância da morte e da ressurreição de Jesus, será que nos interessaria saber como ele soletrou a palavra "ressurreição"? Provavelmente, não. Além disso, muitas outras diferenças nos manuscritos - como vemos - são fáceis de explicar e, no mínimo, não afetam o significado do que está escrito.[8]

No entanto, como Ehrman continua a salientar, uma pequena percentagem dessas variantes *de fato* afetam o seu significado, e precisamos ser honestos sobre isso e lidar com a questão. Essas são chamadas variantes *significativas* - as partes do texto que podem ou não ser autênticos aos escritos originais.

---

[7] Bart Ehrman, "Why Would I Call Myself Both an Agnostic or an Atheist?: A Blast from the Past". Disponível em: https://ehrmanblog.org/am-i-an-agnostic-or-an-atheist-a-blast-from-the-past/. Acesso em: fev.2022.

[8] Bart Ehrman, "New Testament Manuscripts: Good News and Bad News". Disponível em: https://ehrmanblog.org/new-testament-manuscripts-good-news-and-bad-news/. Acesso em: fev.2022.

A MINHA HISTÓRIA BÍBLICA
FAVORITA QUE NÃO ESTÁ NA BÍBLIA

Nunca me esqueço do dia em que fiquei inerte em pé, na minha cozinha, depois de saber que uma das minhas histórias *favoritas* na Bíblia é uma dessas variantes significativas. Eu tinha acabado de abrir a geladeira para pegar ingredientes para fazer sanduíches para as crianças, enquanto ouvia uma aula no meu computador. Congelei quando ouvi o professor dizer que João 7.53 a 8.11 - a amada história sobre Jesus salvando a vida da mulher apanhada em adultério - não estava nos primeiros e mais confiáveis manuscritos do Evangelho de João.

Parei atordoada em pé, por um momento, ao lado da geladeira aberta. Eu não estava ouvindo isso do pastor progressista. Foi algo dito pelo professor de uma aula do Novo Testamento em um seminário evangélico conservador. Mas neste caso, visto que a credibilidade da minha Bíblia era a questão, eu não tomaria como certa a palavra de ninguém, mesmo que fosse um professor do seminário com doutorado. Pesquisei e encontrei um crítico textual chamado Dan Wallace. Comecei a ouvir o seu *podcast* e encontrei um episódio intitulado *My Favorite Passage That's Not in the Bible*[9] (*Meu Texto Favorito que Não Está na Bíblia*). Ele concordava que esse relato em João, aquele em que Jesus disse as conhecidas palavras "aquele que estiver sem pecado, seja o primeiro a atirar a pedra" e "vai e não peques mais", não estava nos manuscritos mais antigos e mais aceitos do Evangelho de João. De fato, ele demonstrou que o manuscrito mais antigo a incluir essa história era do século 5, cerca de quatrocentos anos depois do original ter sido escrito[10].

Como, então, esse texto acabou constando em nossas Bíblias atuais? O texto se consolidou na Bíblia Inglesa através da Versão King James,

---

9 Daniel B. Wallace, "My Favorite Passage That's Not in the Bible". Disponível em: https://itunes.apple.com/ua/itunes-u/disputed-new-testament-passages/id446655229?mt=10. Acesso em: fev.2022.
10 Ibidem.

embora não seja encontrado em centenas de manuscritos gregos. A King James não é uma tradução ruim, mas os manuscritos utilizados não foram os mais antigos e mais aceitos. As traduções subsequentes também apresentam a passagem, embora na maioria das Bíblias modernas esteja marcada com parênteses e um aviso de ressalva. A versão NVI inclui esta nota: "[Nos manuscritos, e em muitas outras fontes de testemunhas mais antigas, não constam João 7.53 - 8.11. Apenas alguns manuscritos incluem esses versos, total ou parcialmente, depois de João 7.36, João 21.25, Lucas 21.38 ou Lucas 24.53.]"

Há acordo entre praticamente todos os estudiosos do Novo Testamento (sejam conservadores, liberais ou ateus) de que essa seção da Escritura não está no original no Evangelho de João. Eu reconheço o quanto essa revelação pode ser estonteante. Isso me abalou tanto que levei um ano inteiro para processar, raciocinar e pensar bem no assunto. O que significou isso para o restante da minha Bíblia? Ela era digna de confiança? Existiriam outras histórias nas Escrituras em que tenho confiado e acreditado, mas que também não são autênticas? É fato que Jesus nunca disse: "Vai e não peques mais?" Enquanto refletia sobre quantos sermões foram baseados nessa passagem, fiquei confortada por descobrir que, embora a maioria dos estudiosos não reconheça essa passagem como Escritura autêntica, alguns acreditam que a história realmente aconteceu. Talvez tenha sido um acontecimento verídico e transmitido através da tradição oral, que mais tarde foi acrescentado por um escriba para que não se perdesse. Não podemos ter certeza. Mas como uma estudiosa da Bíblia e comprometida com a sua autoridade, tive de lutar com isso.

Além dessa, a única seção significativamente longa que a maioria dos estudiosos acredita não ser autêntica é Marcos 16.9-20. Tal seção é chamada de "o final longo de Marcos". Esse final consta entre chaves e com notas explicativas de rodapé, na maioria das Bíblias.

Você já deve ter se deparado com outras variantes significativas em sua leitura bíblica. Por exemplo, você já notou que um versículo da tradução da sua Bíblia parece ser mais curto (ou mais longo) do que o mesmo versículo em outras traduções? Não se trata de passagens tipicamente longas ou histórias inteiras, como os dois exemplos acima. A maior parte das variantes significativas afetam apenas algumas palavras aqui e ali. Por exemplo, se você comparar Marcos 9.29 na "Standard Version" e na "Nova Versão King James", encontrará uma diferença. Nessa história, os discípulos de Jesus tentam, sem sucesso, expulsar um demônio de um jovenzinho. Quando perguntaram a Jesus por que falharam, ele respondeu "esta casta não pode sair senão por meio de oração" ou "esta casta não pode sair senão por meio de oração [e jejum]"? Qual dos dois? A oração sozinha ou a oração *e jejum*? Depende de qual tradução você usa. Há algum debate, mas muitos estudiosos concordam que "e jejum" não estava no manuscrito original. E esse fato é assinalado no rodapé da maioria das Bíblias.

Então, para que me serviu tudo isso? A informação parecia espantosa, mas aprendi que essas variantes significativas são de fato muito importantes. O fato de podermos identificá-las nos mostra *o quanto* podemos de fato *saber* que a nossa cópia do Novo Testamento é exata. E qual é a boa notícia? O nosso Novo Testamento foi copiado com um grau espantoso de precisão. Nenhuma outra obra da literatura clássica antiga chega perto disso. E aqui está o que é realmente interessante: visto que os estudiosos sabem quais são as variantes significativas, podemos ter certeza de que *nenhuma delas* muda qualquer doutrina central do cristianismo. Isso também é algo com que a maioria dos estudiosos está de acordo. De fato, o Dr. Bart Ehrman foi interrogado sobre essa mesma questão pelo Dr. Dan Wallace, em um debate sobre o Novo Testamento em 2008. Até mesmo Ehrman concordou que nenhuma dessas variantes levam a ser questionada qualquer doutrina cristã primordial.[11] Milhares de cópias de diferentes períodos de tempo e de tradições teológicas, e de várias partes do mundo, *dizem todas basicamente a mesma coisa*. Isso é uma evidência tremendamente forte de que o Novo Testamento não foi, de fato, significativamente alterado, mas foi copiado com precisão. (Isso é o que me entusiasma.)

SÓ TEMOS CÓPIAS CHEIAS DE ERROS?

Comecei este capítulo propositadamente com uma citação bastante chocante do Dr. Bart Ehrman:

> O que adianta dizer que os manuscritos (i.e., os originais) foram inspirados? Não temos os originais! Temos apenas cópias cheias de erro, e a grande maioria delas está séculos distantes dos originais e diferentes deles, evidentemente, em milhares de aspectos.[12]

Ehrman é um acadêmico altamente respeitado e que conhece o assunto; mas quero mostrar-lhe que você não precisa ser um estudioso da Bíblia para detectar o seu erro. O erudito do Novo Testamento Dr. Peter Gurry compartilhou essa citação com um grupo de cristãos para ver se alguém conseguiria reconhecer o erro nessa lógica. Ele relatou as suas descobertas no Twitter e, adivinha: não foi um pastor ou um professor de Bíblia ou um estudioso que encontrou o problema; foi um advogado - alguém treinado em argumentação lógica e na arte do pensamento crítico.[13] Como se vê, Ehrman não poderia logicamente alegar que só temos cópias cheias de erros pelo fato de que, como ele mesmo

---

11 Robert B. Stewart, *The Reliability of the New Testament: Bart D. Ehrman and Daniel B. Wallace in Dialogue* (Minneapolis: Fortress, 2011),12.
12 Bart D. Ehrman, Misquoting Jesus: The Story behind Who Changed the Bible and Why (San Francisco: HarperSanFrancisco, 2005), 7 [edição em português: *O Que Jesus Disse? O Que Jesus Não Disse? Quem Mudou a Bíblia e Por Que* (Rio de Janeiro: Editora Prestígio, 2006)].
13 Peter Gurry (@pjgurry), "Last night I showed this slide to a group of Christians". Disponível em: https://twitter.com/pjgurry/status/1104453336638447617?s=21. Acesso em: fev.2022.

admite, não possuímos os escritos originais, com os quais nossas cópias poderiam ser comparadas. Lembre-se da minha opinião pessoal sobre a questão de preconceitos? Apesar do fato de não haver provas de que o Novo Testamento tenha sido significativamente alterado (além das variantes que conhecemos), o argumento dele traz um pressuposto, motivado por seu preconceito.

Uma vez que aprendi sobre a crítica textual e como ela funciona, e também com as variantes, fiquei satisfeita com o fato de que o Novo Testamento, que estava sobre a minha mesa, refletia com precisão o que foi escrito há quase dois mil anos. Mas isso não era o suficiente. Os escritores bíblicos relataram os fatos corretamente? Na teoria, eu poderia estar lendo uma história, com um texto confiável, sobre uma religião que um grupo de homens inventou no primeiro século. Eu poderia estar segurando em minhas mãos uma cópia exata, mas de uma *mentira*.

8
ERA VERDADE APENAS PARA ELES?

Os Evangelhos diferem porque os seus escritores viveram em locais e tempos diferentes, e escreveram motivados por diferentes razões, décadas depois de Jesus ter vivido (...). Provavelmente nenhum deles foi testemunha ocular.
— **Peter Enns**, *The Bible Tells Me So (A Bíblia Assim me Diz)*

"Quem quer começar uma nova religião?" Perguntei a um agitado grupo de adolescentes na terceira semana de uma classe de apologética que duraria seis semanas. Eu estava lecionando para esse grupo de jovens. Depois de passar uma hora fingindo ser um ateu e desafiando-os a defender a sua fé, eles já estavam habituados a que eu fizesse perguntas estranhas. Uma mão se levantou, depois outra. Depois que mais duas mãos foram erguidas, convidei os quatro rapazes a se juntarem a mim no palco.

"Muito bem. Aqui estão as regras. Os quatro vão conspirar em criar uma religião novinha em folha, que vocês sabem que *não é verdadeira*. Vão tentar convencer todos os seus conhecidos a seguir e acreditar no que vocês dirão. Mas, antes de criarem essa falsa religião, quero fazer-lhes uma pergunta. Antes de tudo, por que vocês fariam isso? O que teriam a ganhar?"

Houve uma longa pausa até o primeiro rapaz levantar a mão novamente. Era óbvio que ele era um líder e estimado pelos amigos. A julgar pela roupa de ursinho panda que usava, ele era também um pouco comediante.

"Dinheiro", ele falou sem titubear.

"Está bem, ótimo. Faz sentido que alguém possa ganhar muito dinheiro ao inventar uma religião. Você poderia vender livros e negociar, tirar grandes ofertas e até receber um bom salário como ministro. Alguém mais? Por que você começaria uma religião falsa?"

"Talvez ... para ser poderoso?", sugeriu outro rapaz.

"Ah, sim. Poder! Convencer as pessoas a acreditarem em algo que você sabe que é falso poderia ser bem tentador, se isso significar que eles vão se agarrar em cada palavra que você disser e lhe seguir como um líder influente."

O terceiro rapaz levantou a mão e disse: "Para ser famoso."

"Claro que sim!", eu respondi. "Se você for bem sucedido, haverá *podcasts*, vídeos no YouTube e entrevistas no rádio e na televisão. Sem mencionar o status de celebridade nas redes sociais."

O quarto rapaz parecia perplexo, por isso sugeri uma última razão: garotas. "Imagine alguém ficando rico, poderoso e famoso; não atrairia muito a atenção do sexo oposto?"

Os quatro jovens abriram os olhos e riram um pouco, ao pensar no resultado desse último motivo. Nessa altura, todos estavam rindo e provavelmente imaginando se aqueles rapazes iriam começar a planejar depois da reunião. Mas antes de enviá-los de volta aos seus lugares para se tornarem bons líderes de uma seita, decidi arruinar o castelo que eles estavam construindo.

Pedi-lhes que imaginassem o que fariam se na verdade *não* ganhassem nenhum centavo com sua nova religião. "E, realmente, a sua nova religião além de não ser lucrativa, na verdade custará para você um bom dinheiro para divulgá-la. E não é somente isso; como seria se você nunca conquistasse o poder e a fama que buscou, mas em vez disso fosse chicoteado e posto na prisão por tentar pregar a sua mensagem? Eu imagino que vocês sabem muito bem como ficariam atraentes para as garotas, se os vissem falidos e atrás das grades!"

Embora tentassem pensar em outras razões para continuar a espalhar a sua nova religião, ficaram em silêncio um após o outro, com os semblantes descaídos. Quando encerramos essa experiência de reflexão, eles se arrastaram de volta aos seus lugares, um pouco constrangidos. Eles começaram a perceber algo que eu vim a entender após anos de estudos sobre a confiabilidade histórica dos Evangelhos: os primeiros cristãos não tinham uma motivação plausível para inventar tudo isso. De fato, eles tinham todos os motivos para negar a fé, diante da ameaça de morte e tortura. Mas não o fizeram, porque era tudo verdade.

ANOTAÇÕES DE CLASSE

Um tema consistente em nossa aula com o pastor progressista era que os primeiros cristãos representavam o cristianismo na sua fase infantil. O argumento era mais ou menos assim: não deveríamos esperar que um bebê recém-nascido já saiba tudo o que ele vai saber quando estiver plenamente crescido; nem que ele deixe o útero e já saia correndo. Primeiro, ele deve aprender a engatinhar, e depois a andar. Então, por que esperamos que as pessoas de uma religião recém-nascida tenham a mesma compreensão que eles teriam dois mil anos depois? O pastor explicou: "Agora estamos mais evoluídos. A Bíblia diz que o Espírito Santo nos conduzirá e guiará a toda verdade ... e é isso o que ele está fazendo." A implicação parecia ser que Paulo, Pedro e os outros autores do Novo Testamento representavam o cristianismo na sua forma mais primitiva. O Espírito Santo está nos conduzindo a fazer o mesmo trabalho que eles fizeram para corrigir erros de doutrinas e percepções. Para ouvirmos a Deus no tempo presente.

Isso não fez qualquer sentido para mim. Em certo aspecto, *realmente* vemos Deus revelando mais sobre si mesmo ao longo da história do mundo. Certamente, Moisés teve mais revelação sobre Deus do que Abraão. Paulo, estando do outro lado da cruz, em relação aos israelitas do Antigo Testamento, tinha uma compreensão mais profunda da expiação do que eles. Mais tarde, eu compreenderia que é a isso que os teólogos se referem como revelação progressiva. É "progressiva" no sentido de que Deus continuou revelando mais informações aos seres humanos à medida que o tempo passava. Mas isso não significa que a revelação tenha progredido do erro para a verdade. Assim, existe uma enorme diferença entre o que os teólogos historicamente têm entendido como revelação progressiva e o que os cristãos progressistas querem dizer com isso. A principal diferença é que a revelação progressiva que encontramos na Escritura nunca contradiz a si mesma, e a revelação de Deus culmina em Jesus Cristo. Como Hebreus 1.1-2 gloriosamente declara: "Havendo Deus, outrora, falado, muitas vezes e de muitas maneiras, aos pais, pelos profetas, nestes últimos dias nos falou pelo Filho, a quem constituiu herdeiro de todas as coisas, pelo qual também fez o universo."

Ou seja, Jesus é a palavra final de Deus. A revelação progressiva é como tijolos empilhados uns em cima dos outros, formando uma parede de um edifício. A teologia progressista, ao contrário, diz que nós começamos com os tijolos errados, por isso precisamos removê-los e colocar outros no lugar, ou derrubar toda a parede e reconstruí-la.

Embora seja verdade que os discípulos de Jesus representam os primeiros cristãos, eles eram também os mais próximos de Jesus. Eles o conheciam. Caminharam com ele. Aprenderam pessoalmente com Deus encarnado. Assumir que sabemos mais sobre Deus do que eles, me parece ser muito arrogante e míope.

Em certa ocasião, ao tentar articular esses pensamentos para o pastor, eu disse: "Mas o que encontramos nos Evangelhos foi escrito pelos homens que realmente conheciam Jesus ... os que caminharam com ele durante três anos."

Ele prontamente questionou: "Como você sabe que eles andaram com ele?"

"O quê? Acha que não andaram?" Perguntei sem acreditar.

"Não estou dizendo isso. Estou apenas perguntando por que *você* acredita que as pessoas que escreveram os Evangelhos foram realmente as que conheceram e caminharam com Jesus."

Eu não tinha resposta. Fiquei perplexa. Ele me disse que na próxima semana aprenderíamos sobre "autoria problemática". Nunca tinha ouvido essa frase antes, mas já temia pela próxima aula.

Como se eu já não tivesse pedras mais do que suficientes no meu sapato, a pergunta "Por que você acredita que os autores dos Evangelhos foram os que caminharam com Jesus?" me deixou com uma pulga atrás da orelha. *"Por que acredito nisso?"* O meu monólogo interior começou a arrazoar. *"Certamente há uma boa razão para os cristãos terem acreditado nisso durante dois mil anos. Não creio que somos a primeira geração a fazer essa pergunta."*

Uma vez convencida de que a minha Bíblia era fiel aos manuscritos originais, continuei a minha busca. Agora eu estava determinada a descobrir se o Novo Testamento que estava em meu colo era um relato exato do que realmente aconteceu no primeiro século, ou se era simplesmente uma cópia exata de uma mentira. Essa não era uma pergunta que os críticos textuais pudessem me responder. Agora eu precisava dos historiadores e dos eruditos bíblicos. Eu havia aprendido que, em qualquer trabalho de história, existem certos elementos que os historiadores procuram para ajudar a determinar se o trabalho descreve eventos reais ou histórias fictícias. Aprendi que o Novo Testamento contém uma abundância desses elementos, ao ponto de levar a professora ateísta inglesa Holly Ordway a mudar de opinião sobre o cristianismo. O que ela antes acreditava que não fosse nada mais do que uma curiosidade supersticiosa, ela veio a compreender que era história real. Ela escreve:

> Voltei a ler as narrativas do evangelho, tentando acolher o que eles disseram (...) Reconheci que eram narrativas históricas. Tenho estado imersa em folclore, fantasias, lendas e mitos desde que eu era criança; estudei esses gêneros literários como adulta; conheço a sua cadência, o seu sabor, o seu ritmo. Nenhuma dessas impressões digitais estilísticas apareceram nos livros do Novo Testamento que eu li.[1]

OS ESCRITORES DOS EVANGELHOS FORAM TESTEMUNHAS OCULARES?

Alguns estudiosos cristãos datam os Evangelhos de antes da queda de Jerusalém, em 70 d.C., um pouco antes de outros estudiosos seculares. Mas o que todos eles concordam em geral é que foram escritos até ao final do primeiro século. Até mesmo Bart Ehrman salienta que a maioria dos historiadores datam os livros de Mateus, Marcos, Lucas e João entre 65 e 95 d.C.[2] Conforme observa o estudioso do Novo Testamento Peter J. Williams, "no entanto, os principais estudiosos que não acreditam que Jesus era o Messias datam os Evangelhos dentro do espaço de tempo em que se pudesse confiar na memória".[3]

---

[1] Holly Ordway, *Not God's Type: An Atheist Academic Lays Down Her Arms* (San Francisco: Ignatius Press, 2014), 122.

[2] Bart Ehrman, *The New Testament: A Historical Introduction to the Early Christian Writings* (Oxford: Oxford University Press, 1997), 40–41.

[3] Peter J. Williams, *Can We Trust the Gospels?* (Wheaton, IL: Crossway, 2018), 49. [NT: tradução disponível em https://www.youtube.com/watch?v=3CwbNACDCRQ (acesso em fev.2022)].

A datação sugere não só que os Evangelhos foram escritos por pessoas que viveram no tempo de Jesus mas, também, que os livros foram escritos com precisão acurada quanto aos detalhes históricos. No seu livro *Can We Trust the Gospels?*, Williams salienta que os quatro escritores dos Evangelhos mostraram conhecimento da geografia local, até mesmo de lugares que eram bem desconhecidos. A forma como usaram os nomes das pessoas está plenamente de acordo com a pesquisas acadêmicas atuais, sobre a popularidade e utilização dos nomes naquele tempo e local. (Curiosamente, os Evangelhos não canônicos não se aproximam desse tipo de precisão.)[4] O Novo Testamento mostra um entendimento correto de termos botânicos, normas financeiras, línguas locais e costumes. Lembre-se, aquele foi um tempo na história em que você não podia simplesmente procurar esse tipo de informação no Google. Era preciso estar lá - ou pelo menos conhecer alguém que tivesse estado lá. Esses detalhes certamente não provam que os escritores estavam dizendo a verdade sobre Jesus; mas, certamente, ajudam a deixar de lado a ideia de que se tratavam de pessoas aleatórias tentando juntar as peças do que tinha acontecido a partir de alguma outra localização geográfica, décadas depois. Esses pormenores apontam para os escritores terem sido testemunhas oculares ou informados por testemunhas oculares.

BEM, ISSO É EMBARAÇOSO

Se há uma coisa que tenho certeza sobre a natureza humana, é que tendemos a pintar a nós mesmos sob o melhor foco possível. Quer uma prova? Clique no Instagram. Cada vez que abro o *feed* do Instagram, meus sentidos ficam impactados pela perfeição de pequenas famílias de mãos dadas, em praias perfeitas, tomando café *lattes* artisticamente preparado, cultivando tomates maravilhosos em suas hortas manipuladas com muito

---

[4] Peter J. Williams, "Can We Trust the Gospels?", palestra na Second Baptist Church. Disponível em: https://www.youtube.com/watch?v=wi2_VNz_pKw. Acesso em: fev.2022.

capricho, ou desfrutando de um belo e impecável sorvete, com suas crianças bem comportadas. Olhar um mundo de celebridades fazendo "*selfies* espontâneas", em toda a sua glória de perfeição, provoca o meu monólogo interior a gracejar sarcasticamente: *que coragem!*

Mas não estou me queixando. Prefiro ver uma foto instantânea da consulta de alguém no pedicure do que assistir a uma reprise da briga que tiveram com o marido naquela manhã (#mantenhaoinstagramfeliz). Mas o Instagram não é um retrato fiel da vida - é um destaque de melhores momentos. Nós, humanos, não temos como evitar isso. Sempre queremos dar destaque ao melhor lado do que somos.

Ao contrário, um dos traços de uma testemunha ocular autêntica, que os historiadores procuram nos escritos antigos, é o chamado "critério do constrangimento". Isso significa, basicamente, que uma das formas como podemos julgar se alguém estava dizendo a verdade é ver se não deixaram de fora detalhes embaraçosos sobre si mesmos ou de sua história. Nesse sentido, os Evangelhos são incrivelmente embaraçosos.

Pense nos rapazes cuja história eu contei no início deste capítulo. Se eles fossem inventar uma religião, porventura iriam retratar a si próprios como covardes estúpidos, os quais parecem nunca compreenderem o que seu guru espiritual lhes fala? Certamente que não. Mas aqui estão algumas formas em que os escritores do Novo Testamento fazem exatamente isso:

- Os discípulos de Jesus parecem nunca "compreender" o que Jesus está falando (Mc 9.32; Lc 18.34; Jo 12.16);
- Adormecem três vezes quando Jesus os exorta a orar (Mc 14.32-41);
- Eles são repreendidos por Jesus (Mc 8.33);
- Os apóstolos discordam duramente uns dos outros (Gl 2.11);
- Os discípulos fogem e escondem-se como covardes quando Jesus é detido (Mc 14.50-52);

- Eles negam Jesus quando lhes perguntam se o conhecem (Mt 26.33-35, 69-75);
- Tanto os líderes judeus como os discípulos de Jesus constantemente duvidam dele (Mt 12.39-41; 17.9, 22-23; 28.16-17; Mc 16.14; Jo 2.18-22).

Os escritores dos Evangelhos também não tiveram medo de quebrar o convencional, e até de se exporem ao ridículo, confiando na palavra das mulheres como evidência de um dos maiores milagres da história:

- Todos os quatro Evangelhos registram que as mulheres foram as primeiras testemunhas da ressurreição de Jesus. Isso é embaraçoso, porque naquele tempo o testemunho das mulheres não era admissível nem mesmo no tribunal[5] (Mt 28; Mc16; Lc 24; Jo 20).

Os escritores dos Evangelhos também incluíram muitos ditos exigentes de Jesus e detalhes difíceis da sua vida. Lembre-se de quando Jesus disse a todos que teriam de comer o seu corpo e beber do seu sangue? Eu teria deixado isso de fora, se estivesse tentando fazer com que a minha nova religião apelasse às massas. Os escritores dos Evangelhos registram Jesus chamando a outros de "inimigos" (Mt 5.44), "gentios" (Mte 5.47, NVI), "hipócritas" (Mt 6.2), "ladrões" (Mt 6.20), "cães" e "porcos" (Mt 7.6), "falsos profetas" (Mt 7.15), "geração perversa e adúltera" (Mt 12.39, NVI), "guias de cegos" (Mt 15.14), "impuros" (Mt 15.18), "tolos" (Mt 23.17), "sepulcros caiados" (Mt 23.27), "serpentes" e "raça de víboras" (Mt 23:33), "malditos" (Mt 25.41) - e isso é apenas no Evangelho de Mateus.

---

[5] Josefo foi um conhecido historiador Judeu do primeiro século, que escreveu: "Mas, que não se admita o testemunho de mulheres, devido à leviandade e ousadia do seu sexo, nem sejam admitidos escravos para dar testemunho, por causa da insignificância de sua alma; pois é provável que eles não falem a verdade, seja por causa da esperança de ganhar algo com isso ou pelo medo da punição" (Josephus, *Antiquities of the Jews*, 4.8.15). [edição em português: *Obras Completas de Flávio Josefo*, (Vila Velha: Editora Acervo Cultural, 1961)].

OUTRO EVANGELHO?

Se eu estivesse querendo disseminar o meu novo sistema de crenças ao maior número de pessoas possível, eu não incluiria o fato de que a própria família de Jesus o chamou de louco (Mc 3.20-21) ou que outros o chamaram de "bêbado" (Mt 11.19) e de "endemoninhado e enlouquecido" (Jo 10.20, NVI). Para um público majoritariamente judeu, eu certamente não teria o personagem central da minha nova religião sendo crucificado, principalmente quando o meu próprio Livro Sagrado diz que quem for crucificado é maldito (Dt 21.23). Seria como dizer: "Ei, adorem este sujeito... ele é amaldiçoado!" A verdade é que simplesmente não se acrescentariam esses detalhes, se eles não fossem verdadeiros.

Se o evangelho fosse fabricado por um bando de judeus, a tendência seria a de simplificar, unificar, clarificar e embelezar as palavras de Jesus, para tornar o cristianismo muito mais amplo, mais fácil e mais agradável. Mas não o fizeram, porque não é amplo, fácil nem agradável. É incrivelmente difícil. É descrito como um caminho estreito, o qual poucas pessoas encontram (Mt 7.13-14).

Na minha busca para descobrir se as reivindicações históricas do cristianismo são verdadeiras, era importante fazer uma distinção. Antes de avaliar se eu achava que a Bíblia é inerrante e inspirada, eu precisava saber se o *Evangelho* era verdadeiro. E para isso, eu precisava simplesmente de uma testemunha ocular de confiança.

ANOTAÇÕES DE CLASSE

Eu havia renovado minha confiança ao descobrir que os Evangelhos retratavam fielmente o mundo do primeiro século no Médio Oriente, e que não evitaram revelar detalhes embaraçosos sobre a vida de Jesus e de seus seguidores. Essas duas coisas sugeriam que são relatos dignos de confiança. Entretanto, eu ainda tinha mais uma pergunta me incomodando: por que encontramos tantos detalhes diferentes nos relatos dos Evangelhos? Seria pelo fato dos escritores não serem historicamente quem a

Era verdade apenas para eles?

igreja acreditava que fossem? Seriam eles apenas um grupo de pessoas aleatórias, que viveram décadas depois da vida de Jesus e escreveram de diferentes lugares e por diferentes razões? Se fossem, como escreveram com tal precisão? Considerando o que eu já tinha descoberto, isso me pareceu muito improvável. Mas, primeiro, por que existiam diferenças?

Certo dia na aula, o pastor progressista nos conduziu a algumas dessas supostas contradições. "Havia dois jumentos envolvidos na entrada triunfal de Jesus em Jerusalém, como Mateus relata, ou havia somente um, como Marcos, Lucas e João registraram?", perguntou ele. "Na ressurreição de Jesus, havia um anjo, como Mateus e Marcos mencionam, ou dois, como Lucas e João descrevem?" Ele observou que muitas vezes os cristãos leem um Evangelho inteiro e, ao chegarem no próximo, não tendem a notar as diferenças nas mesmas histórias, porque não estão lendo as histórias lado a lado. Ele perguntou se alguém já os havia lido dessa forma, e eu levantei a minha mão para indicar que sim.

"O que você fez com as diferenças?", perguntou ele.

"Bem, suponho que não reparei em muitas", eu disse, "mas as que eu vi não me incomodaram. Em relação ao número de jumentos, imaginei que Mateus estava em um ângulo diferente de João, ou que ele não sentia necessidade de mencionar o segundo. Não é como se ele tivesse dito que havia apenas um.", improvisei.

As questões em torno da exatidão bíblica têm tanto encantado os céticos quanto perturbado os cristãos durante anos. De fato, tanta consideração intelectual tem sido dada ao tema que milhares de páginas de tratados acadêmicos foram compilados em tomos para os curiosos folhearem. Em última análise, as chamadas "contradições" podem ser resolvidas; mas, há uma questão maior por baixo desses questionamentos: podemos confiar no testemunho dos quatro Evangelhos?

Essa é uma questão que não causou grandes problemas a J. Warner Wallace. Como detetive de homicídios, ele é um especialista em saber quando alguém está dizendo a verdade. O seu trabalho exige que ele tenha certos conhecimentos na área de testemunhas oculares. Em seu livro *Cold Case Christianity*, ele relata sobre quando foi chamado para uma cena de crime na qual as quatro testemunhas oculares estavam sentadas juntas na traseira de um carro da polícia, esperando que ele chegasse ao local. Ele escreveu que isso quase arruinou o caso. Por quê? Porque quando as testemunhas oculares tem a oportunidade de falar entre si, de comparar notas e partilhar observações, inevitavelmente harmonizarão as suas histórias. Esse é um sinal muito claro de que detalhes essenciais para resolver o caso serão provavelmente deixados de fora ou suavizados.

Wallace afirma que, quando as testemunhas oculares são separadas umas das outras, "é muito mais provável que fornecerão um relato puro e sem influências daquilo que viram"[6]. Ele escreve que *espera* realmente que as testemunhas autênticas sejam diferentes umas das outras, porque cada testemunha ocular tem uma perspectiva única, diferente visão de mundo e experiência de vida. É por isso que, quando investigou um assalto a uma pequena mercearia, ele foi capaz de resolver o caso, apesar das duas testemunhas oculares serem significativamente diferentes, quanto aos detalhes chave.

Uma delas era uma mulher de trinta e oito anos que era *designer* de interiores. Ela relatou que o assaltante estava usando uma camisa Pólo da Izod, e não fez qualquer menção sobre ele ter uma arma. A outra testemunha ocular era um encanador solteiro de vinte e três anos de idade. Ele disse que o assaltante tinha uma pistola Ruger P95 de 9mm e devia estar usando uma camiseta. Eles ofereceram ainda outros detalhes diferentes, pelo que Wallace se perguntou se eles estavam descrevendo dois crimes totalmente distintos. Acontece que a mulher estava de pé atrás do ladrão

---

[6] J. Warner Wallace, *Cold-Case Christianity: A Homicide Detective Investigates the Claims of the Gospels* (Colorado Springs: David C. Cook, 2013), 75. (NT: versão traduzida para português disponível em: https://coldcasechristianity.com/videos/videos-em-portugues/o-detetive-ateu-que-desafiou-a-biblia-video/; acesso em fev.2022).

e não viu a arma. Ela notou a sua camisa pólo porque, como *designer*, ela foi treinada a reparar nesses detalhes; além disso, ela tinha acabado de comprar uma camisa semelhante para o seu marido. O homem (que era menos ligado à moda) estava em frente ao assaltante. Por causa do seu ponto de vista, ele viu a arma e reconheceu-a imediatamente como uma Ruger P95, porque o seu pai possuía uma idêntica.

Depois de juntar os fatos do que realmente aconteceu, Wallace anotou o seguinte:

> Cada caso que lido é como este; as testemunhas raramente concordam em todos os pormenores. Na verdade, quando duas pessoas concordam completamente em todos os detalhes do relato, fico inclinado a acreditar que elas contaminaram as observações uma da outra, ou estão trabalhando em comum acordo para me enganar. É esperado que testemunhas oculares verdadeiras e confiáveis discordem ao longo do caminho.[7]

É por isso que quando, como ateu convicto, Wallace leu os relatos dos Evangelhos, ele não ficou incomodado com as diferenças. De fato, se ele ficou perturbado com alguma coisa, foi por ter encontrado nas páginas de Mateus, Marcos, Lucas e João as características de testemunhas oculares autênticas, as quais como detetive ele foi treinado a reconhecer. Essa foi uma das peças de evidência que mais tarde o levariam à fé em Cristo.

Ele chegou à mesma conclusão que eu. Os escritores dos Evangelhos foram testemunhas oculares de confiança dos acontecimentos da vida de Jesus. No entanto, cada um escreveu de uma perspectiva diferente e com um público diferente em mente. Veja Mateus, por exemplo. Ele estava escrevendo o seu Evangelho a um público judeu

---

[7] J. Warner Wallace, Cold-Case Christianity: A Homicide Detective Investigates the Claims of the Gospels (Colorado Springs: David C. Cook, 2013), 79.

e, naturalmente, incluiu detalhes relevantes para a profecia do Antigo Testamento, sobre Jesus como o Messias dos judeus.[8] É por isso que pode ter sido importante que ele mencionasse o segundo jumento na entrada triunfal. Uma profecia de Zacarias 9.9 nos diz que o Messias entraria em Jerusalém "montado em um jumento, um jumentinho, cria de jumenta". Um jumentinho é um macho jovem, que é ainda dependente da sua mãe, razão pela qual Mateus registra os dois animais sendo encontrados juntos. Esse foi um detalhe importante para Mateus, para demonstrar como Jesus cumpriu a profecia judaica.

Marcos, por outro lado, estava escrevendo para a audiência romana mais ampla. Ele não tinha a tendência de incluir detalhes que eram especificamente judeus, porque o seu público não acharia essa informação necessária. Lucas era um historiador impecável, que entrevistou as testemunhas oculares para compilar "um relato ordenado" para os instruídos e eruditos do mundo Gentio (Lc 1.1-4). Marcos e Lucas não precisavam incluir o fato de que a segunda jumenta (a mãe) estivesse presente, porque isso nada significaria para o seu público.

João, escrevendo um pouco mais tarde, parecia mais preocupado com as implicações teológicas dos acontecimentos da vida de Jesus do que com a cronologia ou detalhes históricos. Na realidade, por volta de 200 d.C., Clemente de Alexandria escreveu: "Mas João, por último, percebendo que os fatores externos tinham sido explicitados no Evangelho, sendo instado pelos amigos e inspirado pelo Espírito, compôs um Evangelho espiritual."[9] O Evangelho de João diz simplesmente: "E Jesus, tendo conseguido um jumentinho, montou-o." João esperava que o leitor estivesse familiarizado com as narrativas de Mateus, Marcos e

---

8 Para um levantamento mais abrangente, ver William S. Stob, *The Four Gospels: A Guide to Their Historical Background, Characteristic Differences, and Timeless Significance* (Greenville, SC: Ambassador International, 2007), loc. 6749.

9 The Church Fathers. *The Complete Ante-Nicene & Nicene and Post-Nicene Church Fathers Collection*, 3 Series, 37 Volumes, 65 Authors, 1,000 Books, 18,000 Chapters, 16 Million Words, loc. 450142–43.

Lucas, por isso comprimiu os detalhes o máximo possível, para ir direto ao significado teológico desse evento.

Agora, a pergunta que sei estar ardendo na mente dos leitores: afinal, quantos jumentos eram? Nem Marcos, nem Lucas, nem João afirmam que havia apenas um jumento. Para simplificar, havia dois; e Mateus foi o único a registrar o segundo.[10] Certamente que essa é apenas uma das muitas diferenças, mas a ofereci para mostrar quanto trabalho precisa ser feito na busca de compreender, verdadeiramente, um livro que foi escrito em uma cultura, era e lugar inteiramente estranho para a maioria de nós.

Quando fui confrontada com esses conflitos, eu poderia simplesmente ter dito: "Mateus diz que são dois jumentos, e Marcos diz que era um. É tudo mentira. Estou fora!" Eu poderia ter desistido. Em vez disso, como uma pessoa esfomeada em um deserto, consumi livro após livro, e palestra após palestra. Eu estava faminta pela verdade, e o único meio que sempre busquei para encontrar a verdade foi o de fazer uma averiguação profundamente detalhada do assunto. O resultado final era que eu precisava descobrir a verdade - fosse ela qual fosse. Mas procurar e pesquisar exige um trabalho árduo. Já ouvi dizer que um pouco de conhecimento fará de você um ateu, mas muito conhecimento fará de você um cristão. Descobri que isso é verdade. Inúmeros volumes já foram escritos sobre a confiabilidade do Novo Testamento. Se o cético continuar a ler, a pesquisar e a escavar, a verdade virá à tona.

É preciso trabalho; e se aquele que duvida for faminto, fará o trabalho necessário.

---

10 Norman Geisler e Thomas Howe, *Manual Popular de Dúvidas, Enigmas e Contradições da Bíblia* (São Paulo: Editora Mundo Cristão, 1992).

"PERGUNTE-ME QUALQUER COISA"

"Pergunte-me o que quiser. Posso ver que você está um pouco ansiosa sobre o que temos aprendido nas aulas.", disse-me o pastor progressista.

Naquela tarde em particular, não estava certa nem da razão que me levou a pegar no telefone e ligar para ele. Parte de mim esperava que eu terminasse nossa conversa dizendo-lhe: "Obrigado pelo convite, mas esta classe não é para mim."

Naquela altura, o processo estava ainda no início, de forma que eu não teria causado um alvoroço por deixar o grupo calmamente, como um estudante universitário deixa uma turma nas primeiras semanas do semestre. Não teria sido grande coisa.

Mas, como ele havia nos alertado em uma das primeiras reuniões, eu tinha agora lido e ouvido coisas que nunca mais eu deixaria de saber. E, sendo alguém com uma natureza que busca a verdade, para mim seria praticamente impossível deixar todas essas perguntas no ar. Além disso, eu tinha lido uma declaração preocupante sobre a divindade de Jesus, em um dos livros que estávamos lendo. Depois de comentar esse assunto, eu divaguei sobre não estar na mesma página com os demais na aula, e indaguei por que estávamos lendo aquele livro. Ele interrompeu: "Só quero que você saiba que, se estiver se sentindo desconfortável com algo, basta me perguntar. Prometo responder honestamente a qualquer pergunta. Se há uma coisa que eu sei, é que o evangelho resiste a qualquer escrutínio. Não há o que temer."

Isso me tranquilizou de imediato. "*Está vendo? Ele realmente acredita no evangelho. Talvez esteja apenas tentando nos forçar um pouco, para que no final saiamos ainda mais fortalecidos em nossas convicções.*" - pensei comigo mesma.

Ele estava certo. Eu estava rodeando muito. Eu precisava ser mais objetiva sobre o que eu realmente queria saber.

Reuni alguma coragem e disse: "Você acredita que a Bíblia é divinamente inspirada? Acredita no inferno?"

"Sim. Acredito que a Bíblia é divinamente inspirada, e acredito no inferno. Não creio que Hitler tenha acordado no céu, logo após sua morte. Definitivamente, sim para ambas as perguntas."

"Ótimo", eu disse sorrindo e com alívio. "Penso que isso é o suficiente para eu saber no momento. Obrigada."

Não faço ideia por que essas duas perguntas específicas surgiram em minha mente naquela hora. Talvez tenha sido porque não se pode realmente ter uma discussão racional sobre a divindade de Jesus, a menos que se acredite que a Bíblia é a Palavra de Deus. E talvez porque nada disso teria importância, se o inferno não existisse. Se todos irão para o céu, de que serve ter qualquer conversa sobre pontos teológicos mais delicados? Basta viver e deixar os outros viverem. No final, tudo vai dar certo!

Mas o meu alívio durou pouco, porque as palavras importam. Palavras como "inferno", "divino", e "inspirado" podem significar coisas diferentes para diferentes pessoas. Mais tarde fiquei sabendo que, aquilo que ele entendia, quando usamos essas mesmas palavras, estava completamente em desacordo com o meu entendimento. E quando isso se trata da maneira como falamos sobre a Bíblia, logo descobriria o quanto é verdadeira a afirmação de que o diabo trabalha nos detalhes.

9
PROBLEMAS DE AUTORIDADE

*A igreja continuará sendo ainda mais irrelevante, ao citar
cartas de 2000 anos atrás como a sua melhor defesa.*
— **Rob Bell**

Eu podia prever com bastante precisão o que iria sentir ao entrar na aula em qualquer daqueles dias. Eu parava no estacionamento, ensaiava meus argumentos, saía do meu carro e dava a mim mesma uma palavra de encorajamento. O meu monólogo interior era algo parecido com isto: *"Muito bem, Childers. Seja forte. Fale a verdade. Você sabe que o que ele está ensinando é errado, e durante toda a semana você orou e refletiu, para apresentar os seus argumentos. Você já chegou neste ponto. Não desista!"* Com a confiança em alta, eu entrava na sala de aula, via meus colegas de turma e, instantaneamente, o meu ânimo arrefecia. Cada uma das chamas de coragem se extinguia quando meu monólogo interior, que tinha sido incrivelmente útil momentos antes, de repente recuava e começava a resmungar: *"Olha só para eles."*

"São tão amáveis e simpáticos. Eles estão apenas tentando entender as coisas. O pastor está apenas procurando solucionar as questões. Deixa de ser tão julgadora. Provavelmente é você que está errada."

Então, em poucos minutos, eu perceberia que qualquer resposta que eu desse, em relação às perguntas da aula anterior, seria totalmente irrelevante, porque todos já estavam se movendo em direção à nova e brilhante controvérsia cética do dia.

De repente, eu entendi! Para o pastor e meus colegas de turma, as perguntas eram mais importantes do que as respostas. Realmente não parecia que alguém estivesse interessado em pesquisar os fatos ou chegar a conclusões. Eles demonstravam estar mais animados em saber qual seria o próximo questionamento; e quanto mais controverso, melhor. Sendo eu, então, uma pessoa direcionada a buscar a verdade, isso era para mim como um inferno pessoal feito sob encomenda.

Normalmente, me sentia como se estivesse em uma gangorra emocional durante as aulas; mas, em uma das últimas sessões dais quais participei, eu me senti um pouco mais forte. Eu sabia que não duraria muito, mas eu estava me sentindo determinada. O pastor progressista fez uma pergunta ao grupo sobre a Bíblia: "Vocês acham que esses escritores foram realmente inspirados por Deus, ou estavam apenas escrevendo da melhor forma que sabiam?"

Recordando a minha conversa com ele sobre se a Escritura foi inspirada por Deus, eu o interrompi: "Espera um minuto. O senhor mesmo me disse que acreditava que a Bíblia é divinamente inspirada. Pode explicar o que está nos perguntando?" (Uma lição de vida que aprendi nesta classe é que algumas perguntas são, na verdade, apenas afirmações disfarçadas de perguntas.)

Ele arregalou os olhos e ficou em silêncio. Olhando para baixo, para o tampo da mesa branca dobrável onde ele se assentava, permaneceu em silêncio enquanto outros faziam alguns comentários. Após algum tempo, ele olhou para cima e disse: "Há alguns minutos fiz uma pergunta, e quero esclarecer. Quando digo que a Bíblia é 'divinamente inspirada', eu quero dizer que é inspirada no mesmo nível como algo escrito por A.W. Tozer ou C.S. Lewis ... ou talvez um dos meus sermões no domingo. É inspirada, mas talvez não no sentido que essa palavra é tipicamente utilizada."

Não pude acreditar no que estava ouvindo. Ele sabia exatamente o que eu tinha perguntado quando indaguei sobre esse assunto meses antes. Ele tinha redefinido a palavra (sem me avisar) e deu-me a resposta que achava que eu queria ouvir. Mas eu não queria ter ouvido uma resposta qualquer; eu queria a verdade.

COMO OS PROGRESSISTAS VEEM A BÍBLIA?

Não se engane. Tal como os cristãos históricos, os progressistas acham as Escrituras convincentes. A diferença é que, em vez de ver a Palavra como autoridade de Deus para as pessoas, eles veem a Bíblia como uma biblioteca antiquada de livros, os quais podemos examinar como relíquias antigas. Na opinião deles, a Bíblia representa as melhores tentativas dos nossos antepassados espirituais de compreender a Deus em suas próprias culturas, utilizando o conhecimento que possuíam naquele tempo. Pelo fato dos homens terem agora uma visão mais elevada e mais sábia de Deus, os progressistas acreditam que agora podemos ler a Bíblia do modo que deve ser lida - não como a palavra de autoridade de Deus, mas como o diário das jornadas espirituais dos nossos antecessores.

O estudioso bíblico e influente líder progressista Peter Enns escreve substancialmente partindo desse ponto de vista. No seu livro *The Bible Tells Me So: Why Defending Scripture Has Made Us Unable to Read It* (*A Bíblia assim me diz: Por que defender as Escrituras nos tornou incapazes de lê-la*), Enns fala sobre como começou a prestar mais atenção na Bíblia após graduar-se em um colégio cristão e se sentir humilhado ao testemunhar um debate entre dois amigos: um "ateu inteligente" e um "cristão inteligente". Percebendo que ele não havia ainda pensado mais intelectualmente sobre essa "questão de Jesus",[1] Enns define esse debate como um ponto crucial para ele. Ele passou, então, a ler a Bíblia toda várias vezes, juntamente com livros sobre teologia, história da igreja e filosofia. Depois de se formar no seminário em estudos do Antigo Testamento, prosseguiu para Harvard, onde recebeu doutoramento em Línguas do Oriente Próximo e Civilizações. Enns não é um ignorante bíblico.

Depois de ler os eruditos liberais modernos e de se convencer de que simplesmente não conseguia fazer a Bíblia "comportar-se", ele chegou em um ponto decisivo durante uma palestra de um rabino judeu. O professor estava tentando dar sentido à cena ocorrida no deserto, na ocasião em que Moisés feriu a rocha e a água jorrou. Isso aconteceu por duas vezes, com um intervalo de quarenta anos, durante a caminhada dos israelitas no deserto, levando o leitor a ficar em suspenso e perguntar como conseguiram água entre o intervalo das duas vezes em que a rocha foi ferida. O rabino explicou que alguns dos judeus estudiosos antigos imaginavam que a rocha deve ter simplesmente seguido os israelitas ao redor do deserto, como uma espécie de "bebedouro ambulante"[2]. Para Enns, isso soou um pouco fora de questão; mas ele não ficou incomodado com isso, porque refletia a ideia dos judeus, e não dos cristãos. Mas, então, o rabino pediu que a classe abrisse em 1 Coríntios 10.4, onde o apóstolo Paulo parecia estar de acordo.

Enns escreve:

> Em 1 Coríntios 10.4, o apóstolo Paulo menciona – como se isso não fosse nada de especial, e todos estivessem de acordo - a mesma ideia de uma rocha seguindo os israelitas ao redor do deserto e fornecendo água. Ele escreve: "E beberam da mesma fonte espiritual; porque

---

[1] Peter Enns, *The Bible Tells Me So: Why Defending Scripture Has Made Us Unable to Read It* (San Francisco: HarperOne, 2014), 11–12.

[2] Peter Enns, *The Bible Tells Me So: Why Defending Scripture Has Made Us Unable to Read It* (San Francisco: HarperOne, 2014), 17.

bebiam de uma *pedra espiritual que os seguia*. E a pedra era Cristo."
E não apenas havia uma rocha acompanhando Moisés, mas a rocha,
diz Paulo, era Jesus (...). Senti como se estivesse vendo ruir toda a
minha compreensão da Bíblia, como um castelo de areia. Lá está
ela em um momento, familiar e com aspecto estável, e no minuto
seguinte desaba, mediante um vento forte.[3]

Agora que o rabino tinha ousado se aventurar no próprio quintal de Enns (o Novo Testamento), o seu ponto de vista sobre a Bíblia foi profundamente abalado. Enns ficou perturbado com o fato de, ao comentar uma passagem do Antigo Testamento, Paulo não parecer ter seguido a regra gramatical histórica de interpretação bíblica que Enns havia aprendido no seminário. Se Paulo foi inspirado por Deus a escrever a Escritura, por que sairia do texto e acrescentaria uma estranha lenda judaica no seu comentário?

Mas Enns não menciona a frase que precede diretamente a que ele cita: "Todos eles comeram de um só manjar espiritual e beberam da mesma fonte espiritual" (1 Co 10.3-4). Fonte *espiritual*. Paulo não está dizendo que uma rocha física e literal seguiu os israelitas, mas sim que a rocha *simbolizava* Jesus e que deu a eles água e alimento espiritual.

No entanto, Enns descreve o fato como "a palha que partiu as costas do camelo"[4]. Ele concluiu que, em vez de falar em favor de Deus, as palavras que os escritores bíblicos usaram para descrever sobre a natureza, ações e decretos de Deus podem ter sido apenas as suas próprias opiniões sinceras, baseadas no mundo em que viveram. Como um célebre estudioso do movimento progressista e alguém que Rachel Held Evans descreveu como um "mentor"[5], a influência de Enns sobre o pensamento progressista a respeito da Bíblia não pode ser subestimada.

---

3   Ibidem.
4   Ibidem.
5   Rachel Held Evans, *Inspired: Slaying Giants, Walking on Water, and Loving the Bible Again* (Nashville: Thomas Nelson, 2018), xx.

LIMITADO

Peter Enns escreve que "a Bíblia - de capa a capa - é a história de Deus contada do ponto de vista limitado de pessoas reais, que viveram em um determinado lugar e em uma determinada época". A sua abordagem sobre a leitura da Bíblia é melhor resumida em suas próprias palavras:

> A Bíblia é um livro antigo e nós não devemos ficar surpresos ao vê-lo agir como tal. Assim, ver Deus retratado como um guerreiro tribal e violento não significa ver Deus como ele é, mas apenas como ele era entendido pelos antigos Israelitas que comungavam com Deus no seu tempo e lugar.[6]

O pioneiro cristão progressista Brian McLaren expõe desta maneira:

> Em qualquer época, os seres humanos não conseguem fazer melhor do que dar o seu melhor quanto a comunicar sobre Deus tal como eles o entendem, e (...) a Escritura revela fielmente a evolução das melhores tentativas dos nossos antepassados, para comunicar os seus melhores e sucessivos entendimentos sobre Deus. À medida que a capacidade humana cresce, em direção de conceber uma visão mais elevada e mais sábia de Deus, cada nova visão é fielmente preservada na Escritura, como fósseis sedimentados em camadas.[7]

O pastor progressista e teólogo Brian Zahnd escreve:

> O Antigo Testamento é o relato inspirado da história de Israel, o qual vem a conhecer o seu Deus. É um processo. Deus não evolui, mas a

---

[6] Peter Enns, The Bible Tells Me So: Why Defending Scripture Has Made Us Unable to Read It (San Francisco: HarperOne, 2014), 231.

[7] Brian McLaren, *A New Kind of Christianity* (San Francisco: Harper One, 2010), 103.

compreensão de Israel a respeito de Deus, obviamente sim. Parece óbvio que devemos aceitar que, como Israel estava no processo de receber a revelação de Yahweh, algumas suposições foram inevitáveis. Uma das suposições era que Yahweh partilhava dos atributos violentos de outras divindades adoradas no antigo Oriente Próximo. Tais pressupostos eram inevitáveis, mas eles estavam errados.[8]

O frade franciscano e progressista Richard Rohr escreve:

> As Escrituras Judaicas, que estão cheias de relatos sobre o destino, fracasso, pecado e graça, quase não oferecem conclusões filosóficas ou teológicas óbvias de que esses contos são sempre verdadeiros. Até mesmo temos quatro versões, muitas vezes versões contraditórias, sobre a vida de Jesus, em Mateus, Marcos, Lucas e João. Não existe uma teologia clara de Deus, Jesus, ou sobre a história apresentada, apesar da nossa tentativa de fingir que existe.[9]

De acordo com a sabedoria progressista, os profetas, que os cristãos sempre acreditaram ter falado em nome de Deus, não falaram realmente por ele. Eles simplesmente fizeram o seu melhor para comunicar o que acreditavam a respeito de Deus, nos tempos e lugares em que viveram. Assim, lembra-se de quando Deus disse a Moisés para expulsar os cananeus da terra prometida, destruí-los, esmagar os seus altares e queimar os seus ídolos (Dt 7.1-6)? De acordo com interpretações progressistas, isso não era necessariamente Deus. Provavelmente, foi apenas Moisés falando o que *ele pensava* que Deus estava dizendo. Lembra-se daquela vez em que Deus disse a Ezequiel para deitar-se de lado, durante 430 dias (Ez 4.4-8)? Provavelmente não era Deus. E

---

8 Brian Zahnd, *Sinners in the Hands of a Loving God* (New York: Crown Publishing, 2017), 30.
9 Richard Rohr, *Falling Upward* (San Francisco: Jossey-Bass, 2011), 62–63.

quando Deus supostamente disse a Isaías para andar por aí nu e descalço durante três anos (Is 20.1-6)? Isso foi, provavelmente, apenas o que Isaías *pensava* que Deus queria que ele fizesse.

Mas a leitura da Bíblia dessa forma traz à tona uma série de perguntas. Se os profetas tomaram erroneamente a palavra de Deus, como podemos saber quais partes da Bíblia são realmente sua Palavra? Se os profetas se enganaram com a palavra de Deus, na melhor das hipóteses eles eram ignorantes – e na pior das hipóteses, eram mentirosos e fraudulentos. Não é preciso ser um estudioso bíblico para reconhecer como essa forma de pensar mina irremediavelmente os conceitos de inspiração bíblica e sua autoridade. Não é preciso ser um teólogo experiente para ver como isso coloca a Bíblia sob a autoridade do leitor, em vez do leitor ficar sob a autoridade da Palavra de Deus.

SUBJETIVIDADE

No livro *What Is the Bible?* (*O que é a Bíblia?*), Rob Bell dedica um capítulo inteiro à questão da autoridade bíblica. Ele argumenta que quando os cristãos falam de "autoridade", eles estão realmente apenas a atribuindo a alguém que lhes tenha dito o que a Bíblia diz e significa. Em outras palavras, não estamos realmente atribuindo autoridade à Bíblia, mas aos seus intérpretes. Ele escreve:

> Eles foram ensinados por seus pastores ou por seus pais, ou alguma figura de autoridade, a submeterem-se à autoridade da Bíblia, mas *isso é impossível de se fazer sem que primeiro se submeta a quem esteja decidindo o que a Bíblia está dizendo*. O problema, certamente, é que as pessoas que mais falam sobre a autoridade da Bíblia são também, ao que parece, as que mais falam sobre coisas como

verdade objetiva e absoluta, a verdade que existe *independente das realidades relacionais*.[10]

Ele tem razão em uma coisa: as pessoas que creem na autoridade bíblica enfatizam a verdade absoluta - a verdade que existe independente das realidades relacionais. Lembra-se do bacon? (Acho que sou uma dessas "pessoas".) A nossa *percepção* de como o bacon irá impactar o nosso corpo pode ser afetada pelo que os especialistas (e alguns não especialistas) nos falam sobre o assunto; mas a verdade irá se transformar em realidade - apesar daquilo em que possamos sinceramente acreditar ou não. Nosso objetivo deve ser o de corrigir percepções e crenças erradas que possam ter sido transmitidas por outros. Da mesma forma, um bom estudante da Bíblia procurará compreender o que a Bíblia está dizendo e buscará interpretá-la corretamente, mesmo que vá contra as suas "realidades relacionais".

Por outro lado, Rob Bell tem seu ponto de argumentação. Mesmo o cristão mais conservador reconhece que há uma certa "realidade relacional" na crença da inspiração e autoridade das Escrituras. Temos uma longa história eclesiástica que geralmente está em concordância com as crenças sobre a Bíblia. Eu, como alguém que procura conhecer a fundo o cristianismo histórico, concordo que essas crenças têm algum peso. Embora os crentes tenham argumentado ferrenhamente sobre interpretações bíblicas durante toda a história da igreja, em uma coisa os cristãos históricos estão de acordo: A Bíblia - *a Bíblia inteira* - é a Palavra de Deus, inspirada por Deus e com autoridade sobre nossas vidas. Nós cremos nisso devido à boa filosofia, lógica e argumentos que demonstram que é esse o caso. Mas há, também, uma realidade relacional que não pode ser ignorada ou subestimada: a testemunha histórica.

---

10   Rob Bell, What Is the Bible? (San Francisco: HarperOne, 2017), 271. [N.T.: ver também o artigo "Já vimos isto antes: Rob Bell e o ressurgimento da Teologia Liberal. Disponível em: https://ministeriofiel.com.br/artigos/ja-vimos-isto-antes-rob-bell-e-o-ressurgimento-da-teologia-liberal/.   Acesso em: fev.2022].

OUTRO EVANGELHO?

Quando primeiramente considerei o argumento de Bell, pensei: *"Espera um minuto! A visão de Bell não é moldada também por realidades relacionais?"* Em outras palavras, ele e as outras vozes progressistas citadas neste capítulo, não são todos influenciados por diferentes vozes da cultura ao redefinirem o que é a Bíblia e que autoridade detém sobre suas vidas?

Um exemplo perfeito do enfraquecimento do conceito da inspiração bíblica e sua autoridade é visto no livro da ministra progressista luterana Nadia Bolz-Weber: *Shameless - A Sexual Reformation* (*Sem Qualquer Vergonha - Uma Reforma Sexual*). Bolz-Weber argumenta que a visão de sexualidade e gênero que os cristãos mantêm há dois mil anos precisa de uma séria revisão. Ela acredita que ensinar os jovens a esperar para ter sexo até se casarem pode prejudicar e reprimir o seu florescimento sexual. Além de defender o relacionamento entre pessoas do mesmo sexo, o gênero não-conformista, aborto, e mesmo o consumo moderado de pornografia, Bolz-Weber não está apenas sugerindo que façamos algumas emendas à nossa ética sexual cristã. Ela escreve: "Estou dizendo para mandarmos tudo isso à m**** e começar de novo."[11]

O seu livro não é primariamente sobre a Bíblia; mas, para ensinar essa nova visão da sexualidade, ela precisa redefinir a autoridade bíblica e como a Bíblia deve ser lida e interpretada. Bolz-Weber conta a história de uma das suas paroquianas, uma lésbica que afirma ter encontrado a cura sexual na cabana de um retiro em Lakota. Ela ficou em pé diante da lareira e rasgou oito páginas da sua Bíblia - as que mencionam diretamente a homossexualidade. Uma a uma, ela atirou as páginas nas chamas, libertando-se de suas ordenanças e do ambiente rígido da igreja onde ela cresceu. Depois, ela arrancou os

---

11 Nadia Bolz-Weber, *Shameless: A Sexual Reformation* (Crown Publishing Group, 2019), 13.

quatro Evangelhos, segurou-os perto do coração, e lançou o restante da Bíblia ao fogo. Bolz-Weber esclareceu:

> Há quem diga que é "perigoso" pensar que podemos decidir por nós mesmos o que é sagrado na Bíblia e o que não é. Rejeito essa ideia, e eis o porquê: Os Evangelhos são o cânone dentro do cânone. O ponto de equilíbrio é a história de Jesus - o Evangelho. Quanto mais um texto bíblico se aproxima dessa história, ou ao coração da mensagem dessa história, tanto mais autoridade tem. Quanto mais distante estiver, menor será a sua autoridade.[12]

Esta declaração revela que Bolz-Weber não crê que toda a Bíblia seja a autoridade ou inspirada por igual. Se certas partes são mais "sagradas" do que outras, isso deixa o leitor em posição de decidir quais partes quer obedecer e quais partes pode jogar fora.

Richard Rohr assevera de forma ainda mais clara, quando explica o que ele chama de "hermenêutica de Jesus":

> Basta interpretar as Escrituras da mesma forma que Jesus o fez! Ele ignora, nega, ou opõe-se abertamente às suas próprias escrituras, sempre que são imperialistas, punitivas, excludentes ou tribalistas.[13]

Como você logo descobrirá, discordo que Jesus alguma vez tenha ignorado ou se oposto à Escritura. Além disso, se tratarmos a Escritura dessa forma tornamos o leitor efetivamente o padrão de autoridade do que é a verdade. Tendo uma Bíblia reescrita à nossa própria imagem, já não iremos obedecer a Deus; em vez disso, estaremos seguindo os nossos próprios pensamentos, sentimentos e preferências.

---

12 Nadia Bolz-Weber, *Shameless: A Sexual Reformation* (Crown Publishing Group, 2019), 72.
13 Richard Rohr, *The Divine Dance* (New Kensington, PA: Whitaker House, 2016), loc. 2827–28.

OUTRO EVANGELHO?

Portanto, suponho que a questão seja esta: para qual realidade relacional nós recorreremos quando decidirmos o nosso ponto de vista? Seria para os nossos próprios corações entenebrecidos, que seguem a cultura que nos rodeia? Ou, em vez disso, devemos aprender com aqueles que viviam perto de Jesus - ou talvez aprender com o próprio Jesus?

QUAL ERA A VISÃO DE JESUS SOBRE AS ESCRITURAS?

Quando ouvi falar dessas novas formas de ler e compreender a Bíblia (pelo menos para mim era novidade), Rob Bell acertou no alvo em relação a mim. Eu acreditava que a Escritura era a autoridade porque foi isso que me ensinaram a crer. É o que aprendi nas escolas cristãs particulares onde estudei, nas igrejas evangélicas que frequentei, e com meus pais que criam na Bíblia. Essas foram as relações que moldaram a minha realidade. Mas quando comecei a estudar esse assunto por mim mesma, não era o suficiente estar confiante de que a Bíblia que estava no meu colo era a mesma que foi originalmente escrita - ou até mesmo que os escritores disseram a verdade. Ainda que essas duas questões tenham passado no teste (e espero que os dois últimos capítulos tenham demonstrado que sim), eu precisava responder a pergunta crucial: a *Bíblia é a Palavra de Deus?*

Quando me perguntei isso, percebi que não há maneira de provar cientificamente que a Bíblia é a Palavra de Deus. Mesmo que o próprio Deus aparecesse no céu e declarasse "a Bíblia é a minha Palavra", ainda haveriam céticos que dariam alguma explicação. Além disso, 1 Coríntios 2.14 diz: "Ora, o homem natural não aceita as coisas do Espírito de Deus e não pode entendê-las." Se isso é verdade, então é de se esperar que muitas pessoas neguem que a Bíblia é a Palavra de Deus. Então, onde ficamos? Será esta fé nada mais do que um salto no escuro, ou apenas algum tipo de sentimento que tenho no meu coração? Eu afirmo que não, e aqui está a razão.

Se a Bíblia é confiável, tanto por seu texto como pelas testemunhas oculares, então tenho boas razões para confiar no que ela diz *sobre Jesus*. Tenho boas razões para acreditar que os registros do que Jesus disse e ensinou são exatos. E, segundo os quatro Evangelhos, Jesus tem muito a nos dizer sobre as Escrituras. No conhecido Sermão do Monte, Jesus ensinou que não veio para revogar a Lei e os Profetas, mas veio para cumprir (Mt 5.17). A "Lei e os Profetas" judaicos contêm os mesmos livros a que chamamos de Antigo Testamento. Mais tarde, no Evangelho de Mateus, Jesus repreende os fariseus, chamando-os de raça de víboras. Depois de prever que eles iriam perseguir, açoitar, e mesmo matar alguns daqueles que Jesus enviaria, ele pronuncia este julgamento:

> "Para que sobre vós recaia todo o sangue justo derramado sobre a terra, desde o sangue do justo Abel até ao sangue de Zacarias, filho de Baraquias, a quem matastes entre o santuário e o altar. Em verdade vos digo que todas estas coisas hão de vir sobre a presente geração" (Mt 23.35-36).

Embora a Lei Judaica e os Profetas contenham os mesmos livros do nosso Antigo Testamento, estão colocados em uma ordem diferente. Nas Escrituras Judaicas, Abel foi morto no primeiro livro, Gênesis; e Zacarias foi morto no último, Crônicas. Assim, ao selar o destino dos fariseus, *Jesus estava também afirmando todo o Antigo Testamento como Escritura*.

AUTORIDADE

Quando eu estava no início dos meus vinte anos, tentei jejuar durante sete dias inteiros. Sete dias. O primeiro dia foi fácil, mas depois de sentir uma leveza na cabeça no segundo dia, arrazoei se ainda contaria caso eu transformasse aquele em um "jejum com líquidos". Assim, bebi um pouco de suco de cenoura. No terceiro dia a minha determinação começou a se tornar instável, por isso adicionei um pouco de proteína em pó. No quarto dia, eu estava praticamente colocando refeições inteiras no liquidificador, para que assim a qualificasse como "líquida". O meu jejum de sete dias foi um grande fracasso.

Não consigo imaginar como foi para Jesus passar quarenta dias no deserto poeirento e rochoso; sem encontrar mais ninguém ali, a não ser talvez algum criminoso ou alguma fera faminta. Na hora em que o diabo apareceu, Jesus não havia comido por quarenta dias, e estava faminto. "Se és Filho de Deus, manda que estas pedras se transformem em pães.", zombou o inimigo. O diabo sabia que Jesus era o Filho de Deus. Na verdade, Colossenses 1.16 nos diz que todos as coisas foram feitas por ele e para ele. Imagine a ironia de um ser criado dizer ao seu Criador: "Se és Filho de Deus, manda que estas pedras se transformem em pães."

Como o Criador do Universo, Jesus poderia ter chamado uma legião de anjos ao seu lado para expulsar dali o diabo. Ele poderia simplesmente acenar a mão e afugentar o diabo. Mas não foi assim que Jesus escolheu lutar. Jesus lutou usando a *autoridade* das Escrituras. Citando Deuteronômio 8.3, Jesus disse: "Está escrito: Não só de pão viverá o homem, mas de toda palavra que procede da boca de Deus." O diabo o tentou mais duas vezes, e cada vez que aconteceu Jesus respondeu dizendo: "Está escrito (...)."

O que me impressiona nesse diálogo é que o diabo responde citando a Escritura a Jesus! Depois de levar Jesus para o topo do Templo em Jerusalém, o diabo sugeriu que ele saltasse. "Está escrito", disse Satanás citando o Salmo 91, "aos seus anjos dará ordens a teu respeito," e "eles te sustentarão nas suas mãos, para não tropeçares nalguma pedra". Imagine isso. O diabo citou corretamente a Escritura, mas *distorceu o seu significado*. Isso não foi uma batalha apenas *sobre o que estava* escrito; foi uma batalha de *interpretação*. Mas Jesus não caiu na artimanha. Em vez de se envolver em um longo debate sobre hermenêutica, Jesus respondeu mais uma vez: "Está escrito". O erudito bíblico, Andrew Wilson, comenta essa passagem:

Ele [Jesus] tem os recursos do céu disponíveis, mas ele luta usando a autoridade das Escrituras (...). A sua posição é inequívoca: "Estás me tentando, mas as Escrituras têm falado. Esse é o fim da conversa.[14]

INSPIRADO

Um dia, Jesus estava ensinando uma grande multidão no pátio do Templo, onde alguns fariseus estavam reunidos. Em uma brilhante conversa, Jesus apelou à *inspiração* da Escritura para ajudá-los a compreender que o Messias é mais do que apenas um descendente de Davi. Ele disse: "Como, pois, Davi, *pelo Espírito*, chama-lhe (o Messias) Senhor?"[15] É daí que obtemos a definição de inspiração divina - do próprio Jesus.

A compreensão histórica da palavra *inspiração*, tal como ela se aplica à Escritura é que Deus literalmente "expirou" a sua Palavra através de homens. Certamente, podemos ver as suas personalidades, culturas e estilos de escrita refletidos (eles não eram máquinas de escrever), mas Deus usou-os como instrumentos para colocar em suas páginas as suas palavras. Assim, não é que *os próprios* escritores eram inspirados, mas as palavras que escreveram na Bíblia foram inspiradas. 2 Timoteo 3.16-17 diz: "Toda a Escritura é inspirada por Deus e útil para o ensino, para a repreensão, para a correção, para a educação na justiça, a fim de que o homem de Deus seja perfeito e perfeitamente habilitado para toda boa obra." A frase "inspirada por Deus" vem de uma única palavra grega que sugere que a Escritura é o próprio sopro de Deus. Dr. Michael Kruger escreve: "Isso sugere a mais alta e absoluta autoridade da Escritura, a autoridade da voz divina."[16]

---

14 Andrew Wilson, *Unbreakable: What the Son of God Said about the Word of God* (La Grange, KY: 10Publishing, 2015), loc. 142–43.
15 Mateus 22.43, ênfase acrescentada.
16 Michael J. Kruger, "Is the Church over the Bible or Is the Bible over the Church?". Disponível em: https://www.michaeljkruger.com/there-is-no-bible-in-the-bible-really/. Acesso em: fev.2022.

OUTRO EVANGELHO?

Como Kruger salienta, a autoridade e a inspiração das Escrituras estão intimamente ligadas. Sempre que Jesus disse "está escrito", ele não apelava apenas à autoridade, mas também à inspiração. No seu livro *Cristo e a Bíblia*, o teólogo e erudito bíblico John Wenham escreveu: "Fica claro (...) que Jesus compreendia que 'está escrito' é equivalente a 'Deus diz.'"[17] De fato, Jesus e os apóstolos citam o Antigo Testamento utilizando a expressão "está escrito" (ou o equivalente) dezenas de vezes no Novo Testamento. Em outras palavras, o que Deus diz, está dito. Se a Bíblia é a Palavra inspirada de Deus, o que Jesus certamente parecia acreditar, ela tem autoridade para corrigir o nosso pensamento e também nosso comportamento – nessa ordem, e não o contrário.

A PALAVRA DE DEUS

Porém, não precisamos depender de declarações como "está escrito" e "falar pelo Espírito" para discernirmos o que Jesus pensava sobre a Escritura. Repetidas vezes, ele declarou *explicitamente* que ela é a própria *Palavra de Deus*. Quando os fariseus procuravam enredá-lo, em Mateus 15, como resposta ele se referiu a vários mandamentos de Êxodo, Levítico e Deuteronômio, dizendo: "Porque Deus ordenou (...)" (Mt 15.4). Note que ele não disse "a Escritura ordena", ou "o nosso Livro Sagrado diz", ou ainda "os vossos escribas escreveram". Não. O que ele disse foi: "Deus ordenou." Posteriormente, em Mateus 22.31, ele citou Êxodo 3.6, dizendo: "Não tendes lido *o que Deus vos declarou* (...)?" (ênfase acrescentada). Em Marcos 7.8-13, ele criticou os fariseus por deixarem "o mandamento de Deus" e acrescentarem as suas próprias tradições na Escritura. Disse-lhes que estavam "invalidando *a Palavra de Deus* pela [vossa] tradição" (ênfase acrescentada).

---

17 John Wenham, *Christ and the Bible*, 3rd ed. (Eugene, OR: Wipf & Stock, 2009), 28.

É evidente que Jesus não viu a Escritura como simplesmente um produto cultural humano - *ele a viu como autoridade de Deus e sua Palavra inspirada.*

Mas, e quanto aos livros do Novo Testamento? É claro que, quando Jesus citou a Escritura, o Novo Testamento ainda não tinha sido escrito. Mas Jesus fez duas poderosas declarações aos seus discípulos, quando estavam reunidos pouco antes da sua crucificação:

> "Isto vos tenho dito, estando ainda convosco; mas o Consolador, o Espírito Santo, a quem o Pai enviará em meu nome, esse vos ensinará todas as coisas e vos fará lembrar de tudo o que vos tenho dito" (Jo 14.25-26).

E:

> "Tenho ainda muito que vos dizer, mas vós não o podeis suportar agora; quando vier, porém, o Espírito da verdade, ele vos guiará a toda a verdade; porque não falará por si mesmo, mas dirá tudo o que tiver ouvido e vos anunciará as coisas que hão de vir" (Jo 16.12-13).

Com essas declarações, Jesus estava prevendo e prometendo que o Espírito Santo falaria através dos seus apóstolos, para dar a revelação final de Deus ao ser humano - o nosso Novo Testamento. Desde que os Evangelhos e as cartas de Paulo foram escritos, os cristãos os reconheceram como sendo a Escritura, com a mesma autoridade e inspiração divina que o Antigo Testamento.[18]

---

18 Ver Michael J. Kruger, "The Question of Canon: Challenging the Status Quo" em *The New Testament Church* (Downers Grove, IL: IVP, 2013).

ANOTAÇÕES DE CLASSE

"Só não compreendo por que tantos cristãos adoram a Bíblia. É como se eles pensassem que é a quarta pessoa da Trindade ou algo parecido. Para mim, isso parece ser bibliolatria." Um dia, alguém fez esse comentário na aula.

Fiquei muito confusa. *Será que as pessoas pensam realmente que, se você acreditar que a Bíblia tem autoridade, isso significa que você a adora?* Eu levantei o meu dedo indicador para assinalar que eu tinha algo a dizer. "Se acreditarmos que a Bíblia é a Palavra de Deus e fizermos o que ela diz, então isso não é bibliolatria; isso chama-se obediência", disse eu. "Quero dizer ... a Bíblia não morreu na cruz pelos meus pecados. Jesus o fez. Mas a Bíblia é onde eu obtenho as informações sobre Jesus. Eles andam de mãos dadas."

Tive grande dificuldade para entender por que as pessoas equiparam crer na autoridade bíblica com adoração de ídolos. Só anos mais tarde comecei a perceber que os progressistas não somente compraram o conceito errado de que os cristãos adoram a Bíblia, mas também criticam os cristãos que veem a Bíblia como um livro de regras. Peter Enns parece sugerir que os cristãos tendem a deixar seus cérebros de lado ao ler a Bíblia, aceitando-a como um "dossiê jurídico perfeito, sereno e isento de problemas".[19] Nunca conheci pessoalmente um cristão que a descrevesse dessa forma, nem me deparei com livros acadêmicos que caracterizam as Escrituras em termos tão simplistas. Pelo contrário, tenho encontrado milhares de páginas com artigos que se aprofundam em assuntos como coerência, dificuldades bíblicas e conceitos errados comuns sobre a Bíblia, tais como vê-la na sua totalidade como um documento jurídico.

---

19 Pete Enns, "I Love You, Bible ... Just Not That Way". Disponível em: https://peteenns.com/i-love-the-bible/. Acesso em: fev.2022.

Mesmo assim, Brian McLaren chama isso de "abordagem constitucional"[20]. Diz ele:

> Como advogados, procuramos precedentes nos casos de interpretação passados, por vezes favorecendo as interpretações antigas como precedentes, por vezes afirmando que precedentes recentes tornaram os mais antigos obsoletos. Procuramos fazer a distinção entre "espírito" e "letra", e argumentar a "intenção dos autores", raramente questionando se a passagem em questão teve realmente a intenção dos autores e editores originais de que fossem uma lei vinculativa eterna e universal.[21]

Ele argumenta que a leitura da Bíblia dessa forma torna possível justificar quase tudo. Para provar o seu ponto de vista, ele faz a pergunta "Como devemos tratar os nossos inimigos?", e volta a atenção do leitor para alguns versos do Novo Testamento que dizem que devemos amar os nossos inimigos, fazer-lhes o bem e nunca buscar a vingança. A seguir ele, aponta para alguns versículos do Antigo Testamento que, segundo ele sugere, nos dizem para lançarmos alegremente os filhos de nossos inimigos contra as rochas, odiá-los e destruí-los completamente. Então, qual dos dois observar?

Ele apresenta vários métodos diferentes com os quais os estudiosos cristãos costumavam lidar com essa tensão. Sem oferecer quaisquer referências para apoiar os seus argumentos, ele escreve:

> Alguns dizem que a "primeira menção" é a principal. Outros dizem que última menção prevalece sobre a primeira. Alguns dizem que o Antigo Testamento é válido, a menos quando o Novo Testamento

---

20 Brian McLaren, *A New Kind of Christianity* (San Francisco: HarperOne, 2010), 80.
21 Brian McLaren, *A New Kind of Christianity* (San Francisco: HarperOne, 2010), 78.

se sobrepõe ao Antigo Testamento. Outros dizem: trata-se de um *novo* Testamento, por isso não depende do antigo, mas o substitui. Alguns dizem que a Bíblia permite tudo o que não proíbe, e outros dizem que ela proíbe tudo o que não permite. Alguns dizem, "a Escritura se interpreta com a Escritura", mas nunca deixam claro qual Escritura se sobrepõe à outra.[22]

Passei anos lendo acadêmicos de todos os tipos e nunca encontrei *sequer um deles* que tenha sugerido uma dessas soluções propostas (pelo menos, não da mesma forma que McLaren sugere). Podem tratar-se de erros interpretativos comuns, cometidos por cristãos bem intencionados; mas não creio que um seminário de reconhecimento ensinaria hermenêutica dessa forma hoje. É verdade que os estudiosos encorajam os leitores da Bíblia a permitirem que a Escritura interprete a própria Escritura, mas isso não significa que você decide qual "sobrepuja o outro".

De fato, o que foi ensinado de forma repetitiva (e até mesmo irritante), em cada aula do seminário que participei, é que temos de nos aproximar da Bíblia com uma boa gramática, reconhecendo as expressões culturais, figuras de linguagem e gênero. Aprendemos também a reconhecer passagens "descritivas" *versus* passagens "prescritivas". Em outras palavras, a Bíblia não aprova tudo o que diz, e nem tudo o que diz é uma ordem a ser seguida por todos. Para entender a diferença, devemos ver quem escreveu o livro, para quem ele o escreveu e como o público original o compreendeu, para que, somente então, possamos descobrir o que o autor pretendia comunicar.

Por exemplo, quando McLaren faz uma ampla varredura sobre como a Bíblia nos diz para nos comportarmos em relação aos nossos inimigos, ele parte do fato de Deus ter ordenado a Israel que "destruísse

---
22 McLaren, A New Kind of Christianity, 79.

totalmente" os cananeus, em circunstâncias muito especiais. Israel era o povo escolhido de Deus, e eles tinham um pacto singular com ele que mais ninguém tinha. Deus lhes entregou certas leis e rituais, incluindo vários sacrifícios oferecidos no Tabernáculo e mais tarde no Templo; assim como as leis cerimoniais, leis de purificação, orientações sobre vestimentas e leis alimentares, que diziam respeito só a eles. Além disso, o *antigo pacto foi entendido como sendo temporário*. Nunca pretendeu ser vinculativo a todas as pessoas, ao longo de todo o tempo. Jeremias 31 e Ezequiel 36 anseiam por um *novo pacto* que substituiria o antigo. Assim, a sua ordem para "totalmente destruir" os Cananeus foi um evento único. Se há ainda qualquer confusão, Deus deixou bem clara *a razão* pela qual deu essa ordem. Moisés registrou: "Porque, pela maldade destas gerações, é que o Senhor as lança de diante de ti" (Dt 9.4). Claramente, esse foi um ato específico de julgamento sobre uma nação maligna, e não um comando universal sobre como tratar os nossos inimigos.

TODOS TEMOS DE DECIDIR

G.K. Chesterton escreveu: "Estou plenamente convencido de que o objetivo de abrir a mente, assim como o de abrir a boca, é o de tornar a fechá-las novamente com algo sólido."[23] Depois de suportar quatro longos meses no meu grupo de discussão, eu sabia que precisava tomar uma decisão. *Será que mantenho a minha mente aberta como um cesto de lixo, para receber perguntas intermináveis e ataques céticos, ou fecho-a com algo sólido?* Já era hora de fechá-la novamente – com respostas sólidas. Eu já tinha perguntas mais do que suficientes para pesquisar, alegações para refutar ou verificar, e opiniões para classificar. E naquela altura, a minha fé estava quase naufragada.

---

23 G. K. Chesterton, The Autobiography of G. K. Chesterton (San Francisco: Ignatius Press, 2006), 217 [edição em português: *G.K.Chesterton- Autobiografia* (Campinas: Editora Eccleasiae, 2012)].

OUTRO EVANGELHO?

A última aula da qual participei foi uma em que os cônjuges foram convidados, por isso o meu marido juntou-se a mim. O tema era a homossexualidade. Naquele tempo não havia muitos que se diziam evangélicos e que defendiam relações entre pessoas do mesmo sexo; mas estavam começando a acontecer discussões em todo o país, nas salas de aula das igrejas e nos fóruns *online* das comunidades. Conforme a nossa discussão prosseguiu, alguns confessaram que tiveram uma mudança de opinião.

"Foi pelo Espírito Santo", afirmou uma senhora, explicando a razão da mudança de sua visão cristã histórica sobre a sexualidade para uma sexualidade mais progressista.

"Fiz alguns amigos gays", relatou outro.

Em certo ponto, o pastor disse: "Bem, é claro para mim que a Bíblia condena a homossexualidade. Por isso, cada um precisa decidir: Quanto de autoridade este livro vai exercer sobre sua vida?"

Não se enganem. Isso não era uma pergunta. Isso foi uma negação ousada da autoridade bíblica. E pra mim bastou. Não foi só por causa da opinião do pastor sobre a homossexualidade. Não foi nem mesmo por causa da visão dele sobre o nascimento virginal ou da historicidade do Antigo Testamento. Se não era para dependermos das Escrituras para determinar os nossos pontos de vista sobre todas as coisas, desde a salvação à sexualidade, então não tínhamos uma base em comum.

No entanto, ele estava certo em relação a uma coisa. Em anos passados, assumia-se que se a pessoa se chamasse de cristão era porque acreditava na autoridade bíblica. Mas, agora, conforme o cristianismo progressista tem infiltrado e infectado a igreja verdadeira, todos temos de decidir: quanta autoridade esse livro tem sobre nossas vidas? Para anunciar a nossa compreensão sobre a Bíblia, podemos optar por seguir a mentalidade de uma cultura sem Deus ou podemos optar por seguir a Jesus.

Eu escolho Jesus.

10
O INFERNO NA TERRA?

*Uma das coisas mais interessantes que as pessoas
me dizem é: "Não sou religioso nem nada, só espero que ser
uma boa pessoa seja suficiente." A isso eu sempre digo ... "o
suficiente para quê?"... para evitar a punição de ser queimado
nos fogos eternos de algum tipo de inferno imaginário?*
— **Nadia Bolz-Weber**

"Todos nesta classe têm pelo menos sete anos de idade. Sabia que *sete* é a idade da responsabilidade? Isso significa que se aos sete anos de idade você não tiver recebido Jesus como teu Senhor e Salvador pessoal, estará para sempre destinado a arder no inferno enquanto os vermes comem lentamente a sua carne por toda a eternidade."

Desejaria que essa fosse a única coisa que a minha professora da segunda série houvesse dito sobre o inferno. Mas não. Ela não só nos lembrava disso frequentemente como, na aula de Bíblia em nossa escola primária cristã, ela foi mais fundo. Sentou-se em um banco em frente ao abecedário de papelão e um calendário com desenhos de lagartas, com as mãos serenamente dobradas sobre o colo. Com uma voz calma, mas rígida, ela mergulhou no fundo interminável do assunto do inferno e não se conteve. Falando devagar e com um presságio sinistro, ela nos pediu para fechar os nossos olhos e imaginar os vermes ... imaginar a lenta e dolorosa tortura que aguardam aqueles que não convidaram Jesus para entrar no seu coração. Imagine o horror de mendigar pela doce libertação da morte que nunca viria dar um basta no tormento. *"Isso é para sempre, crianças, e para sempre quer dizer que nunca acaba. Para sempre. Sempre. Ouviu que eu mencionei que é para sempre?"*

Naquele ano, os meus dias consistiam em aprender matemática, inglês e pensar no tormento eterno consciente. As minhas tardes incluíam correr atrás dos meus sonhos olímpicos no centro de ginástica, e minhas noites eu gastava fazendo de tudo para evitar ataques de pânico e fazer as tarefas.

Por volta dessa mesma época, comecei a aprender sobre o Arrebatamento. Isso era para ser uma "boa notícia"; mas para uma criança de oito anos de idade, que vivia quase que em constantes crises existenciais, a ideia de Jesus transportar, de repente, os seus seguidores para o céu soou quase tão aterrorizador como hordas de insaciáveis vermes zumbis à espera de se banquetearem no meu rosto. Ah, sim, o céu também é para sempre. Depois de alguém ter comparado o céu com "um culto eterno", eu não conseguia decidir qual parecia pior: o fogo eterno ou ficar cantando para sempre.

Comecei a perceber que o meu principal receio não eram simplesmente os conceitos de céu e inferno. *Era a eternidade*. Eu estava absolutamente aterrorizada de pensar em viver para sempre - não importava para onde eu fosse. Tentar envolver a minha mente pré-adolescente em uma linha temporal que nunca acaba – ou, pior ainda, a linha temporal de Deus, que *nunca teve um começo* - foi muito pesado para mim, em meio ao processo de desenvolver o lóbulo frontal e processar as informações.

Com o passar dos anos, esse medo e esse pânico tornaram-se o meu novo normal.

Ao colocar a cabeça no travesseiro à noite, eu imaginava cenários criativos para me distrair e não pensar no inferno e na eternidade. Sendo uma criança criativa e com uma imaginação ativa, aprendi desde cedo a usar essa minha disposição para escapar das considerações assustadoras que minha mente muitas vezes impunha à minha consciência. Algumas noites, eu era uma ginasta vencedora do ouro olímpico, correndo ao redor da arena, sorrindo e acenando, antes de saltar nos braços firmes e suaves do meu treinador paternal. (Bem, me dê um desconto; estávamos nos anos oitenta e Mary Lou Retton era adorável.) Em outras noites, eu era alguém interessante e fora do padrão, como a corajosa Punky Brewster (*A Levada da Breca*) ou uma futura - mas ainda não descoberta - integrante do A-Team (*Esquadrão Classe A*).

Não importa a fantasia que eu empregava; por vezes, não era o suficiente para evitar o pânico que se aproximava. Pensamentos sobre a eternidade lentamente se materializavam, como uma corrente elétrica, partindo da ponta dos pés e subindo até a cabeça. Tudo isso era acompanhado por suor instantâneo, ritmo cardíaco acelerado e arrepios que inundavam cada poro; eu fechava bem os olhos e saltava da cama com uma adrenalina que daria para despertar os mortos. Vagando pela sala e com as mãos trêmulas, implorava a Deus que, por favor, por favor, fizesse aquilo parar. Eventualmente, ficava aliviada; mas o pavor de imaginar quando aquilo aconteceria novamente, nunca passava.

ARRANCANDO UMA AMIGA DO ABISMO DO INFERNO

Quando era criança, ocasionalmente era autorizada a participar do "culto dos adultos" com a minha mãe e o meu pai. Havia algo caloroso e sóbrio naquele culto. Algo reverente. A seriedade e a sobriedade enchiam o ar, mas não era algo árido ou insensível. Era vibrante. Eu sentia algo ali diferente do que sentia quando estava na classe da escola dominical ou no grupo de jovens. Eu associava aquele sentimento com a presença de Deus.

Foi então com grande esperança que, aos dezenove anos, entrei no mesmo santuário que eu tinha entrado centenas de vezes antes, mas dessa vez com um propósito singular: salvar uma amiga do inferno. Depois de me graduar no Ensino Médio, aceitei um emprego de recepcionista em um restaurante chamado "Chili's" e fiz amizade com uma garçonete, Christina, com quem tive afinidade no trabalho. "Pode me enviar clientes diferentes para duas mesas ao mesmo tempo", ela dizia. "Na verdade, sinta-se à vontade para encher as minhas mesas o mais rápido que puder." Com o gerente me pressionando para conseguir administrar e conduzir os clientes às mesas o *mais rápido possível*, e com a maioria dos garçons me fulminando com os olhares se eu enchesse as suas seções *muito depressa*, e ainda mais com clientes esfomeados e se queixando de não serem *atendidos rapidamente*, era estressante manter o equilíbrio nesse trabalho.

Christina era uma jovem animada, mas ela era diferente da maioria dos outros colegas de trabalho. Ela nunca tentou chocar-me com histórias da sua vida agitada, e nunca se fechou nem presumiu que se me xingasse ela faria com que a pobre moça cristã puritana se derretesse, como a bruxa verde do filme *O Mágico de Oz*.

Quando eu soube que a minha igreja estava recebendo uma equipe teatral cristã itinerante, a qual estava em turnê por todo o mundo com um drama sobre o céu e o inferno, vi nisso uma oportunidade de ajudar a minha amiga a conhecer a Jesus. Tinha ouvido histórias de pessoas ficarem tão comovidas por aquela produção que, após o drama, o altar ficava inundado de pessoas. Era isso! Essa era a oportunidade perfeita para compartilhar o evangelho com Christina. Certamente ela não seria capaz de resistir as representações persuasivas sobre o céu e o inferno. Com certeza ela perceberia como esta vida termina rapidamente, e como seria importante agora a sua escolha de vida ou de morte. Certamente ela daria o seu coração a Cristo.

No dia da apresentação, Christina encontrou-se comigo no *lobby* e fomos para os nossos lugares. Um grande ânimo e expectativa pairavam no ar, enquanto as luzes se apagavam até ficar tudo escuro. Sob uma luz com tom avermelhado, a música "Via Dolorosa" de Sandi Patty foi cantada, enquanto Jesus caminhava cambaleante pelo corredor central, carregando a sua cruz. As lágrimas encheram os meus olhos, enquanto via a representação do meu Salvador caminhando em passos trôpegos para a morte - o Salvador que significava mais para mim do que o céu ou o inferno. Certamente ele tinha tudo planejado e um dia eu perceberia que a minha ansiedade tinha sido desnecessária. Prestei ainda mais atenção quando a música mudou de repente, com um ritmo mais enérgico dos tambores. Pessoas normais, como eu mesma, começaram a bater em Jesus, a chicotear, a escarnecer e cuspir nele. Prendi a respiração enquanto imaginava o significado de tudo aquilo. Eu, uma pecadora, preguei Jesus naquela cruz. Foi a *minha* rebeldia que o colocou lá, e foi o seu grande amor e misericórdia que ordenou que isso acontecesse.

Entrou o vilão. Com um grito alucinado o diabo emergiu do seu poço ardente, juntando-se aos agressores para bater em Jesus e pregá--lo na cruz. O rosto do demônio era coberto de maquilagem em preto e branco, fazendo-o parecer mais como um membro da banda KISS do que o príncipe do poder dos ares. Essa era a minha concepção do inferno e do diabo: um sósia enlouquecido do vocalista Gene Simmons, surgindo da fumaça vermelha do gelo seco, com uma risada maligna como a do Coringa de Jack Nicholson.

Após Jesus ter sido crucificado, ele ressuscitou, dando no diabo e em sua gangue de demônios um bom pontapé no traseiro e atirando-os para longe do palco; e depois, Jesus subiu ao céu, onde tudo era feito de tecido branco e folhas de alumínio, e todos usavam túnicas brancas e folgadas que iam até chão e ali ficariam por toda a eternidade. Durante o resto da peça, assistimos as pessoas chegarem ao portão de alumínio reluzente, uma após outra, depois de suas mortes repentinas. Eu estava sentada na ponta da cadeira, esperando ansiosa pelo destino de cada alma eterna. Será que Jesus apareceria e lhes daria um grande abraço, conduzindo-os então para trás da misteriosa e grande cortina branca? Ou será que o diabo sairia rindo do seu poço escarlate e os arrastaria para o inferno, como algo parecido com os vídeos de Ozzy Osbourne? Seja como for, o diabo parecia estar se divertindo no inferno.

Não me lembro exatamente como ocorreu o apelo para aceitar a Cristo. Talvez o pastor tenha dito algo como: "Com a cabeça baixa e os olhos fechados, quero perguntar-lhe se você sabe para onde vai se morrer esta noite." Havia uma energia intensa no ar, enquanto o altar estava sendo praticamente tomado. Em um dado momento, o pastor pediu-nos para orar por aqueles que sabíamos que não tinham aceitado Jesus como Senhor de suas vidas. Então, fomos solicitados a perguntar à pessoa ao nosso lado: "Gostaria que eu caminhasse até ao altar com você?" Foi preciso toda a coragem que eu tinha para fazer a pergunta à Christina. Imaginei que ela estivesse profundamente comovida e precisava simplesmente de um pequeno empurrão de uma amiga amorosa. Eu abri ligeiramente os olhos, esperando ver as lágrimas rolando em sua face. Em vez disso, ela estava em silêncio e tranquila, mantendo respeitosamente os olhos fechados e a cabeça curvada. "Oh, não, obrigada", ela educadamente sussurrou de volta.

"*Como pode ser isso?* Será que ela não se lembra da parte sobre queimar no inferno para sempre? Ela não acreditou no diabo quando ele anunciou que havia inspirado todos os anúncios de cerveja na televisão? Será que ela não pensou o quanto será excelente passar a eternidade com uma túnica branca em um lugar reluzente e ser abraçada por Jesus?" Aparentemente, não. Saímos silenciosamente, enquanto Christina me agradecia por tê-la convidado.

Não consegui entender por que Christina estava tão indiferente, enquanto tantos outros foram cativados e persuadidos. Tenho certeza de que muitos dos que hoje são cristãos aceitaram a Cristo durante uma produção semelhante a essa em alguma igreja. Tenho certeza de que eles desenvolveram uma teologia mais elaborada sobre o céu e o inferno. Mas durante muitos anos da minha vida, a minha imaginação sobre o inferno se parecia com essa representação.

O AMOR VENCE

Ainda que a minha compreensão do inferno não fosse ainda desenvolvida, a maioria dos progressistas tem uma visão completamente diferente do inferno. No livro *Love Wins* (*O Amor Vence*), Rob Bell sugere que, possivelmente, em vez de ser um lugar físico, o inferno é simplesmente a experiência literal do mal na terra.[1] Em outras palavras, o inferno são as feridas causadas pelo genocídio, estupros e homicídio. Ironicamente, essa ideia progressista do inferno é parcialmente verdadeira. Cada vez que nos afastamos da verdade de Deus, introduzimos o inferno no mundo. Toda vez que chamamos ao mal de "bem" e ao bem de "mal", reproduzimos um pouco do inferno na terra. Mas essa não é a história toda. A Bíblia ensina que o inferno é também um lugar real.

A negação de um lugar literal chamado inferno é, agora, comum entre os cristãos progressistas; mas em 2011 era um assunto tremendamente controvertido. Rob Bell acendeu uma fogueira (a ironia é proposital) com *Love Wins* (*O Amor Vence*). Na introdução, Bell escreve:

> Um número assombroso de pessoas tem sido ensinado que uns poucos cristãos selecionados passarão a eternidade em um lugar pacífico e alegre chamado céu, enquanto o resto da humanidade passará a eternidade em tormento e castigo no inferno, sem chance de nada melhor. Tem sido claramente anunciado a muitos que essa crença é uma verdade central da fé cristã e rejeitá-la é, na sua essência, rejeitar a Jesus. Esse é um ensino enganoso e tóxico, e

---

[1] Rob Bell, *Love Wins* (San Francisco: HarperOne, 2011), 81 [edição em português: *O Amor Vence* (Rio de Janeiro: Editora Sextante, 2012)].

acaba subvertendo a propagação contagiosa da mensagem de Jesus, cheia de amor, paz, perdão e alegria, que o nosso mundo precisa tanto ouvir.[2]

Assim como Bell, Brian Zahnd afirma que o inferno está em desacordo com o ensino de Jesus. Ele escreve:

> Jesus certamente não lançou os alicerces de uma teologia pós-vida que afirma que todos os não-cristãos vão para o inferno. Isso tornou-se uma forma comum de pensar sobre o céu e o inferno – "Os cristãos vão para o céu; os não cristãos vão para o inferno" - mas isso não é baseado em qualquer coisa que Jesus disse![3]

O autor e frade franciscano Richard Rohr aprofunda-se ao descrever o quanto é "nociva", "barata" e "tóxica" a compreensão de Deus como um ser que inflige castigos e distribui recompensas. Ele escreve:

> Jesus nos diz para amarmos os nossos inimigos, mas esse deus "cultural" certamente não diz isso. Jesus nos diz para perdoarmos "setenta vezes sete", mas esse deus não o faz. Em vez disso, esse deus queima pessoas por toda a eternidade (...). A maioria dos humanos são mais amorosos e clementes do que tal deus. Desenvolvemos uma imagem inviável e tóxica de Deus, em quem uma pessoa saudável nunca confiaria (...). Por que você iria querer ficar, mesmo que por uma hora, em silêncio, quietude e intimidade com um deus assim?[4]

---

[2] Rob Bell, *Love Wins* (San Francisco: HarperOne, 2011), vi [edição em português: *O Amor Vence* (Rio de Janeiro: Editora Sextante, 2012)].

[3] Brian Zahnd, *Sinners in the Hands of a Loving God* (New York: Crown Publishing Group, 2017), 126.

[4] Richard Rohr, "A Toxic Image of God". Disponível em: https://cac.org/a-toxic-image-of-god-2016-01-28/. Acesso em: fev.2022.

Richard Rohr estaria certo ao dizer que uma visão de Deus que inclui punição e recompensa é prova de uma mente tóxica que precisa de uma cura profunda? Ou será isso nada mais do que um truque manipulador - um tipo de abuso psicológico intencional, para questionar a saúde mental de quem discorda dele?

O ponto de vista dele ajuda, certamente, a explicar o apelo do universalismo àqueles que rejeitam a ideia de que um Deus amoroso rejeita aqueles que o rejeitam.

UNIVERSALISMO: A FORMA COMO NÓS O FARÍAMOS

Muitos cristãos modernos têm sérios conceitos errados sobre o inferno e a vida após a morte. Os pontos de vista de alguns sobre o inferno foram moldados pelo *Inferno de Dante* da Era Medieval; outros, pelos pregadores do primeiro Grande Despertamento e suas pregações sobre o fogo e enxofre; e ainda outros, por uma professora impertinente da classe do segundo ano ou por um teatro evangélico itinerante. Portanto, não é difícil de compreender por que o universalismo se tornou uma alternativa tão atrativa para tantos cristãos que lutam para reconciliar a bondade de Deus com a sua suposta "câmara de tortura".

Existem diferentes compreensões do universalismo; mas, falando de forma mais simples, é a crença de que todos os seres humanos (e em alguns casos, até anjos caídos) serão salvos e passarão a eternidade com Deus. Alguns defensores do paradigma cristão progressista negam a ideia de que o pecado nos separa completamente de Deus, tornando desnecessária qualquer necessidade de uma "salvação" significativa. Uma visão que adota uma linguagem mais cristã é chamada de "reconciliação universal", a qual sustenta que, sendo Jesus o único caminho para a salvação, todos os seres humanos acabarão sendo reconciliados com Deus através de Jesus.

William Paul Young crê dessa maneira e chama-lhe "salvação universal",[5] e Nadia Bolz-Weber chama-lhe de "universalismo Cristocêntrico":

> Confesso que sou uma universalista Cristocêntrica. Para mim, isso significa que seja o que for que Deus estivesse realizando, especialmente na cruz, esse evento Cristológico foi para a restauração, redenção e reconciliação de todas as coisas, e de todas as pessoas, e de toda a Criação – inclui a todos.[6]

O universalismo foi sugerido pela primeira vez por um dos pais da igreja, Orígenes (possivelmente ecoando Clemente de Alexandria), no século III; embora haja muito debate acadêmico sobre *o que* exatamente ele acreditava sobre o universalismo e com qual fervor ele o defendia. Há até mesmo um debate sobre *quando*, precisamente, os seus ensinamentos foram considerados heréticos. Vou deixar esses debates para os estudiosos. Mas, nos dois volumes da história e interpretação do universalismo (*The Devil's Redemption*), o estudioso Michael McClymond traça a doutrina de Orígenes do início do terceiro século até o teólogo influente Karl Barth, de meados do século 20 até aos nossos dias. Apelidando-o de "o ópio dos teólogos", ele nota como o universalismo ganhou ímpeto nos últimos quinhentos anos e se "encaixa no tempo em que vivemos". Ele salienta que:

> É a maneira que gostaríamos que o mundo fosse. Alguns imaginam que uma igreja mais amorosa e menos julgadora estaria mais bem

---

[5] William Paul Young, *Lies We Believe about God* (New York: Atria Books, 2017), 118 [edição em português: *As mentiras que nos contaram sobre Deus* (Rio de Janeiro: Editora Sextante, 2017)].

[6] Jesse James DeConto, "For All the Sinners and Saints: An Interview with Nadia Bolz-Weber". Disponível em: https://religionandpolitics.org/2015/07/28/for-all-the-sinners-and-saints-an-interview-with-nadia-bolz-weber/. Acesso em: fev.2022.

posicionada para ganhar novos adeptos. No entanto, o amor em perfeição apareceu na história - e foi crucificado.[7]

Não é difícil compreender por que o universalismo é tão apelativo. Ninguém quer imaginar os seus amigos, vizinhos e familiares descrentes passando a eternidade em tormento. É uma solução fácil para uma ideia preocupante. Entretanto, embora isso possa trazer grande conforto, aprendi que não é bíblico, nem representa as testemunhas históricas da igreja.

Em seu artigo teológico internacional sobre a história do universalismo, o qual passou por revisão de seus pares, o estudioso do Novo Testamento Dr. Richard Bauckham observou:

> Até o século 19, quase todos os teólogos cristãos ensinaram a realidade do tormento eterno no inferno. Somente alguns, fora da teologia convencional, acreditavam que os ímpios seriam finalmente aniquilados (...). Ainda menos eram os defensores da salvação universal, embora estes poucos incluíssem alguns dos principais teólogos da igreja primitiva. O castigo eterno foi firmemente afirmado em credos e confissões oficiais das igrejas. Parece ter sido uma parte indispensável da crença cristã universal, como as doutrinas da Trindade e a encarnação.[8]

Apesar do universalismo apelar às nossas sensibilidades modernas, não é o que a Bíblia ensina. Como discutimos no último capítulo, a ira de Deus pelo pecado assegura que os seus seguidores não passarão a

---

[7] Michael McClymond, "How Universalism, 'the Opiate of the Theologians,' Went Mainstream", Entrevista por Paul Copan, Christianity Today. Disponível em: https://www.christianitytoday.com/ct/2019/march-web-only/michael-mcclymond-devils-redemption-universalism.html. Acesso em: fev.2022.

[8] Richard Bauckham, "Universalism: A Historical Survey," Themelios 4, no. 2 (September 1978): 47–48. Disponível em: https://www.theologicalstudies.org.uk/article_universalism_bauckham.html. Acesso em: fev.2022.

eternidade coexistindo com o pecado. Através do sacrifício de morte de Jesus, somos convidados para um Reino eterno que irá banir o pecado e a morte para sempre.

AFINAL, ONDE FICA O INFERNO?

Alguns anos antes do livro *Love Wins* (*O Amor Vence*) ser lançado, fui levada a lutar com as minhas próprias crenças simplistas sobre a vida após a morte. Tomei conhecimento dessas coisas quando o pastor progressista me disse isso; sim, ele acreditava na existência do inferno, mas também tinha redefinido essa palavra. Ele revelou, em uma aula posterior, que acreditava que inferno era algum tipo de programa de reabilitação, ou possivelmente consequências das nossas ações erradas que vivemos aqui na terra. De acordo com o agnosticismo esperançoso que ele afirmou no início, ele não tem certeza mas tem esperança de que o inferno não seja aquilo em que os cristãos têm acreditado historicamente.

Devido à minha presunção simplista e incorreta de que o inferno era uma câmara de tortura e o céu era um tédio eterno, você pode ter pensado que eu estava fechada com a compreensão progressista nessa questão. Então, por que eu não estava? Por que me incomodou pensar que o inferno não era real? Foi por que secretamente eu apreciasse a ideia de incrédulos serem atormentados eternamente? Certamente que não! Na verdade, eu tinha experimentado ataques de pânico por causa dessa ideia. Terá sido por que a doutrina do inferno estivesse tão profundamente enraizada em minha mente que deu algum tipo de "coerência doentia ao meu mundo"[9], como afirma Richard Rohr? Será que Rohr tem razão ao dizer que eu preciso de "cura profunda" porque acredito em conceitos como recompensa e castigo?[10]

---

9 Richard Rohr, "A Toxic Image of God". Disponível em: https://cac.org/a-toxic-image-of--god-2016-01-28/. Acesso em: fev.2022.
10 Richard Rohr, "A Toxic Image of God". Disponível em: https://cac.org/a-toxic-image-of--god-2016-01-28/. Acesso em: fev.2022.

O inferno na terra?

Quando comecei a olhar seriamente para a visão histórica e bíblica do inferno, aprendi que era um pouco mais misteriosa do que eu pensava. Há muita coisa que a Bíblia não revela; mas, deixa claro que o inferno não é algo incluído na criação original e que Deus tenha chamado de "bom". Quando Deus criou os céus e a terra, em Gênesis 1, o inferno não fazia parte disso. Tal como a ferrugem não existiria sem o metal, o inferno também não existiria se não fosse a escolha de Satanás em rebelar-se (ver Mt 25.41). Nesse sentido, Satanás foi quem efetivamente desencadeou o inferno na terra.

No Novo Testamento, o inferno é assim descrito:

- um lago que arde com fogo e enxofre (Ap 21.8);
- eterna perdição (2Ts 1.9);
- banimento da presença do Senhor e do glória do seu poder (2Ts 1.9);
- o castigo do fogo eterno (Jd 1.7);
- um lago de fogo (Ap 20.13-15);
- o vinho da ira de Deus; tormento com fogo e enxofre diante dos santos anjos e diante do Cordeiro (Ap 14.9-10).

O próprio Jesus descreveu o inferno como:

- tormento eterno (Mt 25.46);
- fornalha de fogo, onde "haverá pranto e ranger de dentes" (Mt 13.50);
- um lugar onde o fogo nunca se apaga (Mc 9.43);
- um lugar onde o verme não morre, nem o fogo se apaga (Mc 9.48 - aqui Jesus cita Is 66.24); e
- trevas exteriores; aquele lugar onde "haverá pranto e ranger de dentes" (Mt 8.12; 22.13; 25.30).

OUTRO EVANGELHO?

Observe como Jesus usa três tipos diferentes de imagens para descrever o inferno - fogo *e* escuridão *e* vermes que não morrem. Para que o fogo e a escuridão coexistam, um deles teria de se tomar como metáfora. O fogo literal iluminaria a escuridão, e a escuridão literal não seria possível na presença do fogo. Isso, juntamente com o fato de o inferno ter sido originalmente criado para o diabo e os seus demônios (que são seres espirituais e não têm corpos a serem afetados por chamas literais), levou muitos teólogos a concluir que essas três imagens - fogo, escuridão e vermes - são metáforas.

O Dr. Norm Geisler e o Dr. Thomas Howe escrevem:

> Tanto o "fogo" quanto a "escuridão" são fortes figuras de linguagem que descrevem adequadamente a impensável realidade do inferno. É como o fogo, porque é um lugar de destruição e tormento. No entanto, é como a escuridão, porque ali as pessoas estão perdidas para sempre. Embora o inferno seja um lugar literal, nem toda a descrição do mesmo deve ser tomada ao pé da letra. Algumas figuras de linguagem poderosas são usadas para retratar esse lugar literal. Essa horrível realidade, onde corpo e alma sofrerão para sempre, vai muito além do que qualquer mera figura de linguagem possa descrever.[11]

Entretanto, mesmo que esses termos sejam metafóricos, isso não deveria nos trazer qualquer alívio. Significa apenas que não há palavras para descrever que lugar horrível é o inferno. O teólogo J.I. Packer descreve o inferno desta maneira: "O inferno é (...) a negação da comunhão

---

11 Norman Geisler e Thomas Howe, *Manual Popular de Dúvidas, Enigmas e Contradições da Bíblia* (São Paulo: Editora Mundo Cristão, 1992).

com o Senhor. É a negação do prazer. É a negação de qualquer forma de contentamento."[12]

Imagine uma existência completamente desprovida de qualquer coisa boa. Sem qualquer sentimento momentâneo de paz ou alegria. Sem beleza. Sem esperança. Sem amor. Nada pelo que ansiar. Desespero total. Preso para sempre a um pesadelo atormentador. É difícil imaginarmos um estado como esse, porque todos nós, desde o ateu mais endurecido ao cristão mais ardorosamente devotado, não temos *ideia* de como seria a vida fora da presença da bondade e do amor de Deus. Todos nós experimentamos a presença de Deus no mundo. Os teólogos se referem a isso como "graça comum", e não temos sequer uma definição do que significaria estar consciente de uma realidade diferente dessa. É a isso que J.I. Packer se refere como o "cerne" da doutrina do inferno. É a vida à parte do amor e da bondade de Deus, e sob o completo controle e domínio do pecado. Packer observou: "É difícil falar do inferno, porque ele é mais horrível do que as palavras que temos podem descrevê-lo."[13]

Por ser um assunto tão difícil, frequentemente se afirma que Jesus falava sobre o inferno mais do que qualquer outra pessoa. Geralmente, ele usava a palavra "Geena" para descrever o inferno - que era uma referência ao Vale de Hinom, onde antigos pagãos e israelitas sacrificavam as suas crianças no fogo para o deus Moloque. Deus transformou esse em um lugar maldito, onde o pecado e o mal eram desenfreados, em um lugar de julgamento, o chamando de "o Vale da Matança" (Jr 19.6).

Estudos recentes apontam que os judeus contemporâneos de Jesus compreendiam o inferno como um lugar de castigo depois do julgamento.

---

12 J.I. Packer, "What Is Hell?". Disponível em: https://www.youtube.com/watch?v=rMyWd4rTMD0 . Acesso em fev.2022 [edição com legenda em português disponível em: https://www.youtube.com/watch?v=PU7N2-uzPCE - acesso em fev.2022].

13 J.I. Packer, "What Is Hell?". Disponível em: https://www.youtube.com/watch?v=rMyWd4rTMD0 . Acesso em fev.2022 [edição com legenda em português disponível em: https://www.youtube.com/watch?v=PU7N2-uzPCE - acesso em fev.2022].

Há exemplos, nos escritos judaicos do primeiro século, em que a "fornalha da Geena" é representada como um poço de tormento, que sucede o julgamento final.[14] Em outras palavras, não se referia *simplesmente* a um vale onde os seus antepassados faziam coisas horríveis. A Geena era entendida como sendo o inferno. Jesus sabia disso, e se ele quisesse falar sobre a Geena de uma outra forma que não era comumente entendida, ele teria que usar outros recursos para firmar o seu ponto. Mas ele não o fez. Ele usou a palavra Geena de forma intercambiável com inferno.

Jesus frequentemente ensinava teologia contando parábolas. Uma dessas parábolas se encontra em Mateus 25, onde ele descreve o Reino dos Céus como sendo dez virgens à espera do noivo. Cinco são sensatas e cinco são tolas. As cinco virgens sensatas trouxeram óleo para as suas lâmpadas, enquanto as cinco virgens tolas não trouxeram. Quando o noivo chega, as virgens tolas estão sem óleo. Enquanto elas vão aos fornecedores para comprar mais, a porta da festa de casamento se fecha. E uma vez que se fecha, não volta a abrir. Então aqui vemos Jesus – um Jesus inclusivista, tolerante e não-julgador, como alguns pensam – fechando a porta do seu Reino. Depois disso, ele conta outra parábola, na qual descreve mais uma vez a separação entre seguidores verdadeiros e falsos – os falsos sendo lançados fora, nas trevas. Depois dessas duas parábolas, ele ensina sobre o julgamento final. Ovelhas e cabritos. As ovelhas alcançam a vida eterna, enquanto que os cabritos são condenados ao "castigo eterno" (Mt 25.46).

Essas palavras foram alguns dos ensinamentos finais de Jesus registrados antes da sua prisão e crucificação. Ele queria que os seus seguidores tomassem conhecimento de que haveria um juízo final. Haveria vida eterna e castigo eterno. A porta para o seu Reino se fechará um dia. Ele nos

---

14 Ver, por exemplo, Francis Chan e Preston Sprinkle, *Erasing Hell: What God Said about Eternity, and the Things We've Made Up* (Colorado Springs: David C. Cook, 2011), 52 [edição em português: *Apagando o Inferno: O que Deus Fala Sobre a Eternidade e o Que Nós Inventamos* (São Paulo: Editora Mundo Cristão, 2012)].

exorta a estarmos prontos. Apesar da tentativa dos cristãos progressistas de suavizar ou reinterpretar esses ensinamentos, eu não tinha como ignorar o poder abalador das palavras de Jesus.

E enquanto prosseguia com a minha pesquisa, descobri que as primeiras fontes cristãs concordam com o Novo Testamento. A *natureza* do inferno é debatida, mas três coisas são claras. Em primeiro lugar, o inferno é eterno. Segundo, no inferno as almas estão conscientes. Terceiro, o inferno é lugar de tormento.

Conforme eu pensava sobre a natureza e justiça do inferno, eu percebi que tinha estado me baseando em algumas ideias seriamente erradas sobre o que é o inferno e por que ele existe. O meu palpite é que muitos cristãos, e um grande número de ateus e agnósticos, também entendem mal o que é o inferno.

CORRIGINDO O CONCEITO #1: AS PESSOAS NO INFERNO ESTÃO ARREPENDIDAS

Quando eu era pequena, imaginava que as pobres almas "rangendo os dentes" no inferno eram vítimas azaradas, que simplesmente nunca tiveram a oportunidade de corresponder ao amor de Deus. Como no caso dos adolescentes que bebiam cerveja e cujo carro foi atingido por um trem na peça apresentada na igreja (sim, essa foi de fato uma das cenas), o ranger dos dentes era a manifestação física do seu pesar de tristeza e arrependimento, por nunca terem tido a oportunidade de darem as suas vidas a Cristo. Se ao menos alguém tivesse compartilhado o evangelho com eles, antes que fosse tarde demais! Mas a Bíblia nos dá um quadro diferente.

O ranger dos dentes é mencionado várias vezes na Escritura. No Antigo Testamento, refere-se tipicamente a algo que os inimigos fazem quando reagem com fúria e desafio a um adversário. Lamentações 2.16 descreve os inimigos de Jerusalém zombando dela, assoviando e rangendo os dentes em alegria e celebração por sua destruição. O Salmo 37.12

retrata os ímpios rangendo os dentes contra os justos, enquanto tramam contra eles. No Salmo 35.16, Davi chama aqueles que contra ele rangiam os dentes de "vis bufões em festins" que se regozijam quando ele tropeça. Até Jó usa a imagem do ranger dos dentes para descrever a ira de Deus (Jó 16.9). No Novo Testamento, Atos 7 nos dá os últimos momentos da vida de Estêvão, pouco antes de passar para a história como o primeiro mártir da fé cristã. Quando os membros do Sinédrio apanharam pedras para executá-lo, ficaram cheios de raiva e "rilhavam os dentes" (v. 54) contra ele.

Essa é, dificilmente, a imagem de uma alma inocente a chorar em remorso e arrependimento. Antes, é um retrato da raiva ativa de um inimigo. É o oposto de arrependimento e tristeza piedosa. Talvez tenha sido por isso que C.S. Lewis escreveu a conhecida frase: "os portões do inferno estão lacrados por dentro."[15] Não sei se ele está certo, mas parece certamente uma descrição adequada da rebelião contínua daqueles que são mantidos fora do Reino de Deus.

Desse modo, o inferno não é uma espécie de câmara de tortura divina, na qual Deus se alegra sadicamente com o tormento daqueles que o rejeitam. É Deus concedendo-lhes o que querem. O inferno é um lugar para aqueles que rejeitam a Deus. E Deus não forçará a entrar no seu Reino quem não queira estar sob o seu domínio. Ele não pode permitir o pecado e a corrupção em sua porta, mesmo para aqueles que querem os benefícios do céu mas não querem abandonar o seu pecado para segui-lo.

CORRIGINDO O CONCEITO #2: O DIABO ESTÁ NO COMANDO DO INFERNO

Assim como na peça da igreja, que retratava Satanás emergindo do seu fogo eterno para reclamar as almas que pertenciam a ele, imaginei de alguma forma que o diabo estava se divertindo no inferno. Com um trono

---

[15] C. S. Lewis, *The Problem of Pain* (San Francisco: Harper One, 2009), 127 [edição em português: *O Problema da Dor* (Rio de Janeiro: Editora Thomas Nelson Brasil, 2021)].

vermelho, um tridente, com servos demoníacos e quantidade infinita de almas humanas para torturar, imaginei um diabo que estivesse bastante feliz por ser rei do submundo de seu inferno de miséria. Já reparou que quase todas as referências populares do diabo e do inferno no cinema e na televisão o retratam dessa forma? Seja no final dos anos 90, com Al Pacino em *O Advogado do Diabo,* ou no ano 2000, com Adam Sandler no filme *Little Nicky - Um Diabo Diferente,* aos títulos mais recentes, como a série na televisão *Lúcifer,* a mensagem é clara: o diabo é *sexy,* inteligente e é o governante da sua cidade.

Mas isso está longe de ser o quadro bíblico sobre o inferno. Quando Jesus descreve o julgamento final, em Mateus 25, diz que ele irá separar as pessoas, como um pastor separa as ovelhas das cabras. Quando ele descreve o que vai acontecer aos cabritos, diz que serão apartados dele "para o fogo eterno, preparado para o diabo e os seus anjos" (v. 41). Portanto, é evidente que o inferno não era criado para as pessoas. Foi criado como um tipo de quarentena para o mal; a saber, o diabo e os demônios.

Apocalipse 20.7-10 nos diz que Jesus finalmente lidará com Satanás para sempre: "O diabo, o sedutor deles, foi lançado para dentro do lago de fogo e enxofre, onde já se encontram não só a besta como também o falso profeta; e serão atormentados de dia e de noite, pelos séculos dos séculos." Em outras palavras, o diabo e seus demônios não estarão governando, atormentando ninguém, nem se divertindo. Eles próprios serão atormentados para sempre no lugar que Deus criou especialmente para eles – o inferno.

CORRIGINDO O CONCEITO #3:
TODOS RECEBEM O MESMO CASTIGO

Quando eu era criança, tinha uma babá que era uma mulher difícil. Não no aspecto da cultural *pop* de definir o empoderamento feminino, mas no sentido de ser maldosa, dura, crítica e de coração frio, da forma que hoje tipicamente se descreve uma pessoa desagradável. Ela não era simpática. Uma vez ela me repreendeu por agir como um bebê, porque molhei as minhas calças enquanto procurava por um toalete em uma casa desconhecida. Ela afirmava ser cristã.

Uma vez li um artigo sobre um homem que vendeu todos os seus bens terrenos para cuidar dos desabrigados. Todos os dias ele andava pelas ruas, achava o ser humano mais carente, levava-o para seu pequeno apartamento e oferecia banho, alimento e abrigo. Toda a sua vida foi dedicada a ajudar os outros. Ele era humilde e bondoso. Era um budista.

Então, como eu deveria entender o sentido disso se, de acordo com a minha crença, a pessoa que era desagradável iria para o céu por ser cristã, enquanto que o budista benevolente iria para o inferno? Isso era difícil de compreender; pois, embora em minha mente eu entendesse o conceito da Graça, o meu coração não havia ainda percebido a mensagem. A graça não é uma recompensa por se fazer ou dizer as coisas corretas. Não se trata de obter o que se merece. Trata-se de *não* receber o que se merece. Graça significa Jesus olhar para o ser humano e dizer: "Você merece a morte, por causa do pecado, mas tomarei sobre mim aquilo que você merece e lhe oferecerei a vida eterna, a qual eu mereço."

Quando olhei para o budista e para a babá, através da lente da Graça, compreendi que fazer parte do Reino de Deus não se trata de conquistar a nossa entrada. Não se trata sobre quem dá mais dinheiro ou alimenta a maioria dos desabrigados, ou quem é o mais simpático. No caso do budista, está intrinsicamente ligado ao seu sistema de crenças que ele faça coisas que o libere do *karma* ruim e o introduza no Nirvana. Mas o profeta Isaías diz que estamos tão infectados pelo pecado que o bem que fazemos é como trapos de imundícia (Is 64.6). Romanos 3.20 diz: "Ninguém será justificado diante dele por obras da lei." Explica, em seguida, que o objetivo da lei é tornar-nos conscientes do nosso pecado. Todos nós estamos doentes com o pecado, e Jesus é a única cura.

Então, o que dizer do budista bondoso que dava banho e alimentos aos desabrigados? Se ele morrer sem depositar a sua fé em Cristo, receberá o mesmo castigo que Hitler, enquanto que a babá desagradável goza de felicidade eterna (assumindo que ela era verdadeiramente cristã)? Não me parece. E aqui está o porquê.

No Antigo Testamento, os diferentes pecados incorrem em diferentes punições. Algumas punições eram mais severas do que outras. Quanto maior for o pecado, maior será o castigo. Jesus enfatiza essa ideia durante o seu julgamento e condenação, em João 19.11-12, onde diz a Pilatos: "Aquele que me entregou a ti é culpado de um pecado maior" (versão NVI). Em Lucas 12.42-48, Jesus conta uma parábola sobre diferentes serviçais que recebem graus diferentes de punição, com base no que sabiam sobre a vontade do seu senhor. Ele conclui dizendo: "Aquele servo, porém, que conheceu a vontade de seu senhor e não se aprontou, nem fez segundo a sua vontade, será punido com muitos açoites. Aquele, porém, que não soube a vontade do seu senhor e fez coisas dignas de reprovação levará poucos açoites. Mas àquele a quem muito foi dado, muito lhe será exigido; e àquele a quem muito se confia, muito mais lhe pedirão" (Lc 12.47-48).

No pronunciamento chocante em Mateus 11, a respeito dos "Ais", Jesus condena duas cidades inteiras a um julgamento mais severo na vida futura do que Sodoma (diga isso a qualquer pessoa que alegue que Jesus era um guru tolerante e inclusivista). A Bíblia fala regularmente de pecado e julgamento com níveis variáveis de severidade e castigo. Aprender e compreender isso me ajudou a dar sentido ao que leio sobre a justiça de Deus na Bíblia. Deus não é injusto nem simplista em seus juízos. Ele é perfeitamente santo e lidará com o pecado devidamente.

Conforme fui lembrada pelo teólogo Clay Jones no seu livro *Why Does God Allow Evil? Compelling Answers for Life's Toughest Questions* (*Por Que Deus permite o Mal? Respostas Convincentes para as Perguntas mais*

OUTRO EVANGELHO?

Difíceis da Vida), assim como muitas pessoas, eu tenho a tendência de minimizar a decadência da humanidade. Penso nas pessoas que fazem coisas boas como sendo boas pessoas - aqueles que assam bolachas, brincam com as crianças e ajudam os seus amigos necessitados. Mas Jones salienta que algumas das maiores atrocidades perpetuadas pelos humanos, incluindo genocídio, foram na sua maioria cometidas por pessoas normais, como você e eu.

Até os nazistas tinham avós adoráveis, que faziam bolachas para os comícios dos jovens.

"SERÃO APENAS ALGUNS QUE SERÃO SALVOS?"

Um dos meus colegas de turma levantou essa questão um dia na aula. Será realista a ideia de que apenas um pequeno número selecionado de pessoas entrará no Reino do Céu? Isso seria justo? É algo plausível? Curiosamente, essa foi uma pergunta que os discípulos de Jesus lhe fizeram diretamente. Não precisamos tentar imaginar o que ele responderia. Ele respondeu: "Esforçai-vos por entrar pela porta estreita, pois eu vos digo que muitos procurarão entrar e não poderão" (Lc 13.24). Ele prossegue, falando sobre o dono da casa que fechará e trancará a porta. Aqueles que estiverem do lado de fora não entrarão.

Por que, então, Apocalipse 21.25 diz que as portas do céu "jamais se fecharão de dia"? Será esta a maneira de Deus dizer "a porta está sempre aberta ... nunca é tarde demais"? Enquanto eu pensava sobre isso, continuei lendo um pouco adiante no mesmo capítulo. O texto nos diz que essa grande cidade tem paredes muito altas e firmes. Por natureza, as paredes são construídas para excluir pessoas que não pertencem ao seu interior. E quem não pertence ao seu interior? O versículo 27 nos responde: "Nela, nunca jamais penetrará coisa alguma contaminada, nem o que pratica abominação e mentira, mas somente os inscritos no Livro da Vida do Cordeiro." No mundo antigo, as cidades fechavam os seus portões como medida de segurança. Mas essas medidas não serão necessárias no novo céu e nova terra. Não há necessidade de fechar os portões, porque o pecado já terá sido contido e tratado. Ninguém deixará o inferno para entrar no céu.

No fim, percebi que o inferno não é apenas necessário; é, em última análise, amoroso e justo. Se alguém deseja, agora, o pecado e a corrupção, o que me faria pensar que ele deseja ser separado do pecado e da corrupção por toda a eternidade? Se alguém opta continuamente por odiar a Deus e rejeitar o seu dom da reconciliação nesta vida, o que me faria pensar que ele desejará estar no seu Reino para sempre? E aqui está algo a ponderar: se alguém quiser levar o seu pecado egoísta para o céu, o que isso diria a respeito de Deus, se ele permitisse a sua entrada?

Estou prestes a dizer algo impopular. Vivemos em uma cultura em que é considerado arrogante, e até odioso, fazer afirmações dogmáticas sobre a realidade. Mas se cremos que a Bíblia é verdadeira, e se seguimos o nosso Senhor Jesus, temos de afirmar isto juntamente com ele: o céu é real; o inferno é real; e, um dia, a porta irá se fechar.

11

ABUSO INFANTIL CÓSMICO?

*Que Deus precisasse de ser apaziguado com sangue,
não é algo belo. É horrendo!*
— **Michael Gungor**, *2017*

Eu, Alisa Childers, sou uma pecadora. Eu me chamaria de a pior das pecadoras, se esse título não tivesse sido usado pelo apóstolo Paulo (ver 1Tm 1.15). Sei quão profundamente me rebelei contra Deus. Eu sei como preciso desesperadamente de um Salvador.

É por isso que a cruz é tão preciosa para mim. É por isso que um ataque à cruz é um ataque ao próprio cerne do que significa ser cristão. Como veremos, um ataque à cruz é um ataque à natureza do próprio Deus.

JESUS PRECISAVA MORRER?

"A visão religiosa do povo da antiga Mesopotâmia era que os deuses estavam zangados e que a única forma de apaziguá-los era com sangue", disse o pastor progressista, durante um sermão em uma manhã de domingo. Gesticulando de forma atípica, ele estendeu os braços enquanto imitava um antigo judeu tentando agarrar um touro e arrastá-lo para a tenda onde estavam reunidos.

"É por isso que os israelitas *pensavam* que era necessário arrastar cabras e touros para o altar e fazer sacrifícios a Yahweh", disse ele. "Mas quando Jesus apareceu e disse que cumpriu a lei, estava dizendo-lhes que não era mais necessário fazer isso. Eles nunca mais o fizeram." Então, ele soltou as suas mãos e levantou-as ligeiramente para indicar o alívio e a liberdade pela luta encerrada. "Jesus não veio para abolir a lei." Após uma pausa dramática, ele falou muito lentamente: "Ele ... veio ... para pôr ... um fim a ela."

Muitas perguntas giravam em minha mente enquanto olhava à minha volta, para ver se mais alguém estava tão chocado quanto eu. Não. Só eu. A maior parte da congregação parecia estar completamente atraída por seu discurso impetuoso.

"Teria ele realmente acabado de dizer que tudo o que os israelitas pensavam era que precisavam fazer sacrifícios?"

"Estaria argumentando que todo o sistema sacrificial do Antigo Testamento era apenas uma imitação bem-intencionada da cultura ao redor?"

"Ele está insinuando que Moisés entendeu errado?"

"Espere um instante! Compreendemos a morte de Jesus através da lente do sistema sacrificial. Se não foi algo que Deus instituiu, por que, então, Jesus precisava morrer?"

Esta foi a questão chave, e alguns dias depois pude perguntar ao pastor sobre o assunto. Ele respondeu ponderadamente: "Bem, penso que Jesus *precisava mesmo* morrer. Ele precisava morrer por causa do seu amor por nós. Ele sabia que as pessoas são sedentas por sangue e violentas, por isso ele depôs a sua vida e nos deu a nossa porção de carne. Foi o derradeiro ato de amor."

Ele despojou a cruz da expiação e a envolveu em um manto de "amor". Naquele momento, isso pareceu chocante. Eu não conseguia imaginar que um cristão pudesse ver o sacrifício expiatório de Jesus como qualquer outra coisa, a não ser como algo maravilhoso. À medida que o tempo foi passando, comecei a notar outros cristãos progressistas combatendo algo que eles entendiam ser um "abuso infantil cósmico".

AMOR REDENTOR OU ABUSO INFANTIL CÓSMICO?

Quando comecei a estudar a expiação, reparei que a Bíblia utiliza várias metáforas e linguagem descritiva para retratar como realmente foi a morte de Jesus na cruz. Sendo ávida leitora da Bíblia desde a minha juventude, nada disso era novidade; mas, até então, eu não sabia que as pessoas tinham a tendência de preferir uma metáfora à outra. Para mim, todas elas funcionavam como facetas diferentes do mesmo belo diamante. Por exemplo, Marcos 10.45 descreve Cristo como o nosso "resgate". 1 Coríntios 15.54-57 nos diz que Jesus derrotou os poderes do pecado e da morte, dando-nos a vitória. Filipenses 3.10-12 apresenta Jesus como um exemplo moral a seguir, convidando o cristão a tornar-se "como ele na sua morte". Gálatas 4.4-7 explica que Jesus nos resgatou da lei, para sermos recebidos por Deus como filhas e filhos adotivos.

Uma descrição bíblica em particular - que "Cristo morreu pelos nossos pecados" - é o núcleo essencial da fé cristã histórica. Esse princípio é mencionado no credo que já mencionamos, registrado por Paulo em 1 Coríntios 15.3-5 e discutido no capítulo 3. Eventualmente, essa doutrina acabou se tornando conhecida como "expiação substitutiva". Significa que Jesus morreu no nosso lugar, como nosso substituto. Mas a Bíblia nos diz que Jesus também pagou a pena pelo nosso pecado, o que acrescenta um elemento mais profundo ao nosso entendimento. Isso chama-se "expiação substitutiva penal". A palavra *penal* tem a ver com castigo e penalização. De todas as descrições bíblicas da expiação, essa é a mais comumente rejeitada pelos cristãos progressistas. O autor progressista

OUTRO EVANGELHO?

Tony Jones chama isso de "modelo de pagamento", o que ele rejeita totalmente.[16] Pode ser resumido desta forma:

- Nós, humanos, somos criaturas caídas e pecadores por natureza (Rm 3.23, 5.12; Ef 2.1-3);
- O nosso pecado separa-nos de Deus (Is 59.2; Ef 2.12, 4.18);
- A consequência para o nosso pecado é a morte (Gn 2.17; Ez 18.20; Rm 5.12, 6.23);
- Jesus, Deus encarnado, morreu pelos nossos pecados no nosso lugar, como o nosso substituto (Is 53; Rm 3.21-25, 5.8-10; At 20.28; 1Co 15.3; 2Co 5.21; Gl 1.3-4; Ef 5.1-2; Hb 9.26; 1Tm 2.5-6; 1Pe 3.18);
- Jesus pagou o preço pelos nossos pecados (1Co 6.20, 7.23; Gl 3.13; 1Pe 1.18-19, 2.24, 3.18);
- O seu sacrifício satisfez a ira de Deus (Jo 3.36, Rm 3.24-25, 5.9; Hb 2.17; 1Jo 2.2, 4.10) para que pudéssemos ser reconciliados com Deus (Rm 5.10-11; 2Co 5.18-21; Cl 1.20; Ef 2.16).

Essa crença tem unido os cristãos ao longo dos tempos e entre culturas e continentes. É a história que a Escritura nos conta, desde a queda no Éden, no Gênesis, até a sua restauração, em Apocalipse. Em Gênesis 3.21, Deus insinua a necessidade de sacrifício quando mata um animal e usa a sua pele para cobrir a nudez de Adão e Eva. Em Apocalipse, Jesus é chamado de Cordeiro várias vezes. Anjos e anciãos até cantam para Jesus: "E com teu sangue *comprastes* para Deus homens de toda tribo, língua, povo e nação" (Ap 5.9, NVI, ênfase acrescentada). O versículo 12 continua: "Digno é o Cordeiro, que foi morto." Chamar Jesus de "o Cordeiro" é retornar à referência do sistema sacrificial do Antigo Testamento.

---

16 Tony Jones, *Did God Kill Jesus? Searching for Love in History's Most Famous Execution* (San Francisco: HarperOne, 2015), parte 4.

Abuso infantil cósmico?

Por exemplo, Levítico 4 e 5 nos fala de dois dos sacrifícios que os judeus do Antigo Testamento eram obrigados a trazer diante do Senhor: ofertas pelo pecado e ofertas pela culpa. Essas duas ofertas juntas tinham o objetivo de se proceder a expiação pelo pecado do ofertante. Esses sacrifícios exigiam um touro (para o sumo sacerdote ou congregação) ou um animal do rebanho (para os cidadãos comuns) a ser abatido, com parte de seu sangue colocado sobre os chifres do altar e o restante a ser derramado na base do altar. Levítico 4.32 menciona, especificamente, sobre trazer um cordeiro como oferta pelo pecado. No Novo Testamento, João Batista explicitamente identifica Jesus com essa prática, declarando: "Eis o cordeiro de Deus, que tira o pecado do mundo" (Jo 1.29). Em 1 Coríntios 5.7, o apóstolo Paulo chama Jesus de "nosso cordeiro pascal" que "foi imolado". Essa é uma comparação direta com os cordeiros abatidos, cujo sangue os Israelitas colocaram nos umbrais de suas portas durante a última praga no Egito. Esse sangue foi o que salvou os seus filhos primogênitos da morte. Ou seja, o cordeiro morreu para que os seus filhos não precisassem morrer.

Apesar da abundância de testemunhos bíblicos, a única coisa que praticamente todos os líderes progressistas concordam é que Jesus não morreu para pagar a pena pelo nosso pecado. Ele foi crucificado por uma multidão enfurecida por falar a verdade com poder, e o seu amor e perdão para com os que o mataram é o exemplo que todos devemos seguir. De acordo com o cristãos progressistas, Jesus não precisava morrer; mas, submeteu-se à vontade do povo. De acordo com a sabedoria deles, a visão histórica faz de Deus nada mais do que um pai abusivo.

Embora a ideia de um "abuso infantil cósmico" esteja há um bom tempo nos círculos teológicos mais liberais, penetrou no meio evangélico através do livro popular *A Cabana*. Lançado em 2007, o livro vendeu mais de vinte milhões de exemplares (até 2010 foram impressas dez milhões de cópias) e passou 136 semanas na lista dos mais vendidos no

New York Times.¹⁷ O livro apresenta Mack, um pai de cinco filhas, cuja filha Missy foi raptada e morta por um assassino em série. Enquanto sofre com o luto, ele encontra um bilhete na sua caixa de correio, vindo de "Papa", convidando-o a encontrar-se na cabana onde se supunha que a Missy fora morta. Chegando lá, Mack encontra as pessoas da Trindade, cada um assumindo a forma de um personagem diferente. O "Papa", que era o Pai, era uma mulher afro-americana. Jesus era um carpinteiro do Oriente Médio. O Espírito Santo era uma mulher asiática chamada Sarayu. Durante aquele tempo na cabana, Mack tem muitas conversas teológicas com esses personagens sobre o mal, o sofrimento, a expiação e a natureza de Deus.

Por ter sido escrito em forma de romance, alguns cristãos têm dificuldades para discernir a teologia por detrás do livro. Conheci muitas pessoas que admitem ter "acendido um alerta" sobre algumas coisas que leram nele, mas que acabaram descartando essas preocupações por estarem tão profundamente comovidos pela linha emocional da história. Em uma cena, Mack pergunta a "Papa" por que Jesus tinha que morrer. Apesar da razão ter ficado um tanto obscura, "Papa" diz que a morte de Jesus a reconciliou (o Pai) com o mundo todo. Quando Mack pergunta se ela só está reconciliada com aqueles que acreditam em Jesus, "Papa" responde: "com o mundo inteiro, Mack."¹⁸ Embora não seja uma afirmação absoluta de universalismo, cenas como essa deixaram muitos cristãos intrigados sobre o que o livro estava de fato comunicando.

Alguns anos depois do lançamento de *A Cabana*, o seu autor, William Paul Young, publicou um tratado teológico chamado *Lies We Believe about God* (*Mentiras que Acreditamos Sobre Deus*). Nele, as dicas e

---

17 Larry Getlen, "This Man Wrote a Small Book for His Family—and It Became a Best-Seller", New York Post. Disponível em: https://nypost.com/2016/12/25/this-man-wrote-a-small-book-for-his-family-and-it-became-a-best-seller/. Acesso em: fev.2022.

18 William Paul Young, *The Shack* (Newbury Park, CA: Windblown Media, 2007), 210 [edição em português: *A Cabana* (Guarulhos: Editora Arqueiro, 2008)].

aplicações que fez no seu romance são articulados com clareza e certeza. William P. Young afirma a reconciliação universal e nega a expiação substitutiva de Jesus. Ele escreve:

> "Quem deu origem à cruz?
>
> Se foi Deus, então adoramos um abusador cósmico, que na Sabedoria Divina criou um meio de torturar seres humanos da forma mais dolorosa e abominável possível (...).
>
> A alternativa é que a cruz teve a sua origem conosco, seres humanos. Esse dispositivo fora dos padrões é a manifestação icônica do nosso compromisso cego com as trevas (...).
>
> E como Deus respondeu a essa situação de profunda ruína?
>
> Deus submeteu-se a ela. Deus se dispôs a subir ao nosso dispositivo de tortura e encontrou-se conosco no lugar mais profundo e escuro da prisão diabólica de nossas próprias mentiras, e por submeter-se de uma vez por todas, Deus destruiu esse poder (...).
>
> E, como nós, os religiosos, interpretamos este sacrifício? Declaramos que foi Deus quem matou Jesus, sacrificando-o como um meio necessário para apaziguar sua sede sanguinária por justiça.[19]

Ele explica por que a ideia de que o Pai teria exigido o Filho a levar o nosso castigo é abominável para ele:

> Uma das narrativas sobre Deus é que, por causa do pecado, Deus exigiu o sacrifício do filho, para apaziguar o senso de indignação pela justiça e a fúria da santidade – e Jesus foi esse sacrifício extremo. Bem, se Deus é assim, faria então sentido seguirmos os seus

---
[19] William Paul Young, *Lies We Believe about God* (New York: Atria Books, 2017), 149–51 [edição em português: *As Mentiras que Nos Contaram Sobre Deus* (Rio de Janeiro: Editora Sextante, 2017)].

passos? Mas nós sabemos, intuitivamente, que tal pensamento está errado, terrivelmente errado.[20]

Tal como o meu antigo pastor, muitos progressistas sugerem que o sistema sacrifical não fazia parte do plano de Deus; em vez disso, afirmam que os israelitas adotaram a prática de outras culturas antigas. O pastor progressista britânico Steve Chalke diz:

> A substituição penal é equivalente ao "abuso infantil" – ou seja, um Pai vingativo castigando o seu Filho por uma ofensa que ele nem sequer cometeu. Embora a aspereza desta imagem (que para mim não é original, certamente) possa chocar alguns, na verdade é apenas um óbvio "desmascaramento" do pensamento pré-cristão violento, por detrás de tal teologia.[21]

Rob Bell acrescenta:

> Deus não criou o sistema sacrifical. As pessoas é que o fizeram. O sistema sacrifical evoluiu, à medida que os humanos desenvolveram ritos e rituais para ajudá-los a lidar com a culpa e o medo.[22]

Os primeiros cristãos, afirma Bell, deram mais um passo à frente, quando optaram por "interpretar a morte de Jesus através da lente do

---

20 William Paul Young, *Lies We Believe about God* (New York: Atria Books, 2017), 149–51 [edição em português: *As Mentiras que Nos Contaram Sobre Deus* (Rio de Janeiro: Editora Sextante, 2017)].
21 Ver Justin Taylor, "Response to Wright from the Authors of 'Pierced for Our Transgressions'", Gospel Coalition blog. Disponível em: https://www.thegospelcoalition.org/blogs/justin-taylor/response-to-wright-from-authors-of/. A declaração de Chalke originalmente constava em seu artigo "Cross Purposes", Christianity Magazine, Set.2004, 44–48.
22 Rob Bell, *What Is the Bible?* (San Francisco: HarperOne, 2017), 244.

sistema sacrificial, confiando que a paz com Deus, que os humanos ansiavam por milhares de anos, era de fato uma realidade".[23]

Brian Zahnd, autor de *Sinners in the Hands of a Loving God* (Pecadores nas Mãos de um Deus Amoroso), escreve que "o Calvário não é o lugar onde vemos o quanto Deus é violento; o Calvário é o lugar onde vemos o quanto a nossa civilização é violenta"[24]. Zahnd argumenta que o entendimento moderno de substituição penal é uma doutrina desenvolvida por João Calvino, tendo antes surgido sob outra forma, no século onze.[25] Muitos progressistas concordam, apontando para o monge italiano Anselmo que elaborou o que é chamado de satisfação teórica, a qual se baseia no princípio de que aquele que ofendeu ao outro deve fazer a restituição ao ofendido de acordo com o status dessa pessoa. Sendo o Rei dos reis, Deus exigiu uma compensação muito além do que a humanidade tem capacidade para pagar. Apenas Jesus - alguém totalmente divino (com status igual a Deus) e totalmente humano (a parte devedora) - poderia oferecer a si próprio em nosso favor. Richard Rohr e outros progressistas argumentam que Anselmo desenvolveu essa teoria porque estava estritamente alinhada com a compreensão feudal e a prática da justiça da Idade Média.[26]

Não só o sistema sacrificial teve origem com os seres humano, dizem os progressistas, mas a crença de que Cristo se sacrificou em nosso favor é perigosa, porque distorce a nossa visão do Pai. "Deus não precisava do sangue dos sacrifícios. O povo é que precisava", diz Bell. "Deus não precisava matar alguém para ficar 'feliz' com a humanidade. Que tipo de Deus

---

23 Rob Bell, *What Is the Bible?* (San Francisco: HarperOne, 2017), 245.
24 Brian Zahnd, *Sinners in the Hands of a Loving God* (New York: Crown Publishing Group, 2017), 86.
25 Brian Zahnd, "Monster God or Monster Man" (debate entre Zahnd e Michael Brown), International House of Prayer Symposium, 2014). Disponível em: https://www.youtube.com/watch?v=aGYF-jKa5n0Y. Acesso em: fev.2022.
26 Richard Rohr, "Jesus and the Cross: Changing Perspectives", Center for Action and Contemplation. Disponível em: https://cac.org/changing-perspectives-2019-02-05/. Acesso em: fev.2022.

seria esse? Seria um tipo horrível e terrível."[27] Zahnd escreve que "a única coisa que Deus chama de justiça é o ato de consertar o mundo, não de punir um substituto inocente mediante o interesse mesquinho de buscar apaziguamento!"[28] Chalke acrescenta que "a verdade é simplesmente que, se Deus não se relaciona com o seu único Filho como um Pai perfeito, nós tampouco podemos nos relacionar com ele como Pai."[29]

Outro problema com essa visão da expiação, dizem alguns progressistas, é que quando a nossa teologia enfatiza a morte de Jesus, deixamos de entender a importância do exemplo que ele nos deu através da sua vida. Richard Rohr explica: "Acredito que a morte de Jesus na cruz é uma revelação do amor infinito e participativo de Deus, não um pagamento sangrento exigido pela justiça ofendida de Deus, com a finalidade de retificar o problema do pecado. Essa linha de pensamento é insignificante e cheia de problemas."[30] Em outro lugar, ele diz que "Jesus veio para mudar a mente da humanidade sobre Deus; não houve necessidade de uma transação, não houve necessidade de um sacrifício de sangue."[31] Em relação aos pontos de vista da expiação dos "cristãos modernos", escreve Rachel Held Evans:

> "Jesus veio para morrer", eles dizem, referindo-se a uma visão do cristianismo que reduz o evangelho a uma transação, em que Deus precisava de um sacrifício para expiar os pecados do mundo e, assim, sacrificou Jesus na cruz para que os crentes pudessem ir ao céu. Nessa perspectiva, Jesus basicamente aparece para pagar a nossa fiança.[32]

---

27 Rob Bell, *What Is the Bible?* (San Francisco: HarperOne, 2017), 244–45.
28 Brian Zahnd, *Sinners in the Hands of a Loving God* (New York: Crown Publishing Group, 2017), 86.
29 Ver Albert Mohler, "Has the Message of Jesus Been Lost?". Disponível em: https://albertmohler.com/2005/04/27/has-the-message-of-jesus-been-lost/. Acesso em: fev.2022.
30 Richard Rohr, ""Jesus and the Cross: Substitutionary Atonement ". Disponível em: https://cac.org/substitutionary-atonement-2019-02-03/. Acesso em: fev.2022.
31 Richard Rohr, "New Orthodoxy in Light of Emerging Faith". Disponível em: https://www.youtube.com/watch?v=dHTty9l6Btw. Acesso em: jun.2020.
32 Rachel Held Evans, *Inspired: Slaying Giants, Walking on Water, and Loving the Bible Again* (Nashville: Thomas Nelson, 2018), 154.

Embora muitos progressistas sugiram que devemos nos concentrar mais na vida e nos ensinamentos de Jesus, eles não negam que Jesus morreu por nós. No entanto, as razões que apresentam são muito diferentes das apresentadas pelos que creem que Jesus deu a sua vida como resgate pela humanidade. Para resumir, eles dizem que Jesus permitiu que um mundo sedento de sangue o matasse, para nos mostrar como devemos amar e perdoar os outros. Zahnd explica,

> A cruz não é uma figura de pagamento; a cruz é uma figura de perdão. A cruz não é onde Deus encontra um jovem para chicoteá-lo e descarregar nele a sua ira; a cruz é onde Deus salva o mundo através de um amor auto sacrificial. O sacrifício de Jesus foi necessário para nos convencer a deixar de produzir vítimas de sacrifícios, mas não foi necessário para convencer Deus a perdoar.[33]

Essa compreensão da razão pela qual Jesus morreu afeta certamente a maneira como muitos progressistas veem as várias práticas eclesiásticas, inclusive a Eucaristia. Com base nessa nova interpretação, Brian McLaren oferece uma forma alternativa de compreender a Santa Ceia:

> Em um entendimento eucarístico centralizado, expiações ou sacrifícios apaziguadores são simplesmente desnecessários. Nada precisa ser feito para apaziguar um Deus hostil, porque, através de Cristo, Deus revelou-se como inerentemente gracioso e bondoso, buscando reconciliação, e não como hostil e vingativo, necessitando de ser apaziguado.[34]

---

[33] Brian Zahnd, *Sinners in the Hands of a Loving God* (New York: Crown Publishing Group, 2017), 86–87.
[34] Brian D. McLaren, *Why Did Jesus, Moses, the Buddha, and Mohammed Cross the Road?* (New York: Jericho Books, 2012), 212.

A IRA DO ESPANTALHO

Quase todas as citações acima, de alguma forma, descaracterizam a visão cristã histórica da cruz. Como exemplo, Brian Zahnd diz que a "sexta-feira santa não tem a ver com ira divina; a sexta-feira santa tem a ver com o amor divino".[35] Os cristãos sempre viram a Cruz como o quadro extremo do amor divino; mas também reconhecem que um Deus justo não habita com o pecado - não por ser intolerante, mas devido à sua bondade e santidade, e por causa dos estragos causados pelo pecado sobre a sua criação. O estudioso do Antigo Testamento Jay Sklar refere-se ao pecado como um "ácido que estraga e corrói tudo o que toca". Ele ressalta: "O Senhor não está sendo um desmancha-prazeres ao proibir o pecado; ele está sendo um Salvador amoroso."[36]

Observe, também, como os progressistas descrevem Deus e suas ações usando palavras como *hostil, torturador, mesquinho, abusador, abominável* e *sedento de sangue*, mesmo que essa descrição esteja em desacordo com a forma como Deus é descrito em toda a Escritura (como Pai, Criador, Supridor, Provedor, Bálsamo e Pastor). Da mesma forma, expressões como *bode expiatório* e *sacrifício infantil* são usados para descrever Jesus e o seu destino. Toda essa retórica e manipulação de linguagem ajuda a construir uma falácia lógica chamada de espantalho. No pensamento crítico, um espantalho é criado quando alguém retrata mal a visão do seu oponente, construindo uma versão que é muito mais fácil de refutar ou derrubar, como se derruba um espantalho em vez de um homem de verdade. Da mesma forma, o tipo de ira e justiça que normalmente é rejeitada pelos progressistas não é a versão bíblica, mas um espantalho baseado no tipo de ira que o ser humano experimenta em vez da verdadeira ira de Deus.

---

35 Brian Zahnd, *Sinners in the Hands of a Loving God* (New York: Crown Publishing Group, 2017), 86.
36 Jay Sklar, *Leviticus: An Introduction and Commentary* (Downers Grove, IL: IVP Academic, 2014), 42.

Abuso infantil cósmico?

Qual é a primeira coisa que lhe vem à mente quando ouve a palavra *ira*? Para mim é uma imagem que é fruto de uma combinação perfeita entre os Espectros Nazgûl (da trilogia *O Senhor dos Anéis*), Ricardo Montalbán (da série antiga do Jornada nas Estrelas "A ira de Khan") e um pregador temperamental sul-americano (talvez vestido como um Espectro Nazgûl) gritando e cuspindo do seu púlpito sobre as cabeças de seus paroquianos assustados.

É compreensível que um bom número de cristãos esteja confuso acerca da ira de Deus. Para alguns, a *ira* evoca memórias de um pai furioso, que vive em uma fúria desenfreada por quase nada. Para outros, desperta sentimentos de medo e pavor da infância pelo valentão da escola ou por um professor abusivo. Nossos exemplos humanos de ira, muitas vezes, se tornam a nossa compreensão da ira de Deus, que na verdade é totalmente diferente.

Colossenses 3.8 nos diz que a ira carnal injusta é pecaminosa: "Agora, porém, despojai-vos, igualmente, de tudo isto: ira, indignação, maldade, maledicência, linguagem obscena do vosso falar." Mas, através do Antigo e do Novo Testamento, a Escritura nos dá uma metáfora para ajudar-nos a compreender a ira de Deus.

NÃO ESSE TIPO DE IRA

Em todo o Antigo Testamento (e mais tarde no Novo), a Bíblia compara a ira de Deus a um cálice. O profeta Isaías escreveu que o povo de Jerusalém tinha "bebido da mão do Senhor o *cálice* da sua ira" (Is 51.17, ênfase acrescentada). Jeremias ecoa um sentimento semelhante: "Porque assim me disse o Senhor, o Deus de Israel: Toma da minha mão este cálice do vinho do meu furor e darás a beber dele a todas as nações às quais eu te enviar" (Jr 25.15). Mais tarde, no livro de Apocalipse, descobrimos que qualquer pessoa que receba a marca da besta "beberá do vinho da cólera de Deus, preparado, sem mistura, do cálice da sua ira" (Ap 14.9-10).

Jesus menciona esse cálice mais uma vez, quando está orando no jardim do Getsêmani na noite antes de enfrentar a cruz: "Meu Pai, se possível, passe de mim este cálice! Todavia, não seja como eu quero, e sim como tu queres" (Mt 26.39). Com a compreensão bíblica do cálice, podemos compreender melhor a angústia de Jesus no jardim. Ele não estava apenas se referindo ao sofrimento físico que estava prestes a suportar. Estava também se preparando para beber do cálice da ira de Deus - a taça que Deus pacientemente esperou para derramar sobre o seu Filho.

A ira de Deus não é um ataque de raiva divino, desencadeado por sentimentos erráticos de ofensa e ódio. A ira de Deus não é mesquinha nem rancorosa. É o julgamento controlado e justo de tudo o que se opõe à perfeita natureza e amor do Senhor.

Devemos ser muito gratos pela ira de Deus. A ira de Deus implica que haverá justiça para as vítimas do Holocausto. A ira de Deus significa que o Estado Islâmico do Iraque não escapará com as suas atrocidades. A ira de Deus significa que um dia todo o mal e o pecado serão colocados em quarentena e que aqueles que depositaram a sua confiança em Jesus serão inteiramente separados da maldade, e salvos das garras do sofrimento e corrupção para sempre. A ira de Deus existe porque ele é amor.

O teólogo croata Miroslav Volf reconheceu isso, depois de ter testemunhado os horrores da guerra da Bósnia:

> Eu costumava pensar que a ira era indigna de Deus. Deus não é amor? O amor divino não deveria estar além da ira? Deus é amor, e Deus ama cada pessoa e todas as criaturas. É exatamente por isso que Deus está furioso contra alguns deles. A minha última resistência contra a ideia da ira de Deus foram as vítimas da guerra na antiga Iugoslávia, a região de onde venho. De acordo com algumas estimativas, 200.000 pessoas foram mortas e mais de 3.000.000 foram dispersas. *As minhas* aldeias e cidades foram destruídas, o

meu povo era bombardeado dia sim e dia não, alguns deles brutalizados além da imaginação, e eu não conseguia imaginar Deus não ficando irado. Ou pensemos em Ruanda, na última década do século passado, onde 800.000 pessoas foram diaceradas até a morte em cem dias! Como Deus reagiu à carnificina? Teria mimado os criminosos, como faria um bom vovozinho? Ou se recusado a condenar aquele banho de sangue e, em vez disso, afirmado a bondade em geral daqueles criminosos? Deus não ficou furiosamente irado contra eles? Embora eu costumasse queixar-me da indecência da ideia da ira de Deus, vim a compreender que eu teria de me rebelar contra um Deus que *não* se irasse diante da visão da maldade do mundo. Deus não se ira *apesar* de ser um Deus de amor; Deus se ira *porque* Deus é amor.[37]

Uma teologia robusta da cruz é o que fará resistir as tempestades, sofrimentos, perseguições e provações, conforme prometeu Jesus àqueles que são os seus verdadeiros seguidores. Essa é uma promessa difícil - não do tipo superficial que se encontra em uma caixinha de promessas. Mas, juntamente com a sua promessa, Jesus nos deixou esta magnífica garantia: "Tende bom ânimo; eu venci o mundo" (Jo 16.33).

FIDA TUTA

Uma mãe que eu conheço tem um filhinho com um atraso de desenvolvimento chamado de "desordem de linguagem receptiva". Basicamente, isso significa apenas que ele tem dificuldade em compreender o que as pessoas dizem a ele. Desde cedo, ele não respondia às perguntas mas repetia o que lhe era falado. Se ela lhe perguntasse: "Você quer um lanche?" ele responderia, "Quer um lanche?". Demorou um longo tempo para ele aprender a

---

[37] Miroslav Volf, *Free of Charge: Giving and Forgiving in a Culture Stripped of Grace* (Grand Rapids, MI: Zondervan, 2005), 138–39.

diferença entre uma pergunta e um afirmação. Devido às suas capacidades linguísticas limitadas, ele muitas vezes lutava contra a raiva e a frustração.

Um dia, quando ele pediu para ver um certo programa de televisão, ela disse-lhe que não. Essa é uma palavra que ele compreendia bem. Imediatamente ele ficou vermelho como brasa, olhou firme para ela, e vociferou: *"Fida tuta!"*

Ela sabia que ele tinha ouvido aquele palavrão na pré-escola e estava experimentando falar em casa. Ele entendeu que não era uma coisa agradável de se dizer, mas também não estava ciente das implicações - ou mesmo do significado do que seja um palavrão.

A mãe fez tudo o que pode para não cair no riso. Desculpe, mas a criança de quatro anos mais adorável do mundo, ficando vermelha e tentando falar um palavrão (mas falhando miseravelmente) é bastante engraçado. A mãe se conteve e lhe explicou que nunca mais deveria dizer aquela palavra, e o colocou de castigo pelo seu desrespeito. Foi incrivelmente fácil perdoar-lhe e esquecer, porque ele é tão querido e porque ela o ama e tem caminhado com ele em todas as suas lutas. Ela não conseguiria imaginá-lo experimentando qualquer tipo de *ira* da parte dela, por aquele pecado.

A questão é, se esta mãe pode perdoar o seu filho tão facilmente e sem qualquer tipo de sacrifício ou pagamento, por que Deus não pode fazer o mesmo? Deus não é moralmente superior a ela? Não é ele moralmente superior a mim quando eu perdoo os *meus* filhos? Por que ele teria que castigar alguém pelos nossos pecados? E, por que o seu próprio Filho?

A verdade é que os pecados do filho da minha amiga realmente *não ficaram* impunes. Apesar de que ela o tenha perdoado e esquecido, houve danos causados. *Cada pecado causa danos, e toda vez alguém paga pelos danos.* Nesse caso, ela *obrigou-o* a pagar pelos danos, pondo-o de castigo. Se ela o tivesse deixado sair ileso, os danos continuariam a ser pagos de uma forma ou de outra. Ou pagava absorvendo o seu insulto, ou ele pagaria não aprendendo a lição, e talvez chamaria sua professora de "tuta" e se veria encrencado no gabinete do diretor, sentindo-se envergonhado e confuso. Se ela simplesmente o perdoasse e deixasse passar, ela não seria diferente de uma genitora codependente, que permite a seus filhos continuarem a fazer o que é errado.

O filósofo e professor de seminário Dr. R. Scott Smith destacou esse ponto em sua análise da teologia progressista sobre a cruz. Comentando sobre a rejeição da expiação substitutiva por McLaren, ele escreveu:

> O Deus de McLaren parece-me um facilitador com limites ruins, que praticamente permite a qualquer pessoa entrar na sua família (...).
>
> Não importa o quão bons e úteis possam parecer, os facilitadores não são heróis morais (...).
>
> Creio que realmente não queremos um Deus tão deficiente. No fundo, penso que queremos um Deus que seja digno de adoração – que é perfeito, a quem não falta qualquer boa qualidade, que seja puro em amor, compaixão, graça e misericórdia; mas também todo-poderoso, onisciente, santo, justo, bom e que esteja no controle, para que um dia ele corrija todos os erros e lide com eles de forma decisiva, até erradicar o mal. Mas o Deus de McLaren não pode lidar de forma definitiva com o mal. Ele simplesmente permite que o mal continue.[38]

Resumindo de maneira simples, sem a ira de Deus contra o pecado, o céu estaria cheio de inferno.

O BODE EXPIATÓRIO DE DEUS?

No livro *The Reason Why Faith Makes Sense*, Mark Mittelberg salienta que, na época medieval, um "bode expiatório" era um escravo que era

---

[38] R. Scott Smith, *Authentically Emergent: In Search of a Truly Progressive Christianity* (Eugene, OR: Cascade Books, 2018), 160–161.

trazido para ser chicoteado no lugar de um príncipe real que quebrou as regras. O tutor do príncipe não podia bater no príncipe, por ser da realeza; por isso, o príncipe tinha que assistir enquanto o escravo era castigado em seu lugar. Isso pagaria o preço pela transgressão e desencorajaria o príncipe de quebrar as regras novamente.[39] Mas seria essa a figura da cruz que a Bíblia demonstra para nós?

Absolutamente não, e aqui está a razão: Jesus não é uma vítima desafortunada ou um simples espectador desavisado e sem qualquer controle sobre o seu destino. *Jesus é Deus. Ele é aquele contra quem pecamos.* Ele veio para entregar voluntariamente a sua vida por nós. No Evangelho de João, ele disse: "Ninguém a tira [a minha vida] de mim; pelo contrário, eu espontaneamente a dou. Tenho autoridade para a entregar e também para reavê-la. Este mandato recebi de meu Pai" (Jo 10.18). Jesus não é o bode expiatório de Deus. Jesus é Deus feito carne, e ele amou tanto o mundo que veio voluntariamente para tomar sobre si a punição pelos nossos pecados.

Pense desta maneira: aqueles que condenam a ira de Deus ou acusam o Deus bíblico de ser um monstro moral, são frequentemente as mesmas pessoas que se queixam que ele permite o sofrimento e a maldade no mundo. No entanto, a Escritura nos fala de um Deus que não apenas nos dá uma resposta para o problema do mal, mas literalmente *se torna* a própria resposta. Deus olhou para o mal e o pecado do mundo, desceu até a sua própria criação e levou sobre si os nossos pecados, para efetivamente *dar um fim* ao pecado e o mal para sempre.

Um Deus que é justo e santo não pode simplesmente deixar o pecado impune - isso é um senso comum. Mas, além disso, tanto o Antigo quanto o Novo Testamento estão repletos de passagens relativas aos conceitos do sacrifício, de Deus requerendo sangue, da ira de Deus pelo pecado, e

---

39 Mark Mittelberg, *The Reason Why Faith Makes Sense* (Carol Stream, IL: Tyndale, 2001), 78.

sobre Jesus pagar a pena pelo nosso pecado. Hebreus 9.22 diz claramente, "sem o derramamento de sangue não há remissão de pecados". Isso baseia-se no que a lei diz em Levítico 17.11: "Porque a vida da carne está no sangue. Eu vo-lo tenho dado sobre o altar, para fazer expiação pela vossa alma, porquanto é o sangue que fará expiação em virtude da vida."

Não há escape. Para aqueles que tentam construir um cristianismo, o que eles constroem não é a realidade. É uma imitação criada à sua própria imagem, a qual será derrubada por uma forte onda de sofrimento ou pela ventania da dúvida.

O QUE FARIA JESUS?

Quando procurava as minhas próprias respostas sobre a expiação, eu queria saber qual era o ponto de vista de Jesus. Assim como eu queria que o meu ponto de vista sobre a Bíblia fosse formado pelo que Jesus ensinou, eu queria que a minha compreensão se alinhasse com a dele. O que Jesus *ensinou*? Estabelecemos no capítulo 9 que, como qualquer judeu do primeiro século, Jesus cria que todo o Antigo Testamento, também chamado de Antiga Aliança, era a palavra inspirada e autorizada de Deus. Ele confirmou as palavras de Moisés, através de quem Deus falou para instituir o sistema sacrificial (Jo 5.46).

A palavra hebraica traduzida para o português como "expiação" é a palavra "*kaphar*", que significa primariamente cobrir, limpar e purificar. Mas essa ideia foi moldada e introduzida muito antes de Moisés. Após cometerem o primeiro pecado, Adão e Eva instantaneamente perceberam que estavam nus, sentiram-se envergonhados e se esconderam de Deus. Deus os *cobriu* com peles de animais, acontecendo assim o primeiro sacrifício de sangue na história. O sangue de um animal inocente foi derramado em favor de Adão e Eva.

Deus prometeu que a descendência da mulher seria atingida, mas que também esmagaria a cabeça do inimigo (Gn 3.14-15). Pouco tempo depois, cobriu o casal com vestuário feito de peles (v. 21).

Mais tarde, ao estabelecer a antiga aliança, Deus exigiu que os israelitas fizessem sacrifícios de animais para cobrir ou expiar os seus pecados. Mas, Hebreus 10 nos diz que esses sacrifícios não poderiam tirar os pecados do povo. Quem é a descendência de Adão e Eva que seria atingida? Podemos recorrer ao livro de Isaías para obter a resposta:

> Certamente, ele tomou sobre si as nossas enfermidades e as nossas dores levou sobre si; e nós o reputávamos por aflito, ferido de Deus e oprimido. Mas ele foi trespassado pelas nossas transgressões; ele foi esmagado pelas nossas iniquidades; o castigo que nos traz a paz estava sobre ele, e pelas suas pisaduras fomos sarados. Todos nós andávamos desgarrados como ovelhas; cada um desviava pelo caminho mas o Senhor fez cair sobre ele a iniquidade de nós todos (...).
>
> *Todavia, ao Senhor agradou moê-lo, fazendo-o enfermar; quando der ele a sua alma como oferta pelo pecado, verá a sua posteridade e prolongará os seus dias; e a vontade do Senhor prosperará na sua mão.*
>
> *Ele verá o fruto do penoso trabalho de sua alma e ficará satisfeito o meu Servo, o Justo, com o seu conhecimento, justificará a muitos, porque as iniquidades deles levará sobre si. Por isso, eu lhe darei muitos como a sua parte e com os poderosos repartirá ele o despojo, porquanto derramou a sua alma na morte; foi contado com os transgressores; contudo, levou sobre si o pecado de muitos e pelos transgressores intercedeu"* (Isaías 53.4-6, 10-12, ênfase acrescentada).

Essa é uma das profecias que levou os israelitas a procurar um Messias - aquele que levaria os seus pecados e faria expiação por eles diante de Deus. Observe a linguagem nesta passagem: "Ao Senhor agradou moê-lo." Em Atos 2.23, Pedro afirmou que Jesus foi "entregue pelo determinado desígnio e presciência de Deus". Em outras palavras, o Messias não seria crucificado apenas por causa da ira da multidão, mas também porque essa era a vontade de Deus. E por causa desse Messias prometido, Isaías diz que muitos "seriam contados como justos". Isso significa que a sua justiça seria creditada na conta desses. Em outras palavras, os seus pecados seriam pagos. (Escrito cerca de 700 anos antes de Cristo, Isaías é um dos lugares onde a parte "penal" da expiação substitutiva é discutida. Ao contrário do que muitos progressistas tanto repetem, a pena da expiação substitutiva não foi inventada no século 11.)

Com essas passagens em mente, voltemos à noite anterior da morte de Jesus, para observarmos como ele via a cruz. No cenáculo, Jesus partiu o pão com os seus discípulos, dizendo: "Isto é o meu corpo oferecido por vós" (Lc 22.19). Depois, tomou o cálice de vinho e disse: "Este é o cálice da nova aliança no meu sangue derramado em favor de vós" (Lc 22.20). Naquele exato momento, Jesus estava relacionando o que a sua morte realizaria, em comparação com o que a morte sacrificial de animais realizava na antiga aliança. Ele estava instituindo a nova aliança.

Mais tarde, naquela mesma noite, Jesus citou diretamente do texto de Isaías 53, dizendo: "Pois vos digo que importa que se cumpra em mim o que está escrito: Ele foi contado com os malfeitores. Porque o que a mim se refere está sendo cumprido" (Lc 22.37). Jesus não podia ter sido mais claro. A profecia sobre o Messias, que falava a respeito de Deus colocar sobre ele os pecados de todos nós, *tratava-se de Jesus*.

Jesus via a si próprio como o derradeiro cordeiro sacrificial. O escritor de Hebreus confirma o que Jesus afirmou: "Não por meio de sangue de bodes e de bezerros, mas pelo seu próprio sangue, entrou no Santo dos Santos, uma vez por todas, tendo obtido eterna redenção (...) se manifestou uma vez por todas, para aniquilar, pelo sacrifício de si mesmo, o pecado" (Hb 9.12, 26).

OUTRO EVANGELHO?

Essas são algumas das muitas razões pelas quais os cristãos, por dois mil anos, têm afirmado que Jesus morreu pelos nossos pecados. Para alguns, isso soa como notícias muito ruins. Mas suponho que tudo se resume no fato de reconhecer ou não se, realmente, você é um pecador. Se você achar que é suficientemente bom, gentil e moral, então alguém morrer de forma agonizante e sangrenta em seu favor soa como algo horrível e desnecessário. Mas, se *sabe* que é um pecador e que merece pagar a pena máxima pelos seus pecados, como eu mereço, essa é a melhor notícia que poderia receber.

Os cristãos progressistas assumem que estão pintando Deus com tom mais tolerante, ao negar a expiação substitutiva de Jesus. Mas na realidade, eles estão simplesmente construindo um deus codependente e impotente, que não tem poder para parar o mal. Esse deus não é verdadeiramente bom. Esse deus não é o Deus da Bíblia.

Esse deus não pode salvá-lo.

12
RECONSTRUÇÃO

Não creio que a fé seja igual a um conjunto de proposições; e de fato, se nos voltarmos aos evangelhos, quero dizer, Jesus nunca pediu a ninguém que acreditasse em nada que fosse uma verdade proposicional sobre Deus, ou o céu, ou o que quer que seja. Jesus chamou as pessoas a um modo de vida. Ele disse: "Sigam-me, sejam meus discípulos." E esse era um convite a um modo de vida, um modo de ser neste mundo. Isso é algo diferente de uma fé que se define por um conjunto de proposições intelectuais.
— Dave Tomlinson

Não me lembro de quase nada sobre aquele dia. Eu estava dirigindo para algum lugar por alguma razão, mas lembro-me apenas de duas coisas sobre aquela viagem: o sol e aquela voz na rádio. Algumas semanas antes eu devo ter cantado aqueles hinos na mais espessa escuridão e chorado em um vazio silencioso, pedindo a Deus que se mostrasse a mim. Talvez já tivesse sido há meses. Era outono? Penso que sim, mas não sei ao certo. Quando você está naufragando não se preocupa em olhar para o calendário.

Muitos detalhes sobre esses meses não ficaram armazenados em minha memória. Eram as primeiras semanas de vida do meu filho. Um corpo debilitado desde o parto. Uma alma quebrantada.

OUTRO EVANGELHO?

Exaustão.

E, depois, a luz.

Eu sei que o sol estava brilhando naquele dia. Ainda consigo sentir o calor que irradiava através do para-brisa e se difundia em minha face. E aquela voz. Eu não sou uma pessoa que escuta rádio. Nunca fui. Mas nesse dia liguei o rádio do carro e pressionei a tecla "procurar". Uma estação após a outra, só tocavam músicas irritantes e de má qualidade, como um bobo da corte tentando bancar o sabido com cara de tolo em um banquete medieval. Até os trovadores não tinham nada a me oferecer.

E depois a voz. A marca que ficou em minha memória foi aquela voz calma, amável e inteligente, de um homem que respondia perguntas em um *campus* universitário secular. Um após outro, os estudantes lançavam as suas melhores objeções céticas contra o cristianismo, cada um pensando que finalmente tinha formulado a pergunta que desafiaria o orador e que finalmente colocaria a religião na sepultura. Uma a uma, com uma precisão habilidosa, ele respondeu com sabedoria e lógica, e com a tranquilidade de uma pessoa que já ouviu a pergunta mil vezes antes. Praticamente, quase todos os argumentos engenhosos que o pastor progressista havia usado nas aulas foram agora respondidos com um senso comum bastante claro.

Era como se um bote salva-vidas tivesse vindo em minha direção, com o capitão gritando: "Há respostas! Entre no barco! Há respostas!"

Se você também se sente como se estivesse perdendo seu chão devido a uma profunda dor, dúvida, ou por causa dos argumentos persuasivos de um progressista, por favor ouça-me: Há ... respostas. Eu comecei a descobri-las ao ouvir o programa de rádio diário de um apologista talentoso. Sendo mãe de um recém-nascido e de uma criança pequena, não tinha muito tempo para ler mas conseguia ouvir. Por isso, a cada dia, enquanto lavava a louça, mudava as fraldas, fazia o bebê comer, dirigia ou lavava roupa, eu ouvia o seu programa.

Depois descobri outros recursos apologéticos - aplicativos, blogues e *podcasts* - que respondiam a muitas das minhas perguntas. (Veja a seção de fontes adicionais, para uma lista de alguns deles.) À medida que os anos foram passando, meus filhos não ouviram Barney (o dinossauro roxo) ou os CDs de música *pop* infantis enquanto dávamos nossas saídas. Escutávamos palestras sobre entropia genética, criação *versus* evolução, e crítica textual. Muitas vezes, o som de fundo para o barulho deles eram sermões expositivos e *audiobooks* sobre a confiabilidade histórica dos Evangelhos, a história da igreja e teologia. (Talvez seja por isso que a minha filha, que agora é quase uma adolescente, me perguntou se eu lhe compraria uma camiseta que diz: "Ter uma mãe estranha constrói o caráter".) Depois dos meus filhos terem ficado um pouco mais velhos, comecei a ler tudo o que podia e assistir as aulas do seminário.

Lenta e firmemente, Deus começou a reconstruir a minha fé. As questões que tinham arrancado a fundação que sustentavam minhas crenças – aquelas que eu nunca tinha pensado em questionar, aquelas que eu nem sabia que existiam - não estavam apenas sendo respondidas. Elas estavam sendo diminuídas por provas substanciais e pela lógica insondável, tão robustas que me senti como uma criança em uma loja de doces, uma criança que acabara de descobrir que os doces existem. No entanto, cada vez que uma pergunta era respondida, dez novas perguntas tomavam o seu lugar. O processo não foi rápido.

MAIS FORTALECIDA DO QUE NUNCA

Para não restar dúvidas de que os meus filhos se divertiram, eu tenho outra confissão a fazer: uma das minhas alegrias secretas era construir coisas de LEGO com eles. Não importa o que estivéssemos construindo, eu apreciava todo o processo - as instruções, a infinita procura até a última pecinha e a emoção do trabalho acabado. Minha filha e eu, uma vez, passamos dias montando um LEGO de um dragão com cauda comprida e um sorriso sádico, mostrando os dentes afiados. Foi um dos conjuntos mais complexos que já montamos, principalmente por causa de todas as voltas e contornos do corpo do dragão. Quando terminamos a obra, ela o exibiu orgulhosamente no topo da sua estante. Mais tarde, no mesmo dia, entrei no seu quarto e encontrei o dragão no chão, com a cauda despedaçada e dezenas de peças desprendendo de seu tronco. Parecia que tinha caído e depois sido pisado e atropelado por um carro. Até hoje não sei bem o que aconteceu, exceto que ... talvez ... estejam envolvidos na história um cão, ou um irmãozinho, ou alguns desses duendes mágicos! Não vamos especular além disso. Mas tínhamos uma escolha a fazer. Seria o caso de juntarmos as peças soltas, desmontar o restante do dragão e jogar as peças em uma caixa gigantesca, junto com os restos mortais de muitos outros conjuntos de LEGO? Ou deveríamos partir do princípio de que o manual de instrução não nos orientou corretamente por conter falhas? Em caso afirmativo, deveríamos simplesmente jogar fora o manual e criarmos algo novo? Ou deveríamos recolher as peças cuidadosamente, avaliar os danos, estudar o manual, descobrir o nosso novo ponto de partida e começar a construir de novo?

Se fosse outro conjunto, teríamos desmontado e jogado as peças na caixa de LEGO, como as outras que tiveram o mesmo destino. Mas esse conjunto era diferente. Significava algo para nós duas. Ela tinha esperado muito tempo e trabalhado arduamente para conquistá-lo, e juntas nos esforçamos muito para montá-lo. Decidimos retroceder até o ponto necessário e reconstruirmos a obra. Para encontrar um bom ponto de partida tivemos, ainda, que desmontar outras partes do corpo do dragão, para verificar a parte interior onde muitos blocos estabilizadores foram colocados. Inspecionamos cada bloco, avaliamos se deveria ou não fazer parte da configuração e verificamos se estava no local certo. Descobrimos que tínhamos pulado um passo no início, o que fez a estrutura geral enfraquecer. Essa era uma falha que não podíamos ver, depois de tudo estar montado. Foi preciso voltar quase ao início e, com muito cuidado e atenção aos detalhes, reconstruir o dragão. Uma vez feita essa correção, o dragão não só parecia certo, como também foi construído de forma correta, firme e bela. Acontece que o manual não apresentava falhas - mas o nosso manuseio, sim. E quando terminamos o dragão pela segunda vez, nós o apreciamos ainda mais, por causa do suor e das lágrimas extras que tínhamos derramado. Um dia, ao admirar o dragão restaurado na prateleira da minha filha, percebi que isso parecia um pouco com a minha desconstrução e reconstrução. Antes de entrar naquelas aulas, a minha visão do mundo era como um conjunto de LEGO montado, o qual eu pensava ser robusto e bonito. A sua forma geral estava certa. Parecia com a fotografia da frente da caixa. A minha motivação para construir tinha sido verdadeira. Mas quando a minha fé entrou em crise, foi como se alguém a tivesse esmagado no chão, pisado e atropelado. E eu tinha uma escolha a fazer. Imagine que o conjunto de LEGO é a realidade. Todos recebem o mesmo conjunto - as mesmas peças, o mesmo manual, a mesma foto da frente da caixa. Mas cabe a cada indivíduo o que ele irá fazer. Você pode optar por construí-la de acordo com a intenção do *Designer*, usando a sabedoria que ele forneceu na sua Palavra - ou você pode fazer do seu jeito. Você pode, até mesmo, declarar que ninguém desenhou aquilo - é apenas uma caixa de blocos aleatórios. Você tem a escolha. Mas se o conjunto for verdadeiro, ele pode resistir ao questionamento. Cada linha do manual pode ser escrutinada sem qualquer ameaça. E se você optar por construí-lo de acordo com a intenção do *Designer*, terá uma estrutura forte e robusta que o vento mais forte (ou irmão mais novo) não será capaz de demolir. Se acreditar na verdade sobre a realidade, a sua fé não será colocada em outra coisa.

BLOCOS ESSENCIAIS DE CONSTRUÇÃO

Em um conjunto de LEGO, nem todas as peças têm a mesma importância. Alguns blocos podem soltar-se sem que ninguém note sua falta. Alguns podem ser removidos ou trocados sem alterar a estrutura do conjunto. É possível até mesmo colocar alguns dos últimos blocos no início, ou do lado contrário, sem enfraquecer ou alterar significativamente o produto final. Mas os blocos fundamentais, aqueles sobre os quais o resto do conjunto é construído, esses são cruciais para se fazer a montagem. Se não forem colocados no lugar certo, a estrutura não ficará de pé, nem se assemelhará com a foto do modelo na frente da caixa.

Do mesmo modo, ao pesquisar o cristianismo histórico, algumas das perguntas mais importantes que tive de responder foram estas: quais blocos de construção da nossa fé são essenciais? Em outras palavras, quais são essenciais para a salvação? É preciso crer na Trindade para ser salvo? No nascimento virginal? E se alguém depositar a fé salvífica em Jesus, mas nunca tiver ouvido falar da Trindade ou do nascimento virginal de Cristo? Se perguntarmos a dez cristãos quais são os fundamentos da fé, é provável que obtenhamos dez listas diferentes. Ao pesquisar este capítulo, pesquisei no Google: "Quais são os fundamentos do cristianismo?" E, não estou brincando, os cinco artigos que apareceram primeiro, todos tinham listas diferentes. O artigo do topo listou dez crenças fundamentais. A segunda e a terceira listaram sete - mas eram diferentes entre si. O quarto artigo enumerou cinco. O quinto listou cinco, com dezenas de subpontos. Alguns cristãos apelaram aos Credos dos Apóstolos ou Niceno. Já deu para você entender o quadro. Mas, as doutrinas não são todas igualmente importantes? Estou sempre vendo essa afirmação nas redes sociais. Paulo, o apóstolo, tem algo a dizer sobre isso. Lembra-se daquele credo inicial, em 1 Coríntios 15.3-5, de que falamos no capítulo 3? Vejamos de novo:

"Antes de tudo, vos entreguei o que também recebi: que Cristo morreu pelos nossos pecados, segundo as Escrituras, e que foi sepultado e ressuscitou ao terceiro dia, segundo as Escrituras. E apareceu a Cefas e, depois, aos doze."

Paulo escreveu que essas crenças vinham "antes de tudo". Isso significa que elas eram mais importantes do que outras. De fato, elas foram as mais importantes. Essas crenças essenciais uniram os cristãos em toda a parte. Todos os cristãos as afirmaram. Eu tive um bom ponto de partida em relação ao que era essencial. Mas certamente que isso não é o suficiente. Esse credo nada menciona sobre a divindade de Jesus, sobre o monoteísmo ou o nascimento virginal de Cristo. Não menciona a impecabilidade de Cristo ou a sua segunda vinda. O que eu deveria, então, fazer? Essa é uma questão que levou o estudioso Dr. Norman Geisler a estudar o que é essencial no que diz respeito à salvação. Ele passou anos estudando a questão: o que se deve afirmar para poder ser salvo? Ele estudou a questão biblicamente e traçou-a através da história da igreja. Farei o meu melhor para resumir o seu ponto de vista; mas, se quiser alimentar-se do assunto completo, consulte o seu volume de *Teologia Sistemática* sobre o pecado e a salvação.[1] Primeiro, Geisler reconheceu que essa pergunta poderia ser respondida de forma um pouco diferente, ao longo da história mundial. Hoje temos a Palavra escrita de Deus - a sua revelação final. Abraão não sabia tudo o que Deus iria revelar a Moisés. Moisés não teve acesso ao Evangelho de João. Contudo, os crentes do Antigo Testamento foram salvos da mesma forma que nós somos agora: pela graça, através da fé. Gênesis 15.6 nos diz que Abraão creu, e isso foi-lhe imputado como justiça. Mesmo que ele não tenha tido conhecimento do bom funcionamento da Trindade ou da intercessão sacerdotal de Cristo, foi salvo pela

---

[1] Ou ouça o resumo de sua palestra, "The Essentials of the Faith". Disponível em: https://www.youtube.com/watch?v=pjdy-VWXrik. Acesso em: fev.2022.

graça, através da fé. Hoje temos a revelação final de Deus, e Geisler concluiu que, de acordo com o Novo Testamento, isso é o essencial em que se deve crer (pelo menos implicitamente) para ser salvo hoje:

1. Depravação humana (eu sou um pecador);
2. A unidade de Deus (existência de um só Deus);
3. A necessidade da graça (eu sou salvo pela graça);
4. A divindade de Cristo (Cristo é Deus);
5. A humanidade de Cristo (Cristo é homem);
6. A morte expiatória de Cristo (Cristo morreu pelos meus pecados);
7. A ressurreição corporal de Cristo (Cristo ressuscitou dentre os mortos); e
8. A necessidade da fé (eu preciso crer).[2]

Para que as pessoas se considerem cristãs, devem, pelo menos implicitamente, crer nessas oito coisas (repare como elas se alinham com o essencial abraçado pela igreja primitiva, conforme examinamos na Guia de Discussão no final deste livro). Há, certamente, outras verdades sobre Deus que precisam existir, para que essas oito crenças sejam possíveis. Por exemplo, se os cristãos puseram a fé salvífica em Jesus mas não ouviram falar do seu nascimento virginal, não são desqualificados para a salvação. Mas, se forem verdadeiramente salvos, não serão capazes de negar o nascimento virginal (essencial porque aponta para a divindade de Cristo) uma vez que adquiram um pouco mais de conhecimento. Isso pode parecer muito, mas realmente não é. Nem sequer tocamos em assuntos como mulheres no ministério, a idade da terra, a continuação ou cessação dos dons do Espírito. A razão é porque esses tipos de doutrinas, embora sejam importantes (e eu tenho as minhas opiniões!), não são

---

2 Ver Romanos 3.23; 1 Timóteo 2.5; Efésios 2.8-9; Romanos 10.9; 1 João 4.2; João 3.16; 1 Coríntios 15:12; Atos 16.31; Hebreus 11.6.

essenciais. Os cristãos não devem dividir-se por causa delas. Devem debatê-las vigorosamente? Sim. Devem defender a sua opinião? Certamente.

Mas, então, e a Bíblia? Será necessário acreditar que a Bíblia é a Palavra de Deus inerrante e inspirada para poder ser salvo? Crer na Bíblia não é o que o salva, mas o evangelho só pode ser plenamente conhecido se a Bíblia *for realmente* a Palavra de Deus inerrante e inspirada. A *Declaração de Chicago sobre a Inerrância Bíblica* reconhece que a confissão da crença na inerrância não é necessária para a salvação, mas uma rejeição da mesma acarretaria graves consequências.[3] Bem, as doutrinas que enumerei seriam simplesmente "proposições intelectuais", como o pastor progressista britânico Dave Tomlinson sugere na citação que abre este capítulo? As doutrinas podem ser verdades sobre quem Deus é e como ele trabalha no mundo, mas concordo com Tomlinson que a fé não é um conjunto de declarações proposicionais. A fé é a confiança em uma pessoa - Jesus. Essa confiança é baseada na verdade e em evidências. É preciso saber algumas coisas a seu respeito para segui-lo e confiar nele. Pense desta forma: se você ama alguém, você quer acreditar na verdade sobre ele. Conhecer e crer em coisas verdadeiras a seu respeito não equivale a aceitar "proposições intelectuais", mesmo que elas constem nas listas. Se você sabe a verdade sobre si mesmo, então reconhece o quanto precisa de Deus (depravação humana); se você clama para que ele o salve do pecado (a morte expiatória de Cristo) e confia nele para a sua salvação (a necessidade da fé), tudo isso enquanto em seu íntimo reconhece que não pode salvar a si mesmo (a necessidade da graça), as coisas tornam-se reais. Não se tratam de jogos intelectuais da mente. Essas belas verdades sobre a realidade nos conduzem à salvação das nossas

---

[3] Ver "A Declaração de Chicago sobre a Inerrância Bíblica". Disponível em: https://www.etsjets.org/files/documents/Chicago_Statement.pdf ; acesso em: fev.2022. Para mais conteúdo sobre a história e o pano de fundo dessa declaração, ver John Stonestreet, "Chicago Statement on Biblical Inerrancy an Evangelical Milestone". Disponível em: https://mbcpathway.com/2019/01/18/chicago-statement-on-biblical-inerrancy-an-evangelical-milestone/ ; acesso em: fev.2022.

almas, à medida que os nossos corações caídos são reconciliados com o próprio Deus! Tais "proposições" são notícias emocionantes para o pecador desesperado. De fato, como se pode seguir corretamente Jesus sem saber quem ele é e o que realizou? Como pode alguém tornar-se um discípulo sem ser ensinado a compreender o evangelho?

BELEZA INSANA

Enquanto eu desmontava, de forma metafórica, o meu conjunto de LEGO e recolocava as peças, descobri que as peças do lado de dentro estavam no lugar certo. Uma outra pessoa poderia desconstruir o seu conjunto e descobrir que faltou uma peça central ou que há uma peça no lugar errado. Mas quando comecei a colocar todos os blocos nos seus devidos lugares, a estrutura acabada era mais forte e mais bonita do que nunca. Hoje, a minha fé mantém-se forte contra as ondas tempestuosas da dúvida, que desafiavam a existência de Deus, a confiabilidade da Bíblia e a veracidade do cristianismo. As coisas parecem um pouco diferentes do que costumavam ser; mas quando olho para trás, em toda a minha vida, vejo a mão providencial de Deus, orquestrando cada situação e orientando cada passo.

A beleza insana de toda essa experiência é que foi Deus quem me levou à aula com o pastor progressista. Ele sabia o fim desde o início. No seu amor e graça insondáveis, ele esteve comigo naquelas aulas e segurou-me a mão o tempo todo. Sei que, se eu pudesse olhar para trás, em cada reunião e em cada momento difícil de dúvida - sempre que eu levantasse os braços para ficar acima da água tempestuosa - veria alguém que eu não podia ver no tempo real: ele. Ele estava lá. Ele nunca me deixou. Na verdade, a única razão pela qual não submergi foi porque os seus braços fortes me mantiveram à tona. Enquanto eu gritava por um bote salva-vidas, ele era o meu colete salva-vidas.

Agora posso olhar para trás, para aquelas aulas, e sorrir. Claro que fica ainda um toque dolorido da lembrança. Há um toque de tristeza pela inocência que perdi. Quando ando agora, eu manco um pouco. Quando leio a Bíblia, já não leio com olhos inocentes, com os olhos ainda não enevoados pelo ceticismo e pela dúvida. Mas eu prefiro andar mancando em um terreno firme do que correr com pernas fortes sobre o gelo quebradiço. A minha canção também mudou, conforme descobri a beleza nessa luta:

Tornaste-me pobre, para me mostrares que és tudo o que eu preciso;
    Humilhaste-me, para que eu pudesse te conhecer no teu sofrimento;
    Para que eu não me gloriasse em nada, a não ser em minha fraqueza, partiste o meu coração, para torná-lo limpo;
    A tua graça é suficiente para mim.

Deixaste as setas ardentes me atingirem, para criares a beleza a partir das cinzas;
    Deixaste que a minha fé fosse espezinhada, para que ela se reerguesse do pó;
    Puseste o meu coração tolo a vaguear, até conhecer a altura a largura e a profundidade:
    A tua graça é suficiente para mim

Deixaste-me tropeçar de tanto esperar, para que a minha força se renovasse;
    Confundiste toda a minha sabedoria mundana, para que eu pudesse ser um tolo para ti;
    Deixaste-me rastejar pelo deserto, para que eu soubesse que sou livre;
    A tua graça é suficiente para mim

Para a maneira cristã de ver o mundo, a força das evidências é tão intensa que, para não vê-las, alguém teria que fechar voluntariamente os olhos. Entretanto, descobrir tais informações exige tempo, esforço e determinação. Aprender lógica e filosofia não é fácil. Examinar as evidências e procurar a verdade requer energia mental. Estudar a Bíblia pode ser assustador e confuso. Mas será que cada tesouro não vale a pena ser caçado? Para mim, essa busca foi emocionante, ao vislumbrar o Deus vivo através dos escritos dos cristãos que viveram há séculos. Foi encorajador descobrir que um exame acadêmico detalhado da cosmovisão cristã simplesmente dá apoio à sua veracidade. Não há nada melhor do que sentir que a sua vida e a vida da sua família está profundamente plantada na verdade da Escritura.

Agora considero um privilégio convidar todos que conheço para embarcarem nesta jornada de descoberta da graça de Deus, porque ela faz com que se colham grandes recompensas nas vidas das pessoas. Vi isso com meus próprios olhos.

Porém, embora a graça de Deus seja gratuita, ela não é uma graça barata. O teólogo e mártir alemão Dietrich Bonhoeffer escreveu:

> A graça barata é a pregação do perdão sem necessidade de arrependimento, o batismo sem disciplina eclesiástica, a Ceia sem confissão, absolvição sem confissão pessoal. Graça barata é graça sem discipulado, graça sem a cruz, graça sem Jesus Cristo, vivo e encarnado (...).
>
> A graça dispendiosa é o evangelho que deve ser procurado uma vez após outra (...).
>
> É dispendiosa porque custou a Deus a vida do seu Filho: "fostes comprados por bom preço". E o que custou muito a Deus não pode ser barato para nós. Acima de tudo, é graça porque Deus não considerou o seu Filho como um preço demasiadamente caro para pagar pela nossa vida, mas entregou-o por nós.
>
> A graça dispendiosa é a Encarnação de Deus.[4]

---

4 Dietrich Bonhoeffer, *The Cost of Discipleship* (New York: Touchstone, 1995), 44–45 [edição em português: *Discipulado* (São Paulo: Editora Mundo Cristão, 2016)].

Bonhoeffer viveu conforme essas palavras, quando foi encaminhado para a morte e enforcado pelos nazistas. As suas palavras finais foram: "Este é o fim. Mas para mim, é o início da vida."[5] Ele compreendeu o que significava negar a si mesmo, tomar a sua cruz e seguir a Jesus. Ele viu a beleza do evangelho.

TUDO A PERDER

O famoso ateu Christopher Hitchens uma vez foi entrevistado para a revista *Portland Monthly* sobre a sua oposição à religião e, mais especificamente, ao cristianismo. A ministra que o entrevistou observou que o cristianismo a que ele se opunha, em um dos seus livros mais vendidos, era do tipo "fundamentalista", enquanto ela se identificou como uma "cristã liberal". Depois de ter explicado que não tomava as histórias das Escrituras ao pé da letra e que rejeitava a expiação, ela perguntou ao Hitchens se ele via uma diferença entre a fé fundamentalista e a religião mais liberal (talvez poderíamos dizer "progressista"). A sua resposta foi surpreendente: "Eu diria que, se alguém não acredita que Jesus de Nazaré era o Cristo e o Messias, que ele ressuscitou dos mortos e que, pelo seu sacrifício, os nossos pecados são perdoados, em um sentido realmente significativo esse não é um cristão."[6]

Concordo com Hitchens. Se eu me convencesse de que o cristianismo não é verdade, eu não me tornaria um cristão progressista. Se me convencesse de que a ressurreição de Jesus nunca aconteceu, ou que ele era simplesmente um bom mestre ou um homem sábio a ser imitado, eu não adotaria a visão cristã progressista do evangelho, da cruz ou da Bíblia. Eu simplesmente me afastaria da fé. Porque o cristianismo progressista não me oferece nada de valor. Não dá esperança para a vida além, nem

---

5 Eric Metaxas, *Bonhoeffer: Pastor, Martyr, Prophet, Spy* (Nashville: Thomas Nelson), 528.
6 "The Hitchens Transcript". Disponível em: https://www.pdxmonthly.com/news-and-city-life/2009/12/christopher-hitchens. Acesso em: fev.2022.

alegria para a vida presente. Apenas oferece uma centena de negações, sem nada de concreto para afirmar.

Quando recordo aquele momento que estava em minha cadeira de balanço, e me lembro do vazio e do silêncio, pergunto a mim mesma: "*Por que razão eu estava tão chateada? Por que me incomodou tanto a alma ao pensar que o cristianismo poderia não ser verdade? Por que me sentiria tão desesperada se tivesse descoberto que tinha vivido uma mentira? Por que não poderia simplesmente deixar de lado e seguir em frente?*" Já me fiz essas perguntas dezenas de vezes. A resposta é simples. A angústia da minha alma era tão profunda, porque o que eu tinha a perder era muito substancial. Se eu acreditasse que a Escritura era apenas uma história que as pessoas antigas contavam a si próprias sobre Deus, perderia as palavras vivas de Deus. Foi aí que compreendi quem era Deus, porque ele veio a esta terra, e a que ponto ele foi para me salvar.

Gastei muita tinta neste livro, discutindo o que há de errado com o cristianismo progressista e como este difere do cristianismo histórico; mas, no fim das contas, os cristãos progressistas são os que têm tudo a perder.

Fiquei tão perturbada em meu coração daquela maneira, porque estava prestes a perder Deus. O Deus que é um fogo consumidor, que falou e a criação veio a existir, mas que se identifica como Pai. Estava prestes a perder Jesus, o Messias predito pelos profetas do Antigo Testamento e, após quatrocentos anos de silêncio divino, proclamado como o "Cordeiro de Deus, que tira o pecado do mundo" (Jo 1.29). Estava prestes a perder o meu Salvador. A garantia de que os meus pecados tinham sido pagos, que eu tinha sido comprada por um preço, que ele tinha morrido em meu lugar. Estava prestes a perder a beleza do evangelho. Prestes a perder a confiança de que tudo o que está errado neste mundo vil será, um dia, corrigido. Prestes a perder a esperança de que não haverá mais lágrimas, nem choro, nem dor. Prestes a perder a misteriosa firmeza da Palavra escrita de Deus. A lâmpada para os meus pés. A luz para o meu caminho.

Não podemos redefinir completamente quem é Deus e como ele trabalha no mundo, e chamarmos isso de cristianismo. Não podemos criar as regras e fazer o que é certo aos nossos próprios olhos e ainda afirmarmos que somos seguidores de Jesus. A nossa única opção é fazer do jeito dele, ou nada. Ele é amor. O seu nome é verdade. O seu evangelho é sangrento. O seu caminho é belo. Pois Deus assim amou o mundo.

Quero unir a minha voz aos santos que já partiram antes de mim. Quero unir-me a Pedro e Paulo, Atanásio, Inácio e Agostinho. Quero adorar com Tomás de Aquino, Spurgeon e Tozer. Quero estar ao lado do meu marido, dos meus filhos e de todos aqueles que Deus irá salvar para cantar louvores ao nosso Criador. A minha sincera esperança e oração é ver também a você, leitor, naquele dia glorioso, perdoado, lavado e purificado, firmado na verdade e desfrutando da imensa beleza de tudo isso. Juntaremos as nossas vozes com incontáveis santos de toda tribo, nação, e língua - cada criatura no céu, na terra e debaixo da terra e do mar:

> "Digno é o Cordeiro que foi morto de receber o poder, e riqueza, e sabedoria, e força, e honra, e glória, e louvor. Àquele que está sentado no trono e ao Cordeiro, seja o louvor, e a honra, e a glória, e o domínio pelos séculos dos séculos!"[7]

Amém!

---

[7] Apocalipse 5.12-13.

AGRADECIMENTOS

À minha família e amigos:

Ao Mike, obrigada por me amar e por ser o meu maior apoiador e incentivador. Todos os dias você vive conforme Efésios 5.25. Mychael e Wyatt, obrigada por me aceitarem em sua família e me deixarem fazer parte de suas vidas. A presença de vocês na minha vida me edificou e me ensinou muito sobre o amor. Dyllan e Ayden, não há nada que eu não faria por vocês. A minha maior oração é que vocês amem a Jesus e andem com ele todos os dias de suas vidas. Eu amo vocês com todo o meu coração.

Às minhas irmãs, Kristin, Cherie e Nikki, agradeço por serem amigas e parceiras no crescimento, as minhas amigas mais chegadas e as que me compreendem melhor. Agradeço meus sobrinhos e sobrinhas, Lauren, Ryan, Kailyn, Leona, Ava e Charlize, por trazerem uma alegria inimaginável para a minha vida. Matthew, a sua existência foi um presente indescritível. Os nossos corações estão em pedaços por sua ausência, mas voltaremos a vê-lo. Com isso, você me ensinou o que significa ter esperança. Clyde, Thelma, Mark, e Ivey, obrigada pelo amor de vocês.

Teasi Cannon, Carianne Long, Michelle Bagnasco, Chrissy Katina, Kristin Schweain, Amber Brandt, Elizabeth Stewart e Tammy Trent, suas amizades moldaram significativamente a minha vida em diferentes momentos e em várias épocas.

Diane Woerner, você esteve nas trincheiras comigo nos últimos anos, lendo, editando, encorajando, contestando ou suavizando as postagens do meu blogue. Minha editora e amiga ... (Deixei essa última frase incompleta de propósito, em homenagem às horas que passamos decidindo se as frases incompletas funcionavam para uma certa ênfase ou se eram simplesmente erros gramaticais.)

À minha comunidade de apologética:

Frank Turek e J. Warner Wallace, vocês foram os primeiros "grandes" apologistas a encorajar-me a seguir este caminho. Acreditavam que eu tinha algo a oferecer e foram sua mentoria, instrução e conselhos sábios que me ajudaram a chegar até aqui.

Eric Gustafson, Adam Tucker e todos no Seminário Evangélico do Sul, obrigado por me aceitarem nessa família, mesmo antes de sequer ter tido as minhas aulas valendo crédito! O seu desejo de ajudar uma dona de casa com as suas dúvidas e perguntas é algo que nunca esquecerei. Agradeço a Deus por vocês.

Outros que desempenharam um papel fundamental ao encorajar-me ao longo deste processo: Hillary Ferrer e todas as outras mamães donas de casa, David Young, Michael Goff, Jonathan Morrow, Mark Mittelberg, Greg Koukl, Brett Kunkle, Rebekah e Richard Howe, Scott Williamson, Jan Williamson, todas que fazem parte da Mulheres na Apologética, Amy Hall, Tim Barnett, Jorge Gil, Sean McDowell, Bobby Conway, Jay Strother, e inúmeros outros, cujos livros, blogues e *podcasts* eram como bote

Agradecimentos

salva-vidas quando a minha fé se afundava. Natasha Crain, se você não tivesse me encorajado fortemente a escrever este livro, ele poderia não ter acontecido. Obrigada pelo incentivo. Sr. Weitzel, o meu professor de inglês do sétimo e décimo segundo ano, me fez amar escrever e, de alguma forma, me fez acreditar que eu poderia fazê-lo.

A todos os meus amigos estudiosos e brilhantes que estiveram dispostos a rever tudo, desde parágrafos a capítulos inteiros, para uma maior precisão - Dr. Mel Winstead, Dr. Peter J. Williams, Dr. Peter Gurry, Dr. Patrick Sawyer, Clark Bates, Dr. R. Scott Smith, Clay Jones, Jean E. Jones, e Benjamin J. Nickodemus - estou profundamente em dívida com vocês.

À equipe editorial:

Ron Beers e todos em Tyndale, obrigada por acreditarem neste livro. Jon Farrar, obrigada pelo seu constante encorajamento, apoio, edição e feedback. Kim Miller e Annette Hayward, obrigada pela sua atenção constante aos detalhes, verificação incessante dos fatos, investigação incansável e investimento de todo o coração em fazer deste livro tudo o que ele poderia ser. Kara Leonino e Jillian Schlossberg, obrigada por sua ajuda em todo o processo de publicação deste livro. Eva Winters, sou grata pelo talento artístico que você conferiu ao desenho de capa e do interior do livro.

Ao meu agente, Bill Jensen: ninguém é mais responsável por fazer isso acontecer do que você. Desde quando conversamos por telefone, pela primeira vez enquanto estava em Costco, e depois pescar no rio McKenzie e me envergonhar de me empanturrar com seus irresistíveis legumes grelhados, você e Sheila se tornaram minha família. As suas impressões digitais estão por todos os cantos neste livro, e sou muito grata pela sua orientação (tanto espiritual como literária) e por seu compromisso inabalável de fornecer ao corpo de Cristo recursos que ajudam a discernir o verdadeiro evangelho em relação a outro evangelho.

FONTES ADICIONAIS

LIVROS:

Apologética

Craig, William Lane. *Reasonable Faith: Christian Truth and Apologetics*, 3rd ed. Wheaton, IL: Crossway, 2008 [edição em português: *Apologética Contemporânea: A Veracidade da Fé Cristã*, (São Paulo: Edições Vida Nova, 2012)].

Geisler, Norman, e Frank Turek. *I Don't Have Enough Faith to Be an Atheist*. Wheaton, IL: Crossway, 2004 [edição em português: *Não Tenho Fé Suficiente Para Ser Ateu* (São Paulo: Edições Vida Nova, 2006)].

Habermas, Gary R., e Michael R. Licona. *The Case for the Resurrection of Jesus*. Grand Rapids, MI: Kregel, 2004.

Keller, Timothy. *Making Sense of God: Finding God in the Modern World*. New York: Penguin Books, 2016 [edição em português: *Deus na

Era Secular: Como Céticos Podem Encontrar Sentido no Cristianismo (São Paulo: Edições Vida Nova, 2018)].

Keller, Timothy. *The Reason for God: Belief in an Age of Skepticism.* New York: Penguin Books, 2008 [edição em português: *A Fé na Era do Ceticismo – Como a Razão Explica Deus* (São Paulo: Edições Vida Nova, 2015)].

Koukl, Greg. *Tactics: A Game Plan for Discussing Your Christian Convictions*, 10th anniversary ed. Grand Rapids. MI: Zondervan, 2018.

Lewis, C.S. *Mere Christianity.* New York: HarperCollins, 2015 [edição em português: *Cristianismo Puro e Simples* (São Paulo: Editora Martins Fontes, 2009)].

Strobel, Lee. *The Case for Christ: A Journalist's Personal Investigation of the Evidence for Jesus.* Grand Rapids, MI: Zondervan, 1998 [edição em português: *Em Defesa de Cristo: A investigação pessoal de um jornalista sobre as provas a favor da existência de Jesus* (Rio de Janeiro: Editora Thomas Nelson Brasil, 2019)].

Wallace, J. Warner. *Cold-Case Christianity: A Homicide Detective Investigates the Claims of the Gospels.* Colorado Springs: David C. Cook, 2013.

Wright, N.T. *The Resurrection of the Son of God.* Minneapolis: Fortress, 2003 [edição em português: *A Ressureição do Filho de Deus* (São Paulo: Editora Paulus, 2020)].

A Bíblia/ Documentos do Novo Testamento

Bauckham, Richard. *Jesus and the Eyewitnesses: The Gospels as Eyewitness Testimony.* Grand Rapids, MI: Eerdmans, 2017 [edição em português: *Jesus e as Testemunhas Oculares: Os Evangelhos como Testemunho de Testemunhas Oculares* (São Paulo: Editora Paulus)].

Bruce, F. F. The New Testament Documents, 6th ed. Grand Rapids, MI: Eerdmans, 1981.

Gallagher, Edmon L. e John D. Meade. *The Biblical Canon Lists from Early Christianity: Texts and Analysis*. Oxford University Press, 2017.

Geisler, Norman L., and Thomas A. Howe. *The Big Book of Bible Difficulties: Clear and Concise Answers from Genesis to Revelation*. Grand Rapids, MI: Baker, 1992.

Geisler, Norman, and William E. Nix. *A General Introduction to the Bible*. Chicago: Moody, 1986 [edição em português: *Introdução Geral à Bíblia* (São Paulo: Edições Vida Nova, 2021)].

Gurry, Peter J., and Elijah Hixson, eds. *Myths and Mistakes in New Testament Textual Criticism*. Downers Grove, IL: IVP Academic, 2019.

Kruger, Michael. *The Question of Canon: Challenging the Status Quo in the New Testament Debate*. Downers Grove, IL: IVP Academic, 2013.

Williams, Peter J. *Can We Trust the Gospels?* Wheaton, IL: Crossway, 2018.

Wilson, Andrew. *Unbreakable: What the Son of God Said about the Word of God*. La Grange, KY: Publishing, 2014.

Livros Devocionais/ Vida Cristã

Agostinho. *The Confessions*. Oxford, UK: Oxford University Press, 1992 [edição em português: *As Confissões* (São Paulo: Editora Loyola, 2008)].

Bonhoeffer, Dietrich. *The Cost of Discipleship*. New York: Touchstone, 1995 [edição em português: *Discipulado* (São Paulo: Editora Mundo Cristão, 2016)].

Chesterton, G. K. *Orthodoxy*. New York: Penguin, 1991 [edição em português: *Ortodoxia* (São Paulo: Editora Principis, 2019)].

Guinness, Os. *The Call: Finding and Fulfilling the Central Purpose of Your Life*. Nashville: Thomas Nelson, 2003 [edição em português: *O Chamado: Uma Iluminadora Reflexão Sobre o Propósito da Vida e o seu Cumprimento* (Rio de Janeiro: Editora Cultura Cristã, 2001)].

Packer, J. I. *Knowing God*. Downers Grove, IL: IVP, 1973 [edição em português: *O Conhecimento de Deus* (Rio de Janeiro: Editora Cultura Cristã, 2014)].

Tozer, A. W. *The Pursuit of God*. Ventura, CA: Regal, 2013 [edição em português: *À Procura de Deus* (Curitiba: Editora Betânia, 2019)].

Tozer, A. W. *Voice of a Prophet: Who Speaks for God?* Bloomington, MN: Bethany House, 2014 [edição em português: *Voz de Um Profeta* (Rio de Janeiro: Editora Graça Editorial, 2019)].

Cristianismo Histórico / Teologia

Berkhof, Louis. *The History of Christian Doctrines*. Carlisle, PA: Banner of Truth, 1996 [edição em português: *História das Doutrinas Cristãs* (São Paulo: Editora Pes, 2015)].

Craig, William Lane. *The Atonement*. Cambridge, UK: Cambridge University Press, 2018.

Evans, Craig A. *Fabricating Jesus: How Modern Scholars Distort the Gospels*. Downers Grove, IL: IVP, 2009 [edição em português: *Jesus Fabricado* (Rio de Janeiro: Editora Cultura Cristã, 2009)].

Gathercole, Simon. *Defending Substitution: An Essay on Atonement in Paul*. Baker Academic, 2015.

Keener, Craig S. *The Historical Jesus of the Gospels*. Grand Rapids, MI: Eerdmans, 2009.

Köstenberger, Andreas J., e Michael J. Kruger. *The Heresy of Orthodoxy: How Contemporary Culture's Fascination with Diversity Has Reshaped Our Understanding of Early Christianity*. Wheaton, IL: Crossway, 2010 [edição em português: *A Heresia da Ortodoxia: Como o Fascínio da Cultura Contemporânea Pela Diversidade Está Transformando Nossa Visão do Cristianismo Primitivo* (São Paulo: Edições Vida Nova, 2014)].

Kruger, Michael J. *Christianity at the Crossroads: How the Second Century Shaped the Future of the Church*. Downers Grove, IL: IVP, 2018.

Machen, J. Gresham. *Christianity and Liberalism*. Louisville, KY: GLH Publishing, 1923 [edição em português: *Cristianismo e Liberalismo* (São Paulo: Editora Shedd, 2012)].

Schaff, Philip, *The Complete Ante-Nicene & Nicene and PostNicene Church Fathers Collection*. London: Catholic Way Publishing, 2014.

Shelley, Bruce L. *Church History in Plain Language*, 4th ed. Nashville: Thomas Nelson, 2013 [edição em português: *História do Cristianismo* (Rio de Janeiro: Thomas Nelson Brasil, 2018)].

Shenvi, Neil, and Pat Sawyer. *Engaging Critical Theory and the Social Justice Movement*. Ratio Christi, 2019.

Smith, R. Scott. *Authentically Emergent: In Search of a Truly Progressive Christianity*. Eugene, OR: Cascade, 2018.

Ética Sexual

Allberry, Sam. [edição em português: *Deus é Contra os Homossexuais? A Homossexualidade, a Bíblia e a Atração por Pessoas do Mesmo Sexo* (Brasília: Editora Monergismo, 2018)].

Butterfield, Rosaria Champagne. *The Secret Thoughts of an Unlikely Convert: An English Professor's Journey into Christian Faith*. Pittsburgh: Crown & Covenant Publishing, 2012 [edição em português: *Pensamentos Secretos de Uma Convertida Improvável: A Jornada de uma Professora de Língua Inglesa Rumo à Fé Cristã* (Brasília: Editora Monergismo, 2013)].

Cook, Becket. *A Change of Affection: A Gay Man's Incredible Story of Redemption*. Nashville: Thomas Nelson, 2019.

DeYoung, Kevin. *What Does the Bible Really Teach about Homosexuality?* Wheaton, IL: Crossway, 2015 [edição em português: *O Que a Bíblia Ensina Sobre a Homossexualidade?* (São José dos Campos: Editora Fiel, 2015)].

Gagnon, Robert A. J. *The Bible and Homosexual Practice: Texts and Hermeneutics*. Nashville: Abingdon Press, 2001 [edição em português: *A Bíblia e a Prática Homossexual* (São Paulo: Edições Vida Nova, 2021)].

Yuan, Christopher. *Holy Sexuality and the Gospel: Sex, Desire, and Relationships Shaped by God's Grand Story*. Colorado Springs: Multnomah, 2018.

Yuan, Christopher. *Out of a Far Country: A Gay Son's Journey to God. A Broken Mother's Search for Hope*. Colorado Springs: WaterBrook, 2011.

Podcasts

Alisa Childers Podcast
The Bible Recap
Bible Thinker com Mike Winger
The Cold-Case Christianity Podcast com J. Warner Wallace
Defenders Podcast com William Lane Craig
I Don't Have Enough Faith to Be an Atheist com Frank Turek
Mama Bear Apologetics Podcast
The Naked Bible Podcast com Michael Heiser
Reasonable Faith Podcast com William Lane Craig
RZIM *podcasts: Ask Away; The Defense Rests; Just Thinking; Let My People Think*
Stand to Reason com Greg Koukl
Why Do You Believe?, podcast oficial do Southern Evangelical Seminary

GUIA DE DISCUSSÃO

1. Alguma vez você, ou alguém próximo de você, já passou por luta espiritual semelhante? Em caso afirmativo, como descreveria o processo? E o resultado?
2. Alisa descreve sua fé como intelectualmente fraca e não testada antes de começar as aulas com o pastor progressista (ver capítulo 1). De que maneiras a sua fé pode estar vulnerável a perguntas, dúvidas ou tentações?
3. Como Alisa descobriu, ser fiel a Deus não significa que nunca possamos questionar partes da nossa tradição de fé. Como exemplo, ela descreve o seu mal-estar com alguns tipos de apelos ou chamadas ao altar. Há alguma coisa na sua tradição religiosa que lhe tem feito pausar e refletir?
4. A desconstrução é o processo de "sistematicamente dissecar e muitas vezes rejeitar as crenças com que você cresceu" (ver

capítulo 2). De que forma esse processo pode ser saudável? Ou não saudável?

5. Em sua opinião, por quais motivos tantas pessoas são atraídas pelo cristianismo progressista?

6. No capítulo 4, Alisa revela uma série de fatores que levam as pessoas a começarem a questionar sua fé: abusos dentro da igreja; dúvidas que são desencorajadas ou rejeitadas; as exigências morais do cristianismo histórico; desconfianças sobre a Bíblia; filosofias seculares (como a teoria crítica); legalismo e o problema do sofrimento. Alguma dessas coisas já afetaram a sua fé? Em caso afirmativo, como foi isso? Que outros fatores podem levar as pessoas a questionarem as suas crenças?

7. Ao observar a cultura da igreja, você acha que as pessoas são mais suscetíveis a acrescentar ou a subtrair algo da mensagem do evangelho? Explique.

8. Você concorda que o cristianismo progressista emprega uma forma daquilo a que C.S. Lewis chamou de "esnobismo cronológico" (ver capítulo 6). Por que sim ou por que não?

9. Já passou por questionamentos sobre a Bíblia que o tenham levado a duvidar da sua confiabilidade? Se sim, quais foram? Como as pesquisas de Alisa abordaram essas questões?

10. Depois de ler este livro, o que diria a um amigo que pergunta por que podemos confiar no testemunho dos quatro Evangelhos?

11. Por que o inferno é um assunto tão desconfortável para muitas pessoas? Sua compreensão mudou depois de ler o capítulo 10? Se sim, como mudou?

12. Alisa sugere que os progressistas têm uma visão distorcida do Deus que se revela na Bíblia. Você concorda? Em caso afirmativo, de que maneiras você diria que ele é retratado de forma incorreta pelos cristãos progressistas?

13. Como conciliar a ira de Deus com a sua bondade amorosa?
14. Para quais perguntas ou dúvidas você encontrou respostas neste livro? Que passos dará, na tentativa de resolver quaisquer questões que ainda tenha sobre a sua fé cristã?

O Ministério Fiel visa apoiar a igreja de Deus, fornecendo conteúdo fiel às Escrituras através de conferências, cursos teológicos, literatura, ministério Adote um Pastor e conteúdo online gratuito.

Disponibilizamos em nosso site centenas de recursos, como vídeos de pregações e conferências, artigos, e-books, audiolivros, blog e muito mais. Lá também é possível assinar nosso informativo e se tornar parte da comunidade Fiel, recebendo acesso a esses e outros materiais, além de promoções exclusivas.

Visite nosso site

www.ministeriofiel.com.br